顶级销售四大招：稳、准、忍、狠

销售不狠
业绩不稳

乔布云◎著

立信会计出版社
LIXIN ACCOUNTING PUBLISHING HOUSE

图书在版编目（CIP）数据

销售不狠，业绩不稳 / 乔布云著. -- 上海: 立信会
计出版社, 2015.3

（去梯言）

ISBN 978-7-5429-4447-4

Ⅰ.①销… Ⅱ.①乔… Ⅲ.①销售学 – 通俗读物
Ⅳ. ①F713.3–49

中国版本图书馆CIP数据核字（2014）第287455号

策划编辑　　蔡伟莉
责任编辑　　蔡伟莉
封面设计　　久品轩

销售不狠，业绩不稳

出版发行　　立信会计出版社
地　　址　　上海市中山西路2230号　　　　邮政编码　　200235
电　　话　　（021）64411389　　　　　　传　　真　　（021）64411325
网　　址　　www.lixinaph.com　　　　　　电子邮箱　　lxaph@sh163.net
网上书店　　www.shlx.net　　　　　　　　电　　话　　（021）64411071
经　　销　　各地新华书店

印　　刷　　固安县保利达印务有限公司
开　　本　　720毫米×1000毫米　　　　1/16
印　　张　　18.5　　　　　　　　　　　插　　页　　1
字　　数　　240千字
版　　次　　2015年3月第1版
印　　次　　2017年11月第8次
书　　号　　ISBN 978-7-5429-4447-4/F
定　　价　　36.00元

前　言

　　盯得狠目标客户，下的狠销售力度，抓得狠消费需求，攻的狠客户心理。销售不狠不成交。销售够狠，业绩才稳！

　　作为一名销售人员，你是否有过这样的经历——迟迟不能签单，客户心理抗拒，业绩不能突破，其实有时候并不是你的商品不好，也不是你的服务态度不好，很可能只是因为你没有把握住客户的心理，或者当成交的机会到来之际没有坚持下去，也或者在与客户沟通时语言功夫不到位。总之，销售力度不够强，销售技能不过硬，就可能放跑一单的生意。

　　在消费中，客户都有着复杂的心理，很多的因素会促使客户购买，也有很多的因素会导致客户放弃购买，心理因素对客户的决策影响是深远和巨大的。销售人员要想把商品销售出去，就必须了解客户的心理，对客户的心理摸得透、抓得准，知道客户真正想要的是什么，有哪些不利因素影响了客户的心情。只有狠攻顾客心理，采取有效的措施，才能激发和促进客户购买的积极因素，消除阻碍客户购买的消极因素，让客户满意地购买到自己喜欢的商品，才能够赢得客户的心。采取积极有效的攻心术，不但使自己受到客户的欢迎和青睐，也给自己带来很好的收益。

　　只要销售人员善于观察，学会换位思考，就能轻易地捕捉客户的心理和购买信号，了解客户的愿望，打开客户的心扉，用自己的真心换取客户的心，你

1

就会发现，销售工作并不是你想象的那么难。

同时，在狠抓客户的心理基础上，掌握灵活的销售技巧，运用相应的沟通策略，以达到推销的目的。只有在销售的每一个环节上都做到不放松、不放弃，才能增加每一次的成交机会。

对于销售人员来说，他们必须要实现业绩，但是很少有人会仅仅如此就能感觉满意。过去的销售模式并非总能允许他们将优秀业绩与个人价值观充分融合，渐渐地，他们开始对任何带有操纵、强制或缺乏尊重的心理产生厌恶。他们不仅希望成为顶尖的销售高手，更希望能有一种销售模式让他们在获得优异销售业绩的同时，也实现个人价值和更高的目标。

所以，做销售一定要"狠"一点。只有做到"狠"，他的销售业绩才够稳。

《销售不狠，业绩不稳》借助动物仿生学原理，从鹰的眼睛、狼的性格、豹的速度和熊的力量四大角度出发，折射出其在销售中所必备的敏锐洞察力、坚韧意志力、强大说服力和果断成交力，深入浅出地对销售中的重要环节做了缜密的逻辑分析和阐述。通过诸多行之有效的营销案例揭示现实销售过程中的心理学规律，如何参透消费者的心理，如何进行客户的开发、如何抓住顾客的心理需求、如何运用相应的销售技巧，如何积极地促成交易等，最实用的销售攻略秘笈，本书将一网打尽。

希望本书能帮助你巧妙利用心理学技巧，促成每一笔生意。

目　录

第二篇　用狼的性格练就强者心态

第十六章　百战百胜的无敌销售技巧和策略

第十七章　出奇制胜，搞定每一单的成交攻心计

第十八章　做好客户管理，情感是最有力的销售武器

第一篇　像鹰的眼睛一样敏锐

【鹰的提示】　树目标、订计划，寻客户、找卖点，看市场、搜信息，察心理，瞄"空白"，一个都不能少。练就鹰目慧眼，才能在销售过程中做到稳、准、狠。

我是捕猎高手——鹰。

　　我生活在悬崖峭壁之间，得天独厚的环境让我对视野里的猎物一览无余，敏锐的双眼能让我对猎物作出精确的分析，猎物距离、猎物大小和重量、移动速度，甚至有可能改变的移动轨迹，还有风速、风向都要提前作出预判。我必须全神贯注、准确而迅速的出击，否则就将失去美味。上帝给了我无与伦比的眼睛，我就会利用它观察、搜寻和瞄准即将出现的猎物，从不放弃任何一个目标。敏锐而犀利的双眼让我迅速行动，永往直前。

为什么销售人员要具备鹰的眼睛？

　　鹰的眼睛锐利而准确。在高空中飞行，鹰会牢记自己的目标，搜寻猎物，一旦发现，迅速改变飞行线路和轨迹，直接俯冲飞向猎物，身手敏捷。这就是一个销售人员必需具备的眼睛。

第一章

知己知彼，提高信息的灵敏度

信息就是财富

信息就是财富。在群雄逐鹿的市场，谁掌握了信息，谁就会赢得主动，赢得先机。谁掌握的信息最多，谁的信息准确及时，谁最会用信息，那么谁就是财富的拥有者。销售人员是企业通往市场的桥梁，他们直接与市场、消费者接触，能及时、准确地捕捉市场信息。他们是企业搜集市场信息的重要途径，是企业情报的主要来源之一。销售人员向企业反馈的信息包括：

消费者信息。关于现有购买者的特征、经济状况及变动情况；不同地区、不同民族购买者的消费习俗和需求特征；购买者的购买动机、购买习

2

惯、购买频率及每次的购买数量；购买者购买的品牌、商标、商店的偏好及原因；购买者对新产品反映及其对企业的要求和意见等。

江西省某县，有一个个体帆布加工厂，该厂销售经理为了早日打开产品销路，整天东奔西跑地销售产品，常常是白搭时间和旅费。有一次，他在北京住了十多天，一件产品也没销售出去。当他从北京回来时，收到了一上海亲戚的电报，说某勘探队急需15件钻井塔衣。他把自己的塔衣发走不久，就收到了货款。

通过这件事，他认识到了信息就是财富，于是，这位销售经理花了200元钱在《市场》报上登了一则招聘信息员的广告。不到两个月，省内外二百多人来信应聘。他还宣布每项信息成交后拿销售额的3%奖励信息员。同时，把自己的产品说明和所需原材料规格等材料寄给每个信息员，很快在社会上就有了反应。内蒙古霍林河煤矿派人来洽谈订货，一次成交6万元。几年来，他通过信息员结交了湖南、山东、海口、黑龙江等地的许多厂家和用户，他不用东奔西跑就能随时掌握各地的行情，使产品扩大了市场销路。

信息已经成为销售的重要财富和资源，并已构成新的生产要素。企业经营者在销售产品时，单靠销售人员销售产品是不够的，而依靠信息来打开产品销路往往会收到事半功倍的效果。

钱长江在纺织厂当厂长时，因忽视市场调查，盲目生产，造成20多万米人造棉布积压，价值50多万元。结果，职工工资发不出来，被迫停工，银行贷款30万元，还借债26万元。吃了信息不通的苦头。

有了这次教训，钱长江开始重视捕捉信息了。一次，他去哈尔滨市销售产品，在哈尔滨市轻纺供销公司办公室，听到一个很重要的情报：一家丝绸厂，生产了5吨涤纶布，一试销，客户纷纷登门要货，公司无法应付。当时钱长江就联想到自己厂里的设备条件，技术力量，完全能生产这种涤纶布。于是，他星夜动身返回工厂，组织攻关小组，改装了机器，设计了新工艺。只用了两个月的时间，新的涤沦布就生产出来了。客户得知，纷纷来订货，当年就盈利30.9万元，比上年翻了两番还多。从此他们尝到了善于捕捉信息的甜头。这就是一条信息救活了一个工厂的故事。

重视信息者兴，忽视信息者亡。该厂吃过信息的苦头后又初尝了信息的甜头，以后还会慢待信息吗？另外，光有捕捉信息的意识还不够，还应当将一些潜在的信息灵活运用。如该厂当时已经是负债经营了，尽管知道涤纶布被市场看好，但无钱购买新的设备，就此放弃，亦属合理。但是，该厂并没放弃，而是将现有的机器稍作改进，达到了目的。

百业开张，以信息为先导。信息就是财富，信息就是指路明灯。没有信息指引的生产和经营就好像瞎子摸鱼，有时会一举成功，但更多的是有始无终，血本无归。

市场供求信息。关于现有市场需求量、销售量、供求平衡状况；市场上对所销售商品的最大潜在需求量；各个细分市场的绝对占有率和相对市场占有率；企业及同行业竞争者在市场中的地位、作用及优劣势比较；国内、外市场需求的变化和发展趋势等。

商品经营效果信息。关于企业经营过程中所采取的各种营销策略的效果，如产品包装的改变、价格的改变、销售渠道的变化等等。

同业竞争对手的信息。关于竞争产品的更新状况，销售价格、分销渠道及网点设置、竞争者的促销手法的变化、目标市场及市场占有率的变化等。

销售人员在销售过程中有意地收集各种情报信息，加以整理、分析，及时反馈给企业，就使企业能够掌握市场动态，扼住市场的脉搏，相应地作出调整，大大增加了对市场信息的敏感度。

实际上，在报纸上和日常生活中，我们经常可以看到和听说这种故事：一条信息救活了一个工厂，一条信息赚了钱，一条信息使一个穷光蛋变成了高富帅。这样的例子俯拾皆是。

日本三菱公司有一位驻北京的销售人员，他的任务就是每星期写一份关于中国汽车市场的报告。他经常深入市场，听客户谈话、议论问题。很快了解到中国政府的有关规定，从中摸清了真实情况：各单位买进口小轿车很难批准，但买装载生产用具、物料的面包车易获批准。他把这个情况很快报告了总部。三菱公司决策人员马上决定大批生产面包车。不久，日本面包车大量进入中国市场，赚了大钱。

无独有偶，另外一个例子是善于捕捉信息的业务人员的胜利。

某年底，广州气象台预测翌年春节之后，当地将出现一段持续的低温阴雨天气。就在此时，南方大厦的业务部经理，从广州外事部门获悉，在此期间将有几个大型外国代表团来羊城游览。

两则消息似乎毫不相干。但南方大厦的销售人员，头脑灵敏，思维反应快，把两则消息联系起来分析，从中发现一笔有利可图的生意——卖雨具。

当他们从本市组织货源时又发现，由于这次阴雨天气属反常现象，市场的雨具销售这时还是淡季，当地批发部门备货还不齐备。于是他们就跟踪追击信息，专门走访外事部门，详细了解来团成员的不同国家和地区的消费心理和习惯，有针对性地从外地及时组织了一批式样新颖的雨具。当宾客来到时阴雨连绵，他们热情地送货上门，数万把雨伞很快销售一空，受到旅客的好评。经济效益、社会效益双丰收。

这两个例子说明，销售人员善于捕捉信息，及时向企业传递，使产品在竞争中做到"人无我有，人有我好。人好我多，人多我早"。只有这样，才能使企业如虎添翼，在竞争中立于不败之地。

所以说，销售人员收集的一个情报，一点线索，往往能为企业开辟潜力巨大的市场，事关企业的兴衰成败，尤其在今天这个瞬息万变、竞争激烈的信息社会，企业和市场之间如果不能及时沟通，企业反应滞后，那只能在市场经济的竞争中一败涂地。所以，将销售人员称作企业的"千里眼"、"顺风耳"、"开拓市场的尖兵"实不为过。

了解自己

做销售，最重要的不是要战胜别人，而是要战胜自己。要想战胜自己关键是了解自己，知道自己的优缺点，不断完善自己。认清自己要以他人为鉴，透过他人来洞察自己，反省自己，发现不足，改进工作方法，不断进步，超越自我。大多数销售人员没有很好的业绩是因为不清楚自己的销售弊端，周而复始地重复着同样的错误。改进自己先从了解销售模式入手。我们可以把销售人员的销售行为模式分为七种类型。

（一）权威指导型

最近，小丁洽谈了一个客户，已经很有意向了，马上要签约了。最后需要小丁再给客户做个演示。小丁到客户处做销售演示，为了给客户专业的感觉，双手抱拳，挺胸抬头。最后总结时说：客户们应该买我的产品，应该把钱付给我，不应该去买别的产品。结果下面的客户都认为他比较傲慢，不够尊重听众。

演示结束后，客户普遍觉得小丁不够尊重听众，也不够踏实。因此取消了合作计划。

此类型的销售人员，对自己过于自信，对客户过于傲慢。自认为客户没有自己懂得多，没有自己专业，甚至对客户提出的问题采取嘲笑的态度，以便显现自己的权威。若是有客户表示不愿意购买，这一类型的销售人员也许会教训客户不知道好歹。此类型销售人员的特征是他不会去探测客户的需求，他喜欢站在较高的地位，告诉客户应该怎么做才是正确的，有如老师指导学生一样。

权威指导型的销售人员由于不是充分了解客户需求，因此很难深刻了解市场的需求和客户的偏好。又由于他们高高在上，不愿委曲求全，不能做到有效的沟通，更难以维持较长远、较深的客户关系，也无法通过客户介绍进行更多的交易。

（二）死缠滥打型

有一位销售人员销售投影设备。客户反复地拒绝他，可他还是死缠滥打、三天两头往客户办公室跑，而且，一坐就是大半天。某天，客户去拜访一位朋友，在朋友的办公室，赫然看见里面坐着一个熟悉的身影，那个销售人员又跟来了。

客户的感受：厌恶，没有好印象，就算以后有需求想买同类产品，也不会从他这里购买。

坚持不懈是好习惯，但过了头就成了死缠滥打，令人厌恶。如果客户反复说明没有购买需求，销售人员应该主动地离开。如果想保持联系，期待以后的购买，销售人员不妨过年过节送张贺卡，时常发封E-mail就可以。

（三）呆傻冲愣型

有一个公司的销售人员，30多岁的年纪。他第一次来拜访客户，竟然衣服皱巴巴的，不知几天没洗了，老远就闻到汗臭味。特别让人难以忍受的是，他竟然想用手指缝满是黑泥的手来和一个有洁癖的女客户握手。天啊！当场，女上司就面带不悦。

优秀的销售人员要留给客户良好印象，呆、傻、愣都给客户不放心的感觉，客户怎么敢从他手里买东西。客户害怕他的售后服务是否能到位，更担心他的产品是否有问题。做为销售人员穿得不一定时髦，但一定要干净，要有礼貌，要手脚伶俐，不要给让客户感觉不专业。

（四）低价导向型

价格战是销售人员最常用也是最低级的一种竞争策略。此类型的销售人员只能销售具有价格优势的产品，他们认为价格是销售成败的最主要因素，任何销售失败的结果都会归咎于产品价格优势的缺乏。此类型的销售人员，最大的问题是不自信，对大多数的客户而言，只要能满足他们高品位的需求，客户们就愿意支付高价钱。他们不了解高收入的客户大多数是对价格不敏感的，有能力而且愿意支付较高的价格，只要产品符合他们的需求。

低价导向型销售人员的业绩好坏，往往不是决定于销售人员自己的销售能力，而是由公司能否推出有价格竞争力的产品，因此。这类型的销售人员的命运不是掌握在自己的手中，而是受制于别的因素。

（五）人际关系型

此类型的销售人员相信只要关系搞好，其他都是次要的。现在的关系营销也开始强调关系的重要性，但这里的关系不是靠吃喝形成的关系，而是通过给客户提供良好的产品和服务，并经常联系而不断形成的联系和好感。在我们国家，由于是情理法的社会，感情总是摆在第一位，许多的交易，特别是金额庞大的交易。没有关系根本无法进行，关系的重要性是毋庸赘言的。但"关系"只是交易的起步，接下来真正的胜负还是要靠销售人员其他方面的能力。

关系型的销售人员过分注重与客户的关系，往往对客户的需求了解不够彻底。凭着人际关系拿到了订单后，若是客户在使用时不能得到充分的满足引起抱怨，将会妨碍与客户的长期关系。关系型的销售人员，除了要注重人际关系，还应着力于了解客户的真正需求，提供客户最适当的产品，才能和客户建立起长期稳定的关系。

（六）被动挨打型

此类型的销售人员认为客户有需要自然会购买，因此，他不会主动地去发掘客户的需求，不会主动地告诉客户自己的产品和竞争品牌有何差异，完全以被动的方式等待客户购买。这种类型的销售人员，在销售卖场很容易看到。

当然一些已经知道自己的需求，确定自己购买什么的客户，看到想要的东西就会立刻购买。但是绝大多数客户的需求都不是很明确的。因此，过于被动的销售人员往往错失许多机会。当机会来临的时候，再等待，最后机会悄悄地溜走。

（七）问题解决型

此类型的销售人员让客户觉得是可信赖的，他能解决客户的问题并满足客户的需求。此类型的销售人员让客户感觉到销售人员是来帮助他的，满足顾客真正的需求，给顾客提出合理的建议，能从购买的产品上得到许多他想要得到的利益并很满意，这就是问题解决型的销售人员给客户们留下的感受。

由于这样的销售人员能解决客户的问题，客户愿意与他们交流，交流的产生促使客户了解更多产品信息，这为下一步的成交打下了基础。

以上这七种类型的销售人员，在面对不同的产品、不同的客户、不同的状况时，都有可能达成交易。但一般来说，问题解决型的销售人员最容易获得稳定的业绩，而在他们稳定的业绩中几乎有一半以上都是由以前客户再购买或由这些客户介绍其他客户购买带来的。所以，一个销售人员的销售模式应该向问题解决型转变，当然关系型的销售也是不错的。

掌握产品知识

生活中常常会遇到这种现象，当购买某产品时，面对不同品牌和价格的同一种产品，往往会先询问销售人员这些不同品牌之间的差异。若销售人员能够清楚、自信地回答客户所提的问题，客户对产品有所了解之后，就会做出购买的决定。而大多数销售人员对自己的产品并不完全熟悉，对客户提出的问题更是含糊不清。在知情权得不到基本满足的情况下，相信没有一个客户会购买一个连销售人员都说不清楚功能的产品。

张巧最近想换个手机，他想买一款诺基亚的。于是，他在一个周末的时候与他的朋友一起去买手机。当向销售人员了解诺基亚手机的款式与功能时，销售人员说："我还不太清楚。"跟他一起的朋友说："我们还是去看看索尼爱立信，那手机还不错，我现在就用那牌子的。"最后，张巧还是买了一款索尼爱立信的手机。

有市场，就有竞争的存在。要在竞争中获胜，熟悉自己的产品，掌握产品的相关专业知识是进行成功销售的前提。丰富的产品知识能使销售人员快速地对客户提出的疑问做出反应。这不但可以增加销售人员的自信心，还可以赢得客户对销售人员和产品的信赖。如果一个销售人员，对自己的产品不了解，还想当然地认为，客户会不加了解的就购买产品，这几乎是不可能的。这样的销售人员也是不合格的，更无法赢得客户对产品的信任。

可口可乐公司曾向客户做过调查，请他们列出优秀销售人员应该具备的十个最重要的素质。排在第一位的就是具有完备的产品知识。那么具有完备的产品知识，都具体包括哪几个方面呢？

（一）产品的要素

产品的要素如下：产品名称、物理特性（包括质地、规格、材料、颜色和包装）、性能、科技含量、销售价格体系和结算体系、产品的系列型号等。

（二）产品的价值取向

产品的价值取向是指产品能给客户所带来的价值。构成产品使用价值的因素有以下几个方面：

1.产品名称。一个好的产品名称能吸引客户的眼球，给客户一种赏心悦目的感觉。大多数客户获知产品的名称是通过销售人员来表述的。虽然销售人员不能选择产品的名称，但如何将产品的名称通过销售人员的口来表现出它自身的优势和亲和力，是销售技巧所在。

2.产品的形象。在众多的产品中，产品的形象、市场占有率处于有利的地位。这是促使客户购买的重要因素。也就是常说的打造产品的品牌。

3.功效比。产品在功效上（或其他方面）表现出的与众不同之处，这就是客户购买的直接原因。如手机配有摄像功能，可以拍摄高清晰画面。

4.价格性能比。通过产品说明书的性能参数可以确定产品的性能。价格性能比是客户确定购买的依据。

5.服务。提起服务，大多数人会认为是售后服务，其实服务是指整个销售过程中给客户带来的信心和方便，让客户在购买的过程中得到一种享受，而不是单纯的交易行为。当然，售后服务也不能忽视。

总之，客户购买产品的根本行为是由产品价值的综合取向决定的。而不是因为一、两个方面。不同客户的购买动机都有不同，真正决定客户购买的因素是产品带给客户的利益价值取向。只有综合价值的某一方面或多方面能够满足客户的需求，客户才会购买此种产品。

（三）同类产品的竞争

我们可以对同类产品做个全面的比较性分析。比较的内容包括：材料、规格、颜色和包装、功能、价格、结算方式、服务、品牌、市场占有率、客户满意度等。

为了进一步获取客户的信赖，销售人员不能光凭一张嘴，说产品如何如何的好，而又不能拿出值得信赖的证明。在与客户沟通时，可以向客户出示有关产品的保证书，比如这种产品已经申请了国家专利、获得了某某国家级荣誉。还可以向客户出示产品的销售情况，将已经签下的订单和用户的签名复印放在档案夹，也可以收集客户的现身说法，用大量事实说话，这样比口若悬河的效果好得多。

客户希望销售人员能够提供有关产品的全套知识与信息，那么，销售人员是不是把所了解的知识一五一十地说给客户就OK了呢？这样的罗列产品的特点显然是错误的。销售人员要学会抓住产品的特点，介绍时要突出重点，也就是通常所说的卖点。这个卖点必须是能够吸引客户注意的产品本身具有的优点。因为有些客户根本没有时间听销售人员长篇大论地介绍产品，落入俗套的讲解不仅不能吸引客户，反而会使客户反感，遭到客户的拒绝。只有充分抓住产品的卖点，就能够很快地勾起客户的兴趣。

有了市场竞争，才能使销售人员工作更有劲头，更能体现销售的价值。所以做销售一定要先了解产品。这是做销售的第一步，也是重要的第一步。

分析客户的需求

销售人员了解了自己是属于什么模式的销售方式，熟悉了产品之后。接下来便要寻找销售对象，了解客户是什么类型，他们迫切需要些什么，他们的支付能力如何。要像了解自己产品一样了解客户，熟悉客户的需求。

了解客户应从客户的购买需求，支付能力和购买决策权三个方面进行。

（一）客户的购买需求在哪里

分析客户需求，首先要了解客户想得到什么，这需要了解他们的人生观、世界观、价值观。一个人的需求是随时代而改变的。在20世纪80年代，人们以花多一些的钱买东西为荣，因为这表示购买者有这个经济实力。而在90年代人们却以花较少的钱买东西而自豪。因为这表示购买者的谈判能力很强。

客户是否存在需求，是销售能否成功的关键。客户的购买需求既多种多样，又千变万化，同时，客户需求又是一个极富弹性的，因此，要想准确把握销售对象的购买要求，并非轻而易举。如果销售对象根本就不需要所销售的产品或服务，那么，对其销售就肯定是做无用功。但在现实生活中确实存在有些销售人员通过软硬兼施的手段，把产品卖给了无实际需要的客户的现象，但这种带有欺骗性的硬性或软性销售方式，败坏销售信誉，应予以坚决反对。通常分析客户需求主要围绕是否需要、何时需要、需要多少三个问题而进行。

如果销售人员确认某特定对象不具有购买需求，或者发现自己所销售的产品或服务无益于某一特定对象，不能适应其实际需要，不能帮其解决任何实际问题，就不应该向其进行销售。而一旦确信客户存在需要且存在购买的可能性，自己所销售的产品或服务有益于客户，有助于解决他的某种实际问题，则应该信心百倍地去销售，而不应有丝毫犹豫和等待，以免错失良机。

作为销售人员，一定要明白现代销售工作就是要探求和创造需求。随着科学技术的飞速发展和新产品的大量问世，有许多未被消费者认识，即客户中也存在着大量未被认识的需求。所以需求是可以创造的，此外，客户中还存在着出于某种原因暂时不准备购买的情况。对属于这两类情况的客户，销售人员要大胆探求和创造客户需求，应善于开拓，透过现象看实质，去发掘客户的潜在需求。

（二）客户的支付能力多大

在市场经济条件下，只有具有支付能力的需求才构成现实的市场需求。因此，在对客户购买需求进行鉴定的同时，必须对其支付能力进行鉴定。

客户支付能力可分为现有支付能力和潜在支付能力两类。现有支付能力，指既具有购买需求又有现有支付能力的客户，是最理想的销售对象。其次，应注意对客户潜在支付能力的鉴定。一味强调现有支付能力，不利于销售局面的开拓，掌握客户的潜在支付能力，可以为销售提供更为广阔的市场。当客户具有潜在支付能力并有很好的信誉时，销售人员可以主动协助客户解决支付能力问题。要准确地鉴定客户的支付能力并不是一件容易的事，因为绝大多数客户不愿向别人透露自己的财力状况，因此，要做好客户支付能力鉴定，销售人员需要通过对客户收入水平、家庭人口或生产规模、经营状况等情况的调查去推断其支付能力。

通常，销售人员可以通过以下几种方法和途径来判断客户的购买能力：

1. 从领导入手。

通常，客户都有上下层或领导与被领导的关系，企业客户有主管部门，而个人客户则隶属于某个企业或行业，销售人员可以从上而下了解客户的购买能力。对于企业客户来说，销售人员可以从政府部门了解客户的经营状况、财务盈亏、款项往来等，甚至可以从银行和司法部门了解相关的情况；而对于个人客户来说，从客户所在企业或行业的状况也可以推断其购买能力，比如IT人士，他的月收入可能会在5000元左右。

2. 从"后方"了解。

销售人员要得到客户购买能力的准确数据就必须要打入"敌人"内部，从内部摸清客户的购买能力和财务状况的变化，这样的信息比较真实可靠，具有很高的可信度。如果客户是一位已婚的男士，那么他的妻子很有可能就是判断其购买能力的好帮手。当听到他的妻子说"我们还不如买纯平彩电"或"我比较喜欢海尔冰箱"时，千万不能听听了事。从这样的话语中，有经验的销售人员就可以很清楚地推断出客户是有能力购买纯平彩电或海尔冰箱。

3. 从客户资料窥探。

很多时候，对于陌生的客户很难在短时间内判断其购买能力，那么销售人员就可以用收集客户资料的方法。销售人员在对这样的客户进行购买能力分析的时候，就应该把所有的资料集中，从中提取有用的资料，从而可以从侧面了解客户的购买能力。一般，这样的间接资料可以从银行的信用公告、咨询机构等大众传播媒介中获取。

4. 多分析。

观察分析是每个销售人员都熟悉的方法，比如客户的衣着、出行的交通工具、喜爱的运动等等都是判断客户购买力的突破口。一般穿着时髦讲究，经常打高尔夫，有私家车的人购买能力比较强。这种方法所得出的结论有时并不准确。实际中，销售人员常常犯这样或那样主观性的错误。这就需要长期经验的积累，因此切记不可以"貌"取客户，妄下结论。

当然，销售人员应该多个方法同时使用，综合分析，这样就可以相对准确地判断出客户的购买能力，为下一步的销售打下坚实的基础。

（三）谁能"拍板"

客户购买决策权的鉴定，也就成为客户资格鉴定的一项重要内容。若事先不对客户的购买决策状况进行了解，不分青红皂白，见到谁就向谁推销，很可能事倍功半，甚至一事无成。

现代家庭购买决策状况比较复杂，除一些大件商品或高档商品购买决策权比较集中外，一般商品购买决策权逐渐呈分散趋势，增加了对其进行鉴定的难度。

正确分析销售对象家庭里的各种微妙关系，认真进行购买决策权鉴定，仍是非常必要的。现代销售人员必须具有善于识别购买决策人的本领。

组织客户是指企事业单位等各种团体组织。对于组织客户，购买决策权鉴定尤为重要。作为销售人员，必须了解组织客户内部的人事关系、组织机构、决策系统和决策方式，掌握其内部各部门主管人员之间的相对权限，向具有决策权或对购买决策具有一定影响力的当事人进行销售。只有这样才能有效地进行销售。

了解了客户，便能与他们交流，关心他们、照顾他们的利益。在买卖做成以后，也要继续去了解他们，关心他们，只要产品质量好，他就是长期客户。

如果不了解客户，就不能把产品销售出去，产品再好也是枉然。所以，在销售产品之前，还要看清楚客户，更重要的是要正确判断客户的看法，对产品的态度。只要判断正确，即使是不利的情形，也可以转变为有利的情形。

重视同行竞争的产品

俗话说"同行是冤家"。很多销售人员或企业总是片面地认为有了同行，就有了竞争，对方的存在就会抢占本该属于自己的市场，就会导致销售量下降。而往往忽视竞争的积极作用，竞争导致危机感产生，有了危机感才会更努力地想如何把产品销售出去，怎样增加效益？另外，还可以通过对方来检查自身的不足。

　　传统的营销主要把注意力集中在企业和客户之间的关系上。而忽视了企业和竞争对手的这种关系。这种营销主要是千方百计的探索客户的要求和尽可能好地满足客户的要求。要创造和捍卫竞争优势，考虑到企业、客户和竞争对手的"战略三角"关系尤为重要。因此对于销售人员来说，尊重竞争对手的产品，仔细了解对手的产品，有利于在介绍自己的产品时有针对性，突出自己的优势，然后占领市场。

（一）了解同行的产品

　　谁想在竞争中持久地领先一步，就必须了解竞争对手的优势和弱势。只有这样才能很好的估计市场风险。在"战略三角"中，获得竞争中的优先权。了解竞争对手的产品不仅要熟悉其产品的优点和特色，还要熟悉其产品的弱点和缺陷。尊重竞争对手的产品不是要夸大竞争对手的产品优点，为竞争对手做产品宣传，而是要实事求是地对竞争对手的产品做出评价。销售人员也要掌握销售技巧，尽量让客户觉得竞争对手的产品有一定优势，但是，不是主要方面，主要方面的优势还是在销售人员手中的产品。

（二）善待同行的产品

　　为了在竞争中长期、有利可图地生存下去，企业必须拥有竞争优势。大多数市场表明生产能力过剩，市场饱和，必然会导致排挤性竞争，强者生存，弱者淘汰。但不能因为竞争而恶意地攻击竞争对手的产品。一些销售人员被问到竞争对手的产品时往往表现出很轻视对方的态度。"他们生产出来的产品都是次品，千万别买"，是正品还是次品销售人员说了不算，而是客户说了算。如果客户了解竞争对手的产品，往往会对销售人员产生不好的印象。即使没有掌握竞争对手翔实的资料，也会对销售人员的这种态度不敢恭维，因为销售人员的态度过于傲慢。

　　在与客户分析竞争对手时，绝对不能批评竞争对手，更不能恶意攻击竞争对手。相反，如果我们要是赞美竞争对手，我们对竞争对手的每句评价都会在客户中留下深刻的印象。只知道批评竞争对手的产品，不仅会遭到客户嘲笑，甚至还让客户感觉销售人员虚伪、不诚实，不愿意与其打交道。从另一方面来说，如果销售人员能很诚实地承认竞争对手产品的优点和自己产品的不足，客户会认为销售人员是个坦率、诚实的人。有谁不愿意与这种人交往呢。同样的道理，也不要害怕竞争对手对自己的批评，要心平气和地对待。如果竞争对手批评自己的产品，那他是在替别人做无偿的宣传，因为客户同样也是明辨是非的人。

（三）不主动谈同行的产品

当客户没有询问销售人员竞争对手的产品时，销售人员最好不要主动提到，因为一提到客户就会对两者进行比较。这种比较显然是不利的，而且主动提到竞争对手的产品无疑是告诉客户，该产品在市场上不是唯一的，显然为客户拓展了购买范围。

（四）站在客户的角度看待同行产品

要站在客户角度考虑问题，客户为什么会选择竞争对手的产品，是价格问题、服务问题、质量问题、还是关系问题等等。总之，客户选择竞争对手的产品，就一定有其道理，一定要站在客户的角度思考。通过这点，就能找到客户重视的是价格、质量、回扣、送货及时性、对供应商的熟悉程度等等。有的客户会重视其中的大部分。但是，客户的需求中一定有一、两个最核心的因素。一定要找出来，然后与客户交谈时，强调我们能在这些方面做得更好，一定要有信心，即使我们做不了，我们也要如实地说出来，让客户心中有数。

拓宽信息渠道

掌握更多的客户信息，可以使销售人员在销售过程中更好地驾驭客户，对客户提出的问题得心应手，掌握的信息多了，沟通起来共同点也就多了，这样与客户的关系也会在沟通中不断密切起来，有了感情做基础，生意谈起来也更加容易了。那么销售人员应该怎样收集信息呢？

（一）销售前多打听

在实际销售期间，隐瞒真正利益、需要和优先事项常常是一方或共同的策略。采取这一策略的理论基础是因为信息就是权力，尤其是在销售人员不能完全摸清对方的情况下。举个简单的例子，人们买衣服时，即使对某件衣服有很大的兴趣，也不会马上表现出来，而是表现得漫不经心，可买可不买的样子。如果被销售人员知道了，价格就很难讲下来。因此说，如果销售人员能知道对方的真正需要和他们的极限与截止期，销售人员就会占很大优势。而这些信息要想在销售进行期间从圆滑的对方嘴里获取，则是难上加难。

（二）打听要显出心神不安和毫无戒心

有些人认为对人越施恐吓或越显出滴水不漏的样子，别人就越能告诉你真实的东西。其实正好相反。销售人员应该多听少说，宁问勿答，还要多问些自己已经知道的答案，因为这样可以检验说话人的可信度。另外，销售人员越显得无知，越能得到帮助，越能得到更多的信息和建议。

（三）向与销售对手有关系的人收集信息

向同销售对手一起工作的或为他工作的人，或是跟他交往过的人包括秘书、职员、工程师、门房、配偶及以往的客户收集信息是非常可靠的。现实中，跟对方的有关人员直接接触几乎是不可能的，在这种情况下，销售人员就得通过第三方，利用电话询问，或者找以前跟对方谈过生意的人了解，每个人都有成功之处，销售人员可以学习他们成功的经验。

（四）向对方的竞争者收集信息

通过对方的竞争者，销售人员可以了解到有关成本费用等信息。作为买方，当知道卖方的成本费用后，就能在销售价格上占很大优势。这种信息可以从出版物，包括政府的和私人的刊物中获取。销售中的沟通层次有两种，一是直接摊在桌面上的信息，一是间接、通过非正式渠道传达的信息。从非正式渠道获得信息是非常必要的。不是所有该说、想说的话都可以在谈判桌上明说，因此，通过非正式渠道沟通信息，或许能使双方的冲突降低。如果某个问题通过非正式渠道向对方表达而不为对方接受时，陈述问题的一方也不会感到有失颜面。但如果意见在正式场合提出而遭拒绝的话，这样会大大损伤双方的谈判情绪。

收集信息有一定的技巧和方法，销售人员要想获得更多准确的信息，就必须做到以下几点：

第一，多用心看。

这是培养销售人员敏锐的信息洞察力。信息工作是一项涉及面广、知识性和政策性很强的工作，人们每天都可以接收到大量的信息资料，但人们不可能把所有的信息全部接受过来。面对错综复杂的信息，只能细心的观察，透过现象看本质，拨开迷雾抓要害，通过敏锐的观察力来捕捉各种能为销售决策提供依据和参考的信息。要真正做到，不为繁杂的信息所困扰，不被万变的现象所迷惑。

第二，善于思考。

就是培养销售人员灵活的信息收集和捕捉能力。销售人员不应该只从现实生活中所反映出的情况被动地接受和利用，应该主动地、广泛地收集和捕捉信息。在捕捉信息的过程中，经过思考、加工，筛选出有价值的信息。那么，销售人员应该怎么做呢？

1.站在领导的位置上思考。预测到销售决策的需要，就应该主动地对各种信息进行比较，通过比较才能对原始的、零星的信息进行分析、归类，由小到大，由低到高，由点到面，整理出完整的信息。

2.信息内容要立足于新。不保留人人都知道的陈旧信息，删除不真实的信息，对一些有疑惑但有价值的信息，结合情况进行查清补充。

3.角度上要突出特色。包括工作特点、经济特色、区域特色等，形成特色性信息，只有具备了捕捉信息的意识，就可以通过不同渠道、不同层次、不同方法、不同人员猎取到各种有用的信息。只要处处留心、认真分析，就能挖掘出潜在的有价值信息。

第三，要勤快。

就是培养销售人员准确的筛选、整理信息的能力。在接触到的信息资料中，很难马上分辨出哪些信息有用，哪些信息无用。各种纷繁复杂的信息常常混杂在一起，各种情况都可能出现。这就需要熟练的对原始信息进行多次分析、认真识别和判断，去伪存真，去粗取精，从众多的一般信息中抓住最有价值的信息。建议大家，不妨从下面几点做些尝试：

1.筛选细致。销售人员要对信息资料加以分析，找出不全面的，牵强附会的信息，把不完整的信息进行补充说明，从真实性的角度进行分析检查，找出疑点、发现问题，把个别的、零碎的、不系统的信息过滤掉，使模糊度和多余度降到最低限度。

2.整理准确。信息工作人员要经常对筛选过来的信息资料进行有序的、系统的、综合性的融合，通过归纳、排序、分析研究等方法，提炼、推导出一些新的有价值的信息，使信息更加系统、精炼，具有较高的准确性和广泛的适用度，能够真正揭示和反映事物内在联系和内在规律，成为销售决策的依据。

信息意识就像打开资源宝库的一个工具，只有具备了它，才能更快捷的走进信息资源宝库，发掘出大量有价值的信息，真正为销售决策提供信息服务。

提高信息质量

销售人员光有信息意识是不够的，还应该不断提高信息质量。随着市场的不断深入，新情况、新矛盾、新问题会不断涌现，这就需要及时、全面地了解和掌握情况，寻求解决的办法，作出正确的决策，不断研究和解决新问题，总结新经验，战胜前进道路上的各种障碍。而要做好这些工作，都离不开信息工作的有效服务，都需要信息基础作用的充分发挥。

（一）准确地把握信息内容

向领导反馈信息，是为销售工作服务的。销售的效果如何，在很大程度上取决于销售人员反馈信息是否真实，是否对销售决策有参考价值，取决于信息质量的高低。向领导反馈信息，不能有什么，就报什么，不能随意地报，被动地报，而要围绕销售关注的重大问题，主动地、有针对性地收集情况。

（二）疏通信息渠道

建立健全信息网络是搞好信息工作的基础，要把信息的触角延伸到社会生活的各个领域，建立起纵到底、横到边的信息网络。充分发挥信息主渠道作用，保证信息渠道的畅通。

（三）要实事求是

信息工作中，报喜与报忧始终是个难点问题，报成绩皆大欢喜。报忧就怕遭到批评，于是总是轻描淡写，不敢触及深层次问题。应该正确处理报喜报忧的问题，既要注意反映工作业绩、做法和经验，又要注意发现和反映矛盾与存在的问题。做到喜忧兼报，实事求是，如实地向领导提供全面情况。要以认真负责的态度，把客户的真实想法和愿望、意见和建议如实地反映出来，使信息真正为销售服务。

（四）抓好紧急重要信息的反馈

对于发生在本销售地区的紧急重要情况，要及时、如实地向领导反映。如果虚报谎报，或是在事件发生后很长时间，等事态扩大了，才报上来，就会给销售工作增加难度。向领导反馈紧急、重要信息，是销售人员的职责所在，也是衡量一个销售人员的眼光和品质的指标。要切实加强紧急重要信息的反馈工作，必须做到随时发生、随时报告。

（五）挖掘深层次信息

销售人员反馈的信息应该是有特点的东西、高层次的信息，而不是一般化的、表层性的东西，当然我们不能认为动态性信息就是没必要的，但是仅仅反馈动态性信息还不够，要努力挖掘深层次的信息。如何开发深层次信息，主要应抓好以下几方面：

1.从个别现象、微观信息中揭示普遍规律。有些微观信息在一定程度上反映宏观发展方向，关键是如何捕捉、开发和利用。加工处理信息时，要注意从个别到一般、从微观到宏观，发现和揭示它们内在联系和普遍规律。

2.从苗头性信息中发现倾向性问题。一些重大情况和事件发生前，一般都有先兆，一些苗头性信息非常有价值的。因此一定要提高敏锐性，主动去发现和捕捉苗头性信息，不能忽视和放任苗头信息。通过调查研究，总结出反映事物发展的倾向性信息。不仅要反映已经发生或正在发生的事情，而且还要注意发现、预测将要发生的事情。

3.加强信息调研，实现信息的增值。抓住主要信息线索展开调研，提出具有较强的指导性和可操作性的对策意见和建议，总结经验，形成有情况、有分析、有建议的调研报告，使信息在连续开发中不断地发挥作用。

抓住信息搞出特色

信息来源于我们各个"龙头"的第一线，作为先锋的利刃——销售人员，关系到整个战局的兴衰存亡，一定要重视销售人员的一手资料，在得到大量信息的基础上对信息整合。

（一）做旺淡季市场

俗语说得好："没有不景气，只有不争气。"很多企业产品的销售业绩在淡季一落千丈，不是因为企业产品销售不出去，而是因为企业淡季的思想在作怪。一到淡季，企业就认为目标客户暂时不再需要产品了，企业无论怎么努力产品也无法销售出去，所以促销活动不搞了，市场开发力度也减少了，客户拜访也免了。经营战略僵化了，这样做的结果直接导致销售业绩的降低，而企业却把它归结为销售淡季来临的原因，结果是下一个淡季到来时企业愈加不努力，如此陷入一个"淡季"无销售的恶性循环之中。海尔集团总裁张瑞敏曾说过，"没有淡季的市场，只有淡季的思想"。所以企业要想在淡季提升业绩，首先要改变企业经营的理念，树立"销售无淡季"的意识。

（二）抓住特色搞活市场

深圳市新开了一家"幽默饭店"，客户一进店，就会听到录音机里播放的笑话、相声、小品，服务员每上一道菜都奉送一张写有幽默故事或笑话的小卡片，供进餐者欣赏，称为"幽默佐餐"。这家饭店开张大吉，客户盈门。无独有偶，上海延安东路一家饺子馆，别出心裁推出了颇具特色的"导食"服务，每上一碗饺子，"导食"小姐都要为客户讲则饶有风趣的"典故"，逗得食者都愿先吃为快，饺子馆生意非常兴旺。"幽默饭店"与"逗乐饺子"的成功就在"特色"二字，产品有个性是一种有效的竞争手段，而特色经营能抓住客户好奇心，激发购买欲，效果极佳。

（三）转嫁风险

1. 企业在淡季来临之时，一定要注重与客户的沟通交流，对老客户做好前期的销售结算和后续的服务工作，对客户的返利或奖金等做好清算，避免客户对企业产生怀疑，同时要做好后续销售服务工作，淡季客户的要货量一般较小，企业应不分大小，一律同样对待，做好送货服务。

2. 通过与小经销商的沟通和促销手段来吸引其进行备货。由于对小经销商来讲，资金一般是其发展的最大约束，企业可通过与其沟通，宣扬在淡季备货存在的价格优势，并可以通过各种奖励手段刺激小经销商进行备货。

（四）抓住市场空白

抓住市场空白也就是发现别人不做的生意，这样就可以在商战中不战而胜。目前，家政保姆这行非常火，曾经有位年轻人跑遍了所有的中介所，都没有找到愿意护理老人的保姆。最后，一位邻居毛遂自荐当了保姆，月薪600元。半个月之后，有人来求她去护理另外一位瘫痪老人，月薪也是600元。在这样的情况下，如果能办一个小型的老人护理院，也是很有市场的，既解决了老人的照顾问题，又能吸收闲散劳动力，这是非常可行的办法。

（五）加强对销售人员的激励

销售人员是企业做市场的主体，淡季的到来，业务量的骤减往往使很多销售人员缺乏工作热情，产生懒惰心理，没有精神去开拓市场。企业若想在淡季提升业绩，必须加大对销售人员的激励，刺激其工作的积极性与创造性。这样不仅可以提升销售业绩，还可以寻找新客户，同时拉住销售人员的心，可谓"一石三鸟"。

（六）信息就是money

现在是信息时代，谁获得了信息，就占据了先机，所以说信息就是金钱。一名从柴油机厂下岗的采购人员到处找工作，却没找到合适的事做。一个偶然的机会，当他得知山区因为缺电人们看不到电视时，便组织了一批专供发电用的小型柴油机运到山区销售，最终自己致富了。

（七）促销体现对消费者关怀

促销不仅可以为企业带来利润，同时也是企业回报客户的一个很好方式，淡季的价格优势是吸引众多消费者和经销商的一大因素，打折、买赠、提高产品附加值等做法可吸引众多对价格敏感的消费者，另外对一些选择淡季备货的经销商来讲，价格因素是其冒着风险进行备货的主要原因。如羽绒服在冬季是旺销，夏季就进入了销售淡季。企业就针对夏、冬两季的销售情况，通过广告向消费者传播"羽绒服反季大热销，经济实惠、好礼多多"，经过一系列的广告宣传，改变人们冬季买羽绒服的习惯，有力地促进了产品的销售。

（八）调整是业绩增长的又一来源

当区域市场上的消费需求达到一定限度无法增长时，企业扩大市场的范围无疑可以增加消费者的需求，在淡季更有利于企业做出策略上的调整。

企业可选择在淡季开发新市场，这是因为淡季大多数竞争品牌处于休眠期，对市场的管理工作减弱，在广告宣传方面的投入减少。企业选择此时进入，市场上的干扰信息降到了最低，有利于企业抢占渠道和宣传品牌形象，而市场的扩大自会造成销售业绩的提升。一家生产食品的企业，产品的销售历史都是淡旺季分明，这是因为企业只注重开发城区市场，只重视开拓批发商这一销售渠道，结果是销售额不见增长，企业连年亏损。当企业在重新调整思维后，在销售的淡季开发新的通路，于是，企业的销售人员共同强力开发城郊市场，强力开发店铺等新渠道，开展繁忙的开发新市场、开拓新渠道的工作，最终使企业实现了销售无淡季，销售额持续上升，使企业扭亏为盈。

（九）抓住需求经营

抓住需求经营，就是要求企业有很强的洞察力，能发现市场上的商机。比如：有些人喜欢收藏照片，但老照片放的时间久了会发霉或变黄，还留下道道划痕。于是，有的人便利用电脑扫描仪和打印机为人们修复老照片。修复后的照片不仅焕然一新，而且可根据人们的需要打印成大小不一的规格，收费也不算贵，生意十分红火。

第二章

建立销售目标，有的放矢才能胜券在握

有目标才有前进的方向

有一个人一直想到中国旅游，于是订了一个旅行计划，他花了几个月阅读能找到的各种材料——中国的艺术、历史、哲学、文化。他研究了中国各省地图，订了飞机票，并制定了详细的日程表，他标出要去观光的每一个地点，也定好每个小时去哪里。有个朋友知道他翘首以待这次旅游。在他预定回国的日子之后几天，这个朋友到他家做客，问他："中国怎么样？"这人回答："我想，中国是不错的，可我没去。"这位朋友大惑不解："什么！你花了那么多时间作准备，出什么事啦？"

"我是喜欢订旅行计划，但我害怕坐飞机，所以待在家没去。"

苦思冥想，谋划如何有所成就，是不能代替身体力行去实践的，没有行动的人只是在做白日梦。

让我们再看看松下幸之助先生成功的经历。

松下幸之助先生出身贫寒，年轻时曾到一家电器工厂去谋职，这家工厂的人事主管看着面前衣着肮脏，身体瘦小的小伙子，觉得很不满意，便随口说："我们现在暂时不需要人手，一个月以后再来看看吧。"

这本来是个推辞，没想到一个月后松下先生真的来了，那位人事主管只好推托说："现在忙，过几天再说吧。"隔了几天松下先生又来了，如此反复了多次，最后主管只好直接表明了自己的态度："像你这样脏兮兮的是进不了我们工厂的。"于是松下先生立即回去借钱买了一身整洁的衣服穿上再来面试。人事主管看他如此实在，只好说："你关于电器方面的知识知道得太少了，我们还是不能接受。"

谁知两个月后，松下先生再次出现在人事主管面前，他告诉人事主管："我已经学会了很多有关电器方面的知识，您看我哪方面还有差距，我一项项来弥补。"这位人事主管紧盯着态度诚恳的松下看了半天才说："我干这一行有几十年了，还是第一次遇到像你这样找工作的。我真佩服你的耐心和韧劲。"

目标是一个人前进的方向，方向是指引人走向成功的必要因素。松下幸之助先生之所以能成为电器行业中杰出的人物，就在于他对目标的执著追求，凭借在遭遇失败之后仍坚韧不拔的精神，不断找出自己的不足，不断学习、完善自己。

作为一名销售人员，只要找准了目标，就应永往直前，不被暂时的困难和短暂的失败吓倒，就一定能够成功！

事实上，目标不明确的销售人员比比皆是。若随便问一个销售人员："销售人员做销售是为什么？"大概都会这么回答："为了挣钱"或"为了生计"。如果再问："5年后将会怎样？"或"销售人员打算今后5年挣多少钱？"可能大部分人都答不出来。

世界上最伟大的推销员乔·吉拉德，给自己的目标和计划就是每天拜访30个客户，如果哪天没有达到，他就一定不吃饭也要坚持晚上出去。就是凭借这种坚韧不拔的精神，使他当之无愧的成为顶尖的销售大王，也给他带来巨大的财富。

要想成为成功的人，首先必须有明确的人生目标。没有人生目标，也就没有具体的行动计划，做事就会敷衍了事，临时凑合，也就没有责任感，更谈不上什么坚强毅力、斗志昂扬了。

销售大师原一平曾说："不要为公司做事，要为销售人员自己做事。"若是为公司做事，必然是被动的、消极的；若是为自己做事，目标便可以自己确定，计划可以自己实行，那么他的行动便是积极的、主动的。

没有目标的销售就好象是没有航标的船，只能在江面上随波逐流。没有目标，销售人员也无法对自己的工作成绩进行评估和总结，他不记得自己的产品卖到了哪里，他要浪费大量的时间，他的业绩停滞不前，因为，他没有记录。没有记录的事情就等于没有发生。

科学制定销售目标

有些人从来就没有人生目标，做事也从来不确立目标，总是走一步算一步，认为目标可有可无，明确的目标没有多大的作用。制定销售目标真的就是做无用功吗？先让我们来看一个故事：

小文在初中的时候去看了一部电影，那部电影描述的是法国埃菲尔铁塔。她对这部电影印象非常深刻，就给自己许下了一个承诺，等上中学的时候她一定要去巴黎参观一下埃菲尔铁塔。结果中学毕业就忙着上高中了。于是小文想，还是等高中毕业后吧，那时一定有时间，可高中毕业后，她又要上大学。大学四年她就一直对自己期许，等她大学毕业以后她要去一趟。大学四年很快就过去了，但是她的梦想并没有实现。当大学毕业以后，她就急于想找一份安定的工作，当她找到工作的时候，又说等工作稳定的时候一定要去巴黎。而在她工作稳定的时候又开始恋爱。谈了恋爱她又跟自己做了一个许诺，等她结婚时一定要去一趟巴黎。结果结婚以后就忙于家里的柴米油盐酱醋茶，接着她怀孕了。她又想等生了小孩再去巴黎玩。但是生了小孩以后，开始忙着照顾先生，处理家里的事情，还要去照顾小孩。

当时她又给自己做了一个许诺，等孩子长大了，她一定要去巴黎玩。她的这个梦就这样从初中到大学，到工作到结婚，到生了孩子，再到孩子长大。后来，小文的孩子结婚了，也生了小孩。有一天，小文说了一句话："嗨，我这一辈子最渴望的就是有一天能去巴黎玩。"而这个时候，小文已经躺在病床上了。

从这个故事里可以体会到一件事情，每个人在每时都会由于外界的一些环境或者信息的影响而产生很多很多的梦想，这就是初定的目标。但它是完全不成熟的，还需要深加工，以及付诸行动。那么怎样制定目标才好呢？

制定销售目标一般分三步：

（一）设定理想目标

一位热气球探险专家计划从伦敦飞往巴黎。他对自己此次行动的目标做了以下详细划分：我希望能顺利抵达巴黎，能在法国着陆就已经不错了，其实只要不掉到英吉利海峡，我就心满意足了。

这位探险家设定的目标就是理想目标，理想目标是希望得到的目标，即达到此目标，对自己的利益大有好处，如果未能达到，也不至于损害自己利益。做销售一定要从实际出发的，在销售过程中，设置高目标的人往往会比设置低目标的人表现得好。不过，期望越高，失望的概率也会越大，这当中自然要承担风险。

在选择目标时，要遵循"求乎其上，得乎其中"的原则。

甲公司需要一套计算机软件程序，而此时乙公司正好有这样一批东西。当双方代表坐下来准备谈这项协议时，乙公司代表显然有些趾高气扬。

"坦率地对贵公司说吧，这套软件我们打算要30万美元！"

此时甲方代表突然暴怒了，他脸发红，气变粗，提高嗓门辩解道："开什么国际玩笑，简直疯了，30万美元，是不是天文数字？认为我是白痴吗？"

就这样，双方几乎再没有在谈判桌上讲第二句话。

同时，理想目标绝不是漫天要价。是在尊重双方利益互惠的前提下，使自己的利益能够最大化的目标。

（二）把握终极目标

一家位于苏格兰的小轮胎公司原来一周只开工四天，经理为加强产品在市场的竞争力，希望能将工作日改为一周开工五日。但是，工会拒绝开会，理由是工会的理想目标是周五不开工。

在漫长的销售过程中，公司经理一再声明，如果工会不肯合作的话，公司将可能被迫倒闭。可工会一再坚持理想目标。最后销售宣告失败，公司宣布关闭，工人们都失业了。工会就是因为要追求理想目标而牺牲了终极目标——保住饭碗。

终极目标是生存问题，理想目标也就是发展问题，理想目标要为终极目标服务。如果生存问题没解决谈何发展？终极目标是心理的底线。

另外，为了达到最终目标应将目标精细化，分别建立长期目标、中期目标、短期目标。

1. 长期目标

长期目标应该是明确的。希望20年后住在海边的一所大房子里，拥有200亩占地面积或希望20年后，存折里有500万元。无论有什么样的长期目标，都需要将它量化。

2. 中期目标

当确立了长期目标后，应将它分为两半，设定一下10年的期限，比如10年希望存折里有200万元。10年目标相比20年目标，其实现的可能性又有所增加。接着将10年目标再分成两半，比如五年希望存折里有100万元。直到得到了1年期的短期目标时，再将它们划分成月、周甚至天。

3. 短期目标

怎样划定短期目标呢？下面的故事也许会给我们很好的启示。

1984年，在东京国际马拉松邀请赛中，名不见经传的日本选手山田本一出人意料地夺得了世界冠军，当记者问他凭什么取得如此惊人的成绩时，他说了这么一句话：凭智慧战胜对手。当时许多人都认为他在故弄玄虚。马拉松是一项考验体力和耐力的运动，说用智慧取胜，确实有点勉强。

10年后，这个谜终于被解开了。山田本一在他的自传中这么说："每次比赛之前，我都要乘车把比赛的线路仔细地看一遍，并把沿途比较醒目的标志画下来，比如第一个标志是大树，第二个标志是一家快餐店，第三个标志是一座大厦，这样一直画到赛程的终点。比赛开始后，我就以百米的速度奋力地向第一个目标冲去，等到达第一个目标后又以同样的速度向第二个目标冲去。40多公里的赛程，就被我分解成这么几个小目标轻松地跑完了。起初，我并不懂这样做的道理，我把我的目标定在40多公里处的终点线上，结果我跑到十几公里时就疲惫不堪了，我被前面那段遥远的路给吓倒了。"

山田本一就是把自己的目标分解开来，化整为零，变成一个个容易实现的小目标，然后将其各个击破。是一个实现终极目标的有效方法。这就是通过实现短期目标来完成长期目标的经典事例。

把整体目标分解成几个短期目标。看似复杂了，其实，这是一个最为有效的以退为进的方法，我们每个人也许都用过这个方法，只是不曾留意而已。

短期目标是应该最为关注的目标。短期目标的设定不要超过三个月；这样能取得更好的效果。超过三个月的短期目标不足以产生直接相关的应变意识。另外建立短期目标后立即开始行动来实现它。就是说要坚定不移，不要在意识中否定它。不要等，要立即行动。

（三）最好有个目标区间

在理想目标与终极目标之间，最好能有个明确的目标区间，以便和客户留有谈判的余地，让客户心理上有成就感。

市场上，A摊主的衬衫用纸写着"25元一件，决不还价。"这让客户难以接受，一天也卖不出一件。而旁边的同样是卖衬衫的B摊主没有标价，每件30元。但可以讲价，而且通过讲价，一般还是以25元成交。每天的销量还不错。客户高兴的话，还会买个领带。

同样都是25元成交，B摊主为什么销量比A摊主好呢，因为B摊主的价格有个目标区间——最高30元是他的理想目标，最低25元是他的终极目标。而这种目标区间的设定能让客户心理上接受。

凡事预则立，不预则废。制定目标可使销售成功，不制定目标，就不能充分发挥其自身潜能。特别是对一个销售人员而言，如果没有目标，就会变得无精打采、烦躁不安，就会失去工作重点。由此可以看出，设定目标是多么重要。

评估销售目标

这个月的销售目标是100万元，那么这个100万元是否能完成呢？这个目标合理吗？这就要求销售人员对目标进行评估。评估目标实现的情况，评估目标的进展。随着计划的进展，就会在其中发现很多的问题。这些问题往往是决定性的，这就要求有所改进，有所行动，目标的实现过程其实也是不断进步的过程。只要不断的进步，在正确的行动轨道上进行着，离成功也就不会太远了。

成功的销售是以目标之实现为导向，在评估目标的时候，我们通常有以下几个准则：

（一）目标是否具体

目标不要假、大、空的套话，反对陈词滥调。应该学会用简短的语言明确道出销售目标。

（二）目标是否切合实际

所谓切合实际，即指具有达成目标的可能。但是，目标必须切合实际这句话并不意味目标应是低下的或是容易达成的。事实上，一种不是轻易能够达成的目标对目标的追求者才具有真正的挑战性。这即是说，目标本身必须具有相当的难度，以及具有被达成的可能。因此，在制定目标时，必须是"跳一跳，够得到"的，比如三月份月销售4台电脑，那么四月份可以制定销售5台电脑的目标。

（三）目标是否可以量化

尽量用量化语言来描述目标，而不是大概或许之类的不确定的销售目标；含糊笼统的目标难以充作行动的指南。

（四）目标是否有时间限定

必须有起点、终点和时间段。若不订明目标达成期限，则很容易采取拖延的态度，而使目标实现遥遥无期；订明目标的达成期限，有助于行动纲领的拟定。

限定目标实现的时间。如果目标实现没有限定时间，那等于没有目标。只有具体、明确并有时限的目标才具有行动指导和激励的价值。

在特定的时限内完成特定的任务，就会集中精力，开动脑筋，调动自己和他人的积极性以及潜力，为实现目标而奋斗。如果没有明确的具体目标的时限，任何人都难免精神涣散、松松垮垮，这样就谈不上成功和卓越。

（五）目标之间是否相互协调

同时追求多种目标时，我们必须事先化解存在于各个目标之间的冲突或矛盾，以免所获得的各种成果因相互抵消而徒劳无功。

有目标就不怕失败

在生活中，每当我们开始做一件事时，总是无法避免失败，就像小孩子学走路一样，没有一个孩子能够不摔跤就学会了走和跑的。从失败走向成功，这是必经之路，不要想不失败就会成功，那是天方夜谭。功成名就者和碌碌无为者都会经历失败，所不同的是，失败成了功成名就者通往成功之路的一种新的动力，而成了碌碌无为者无法逾越的鸿沟。

孔杰刚进入销售行业的时候，由于对销售方面的知识了解有限，也没有经验，表现得不是很好。当公司将一个新客户交给孔杰，让他去拜访的时候，孔杰既兴奋又紧张，几乎不敢与客户做眼神上的交流，对客户提出的问题回答得也是吞吞吐吐，等到与客户交谈结束后才发现自己紧张得连手掌心也全是汗水，衬衣都被汗水浸湿了。

这样拜访客户其结果可想而知，孔杰初次的销售就这样失败了。但是孔杰并没有因这次失败的打击而绝望，孔杰认真地分析了自己的优劣所在：自己虽然拥有丰富的销售上的理论知识，但没有实践经验。在对自己所销售的产品的了解、对与人交往的技巧方面的知识还是相当欠缺的。

在以后半年的时间里，孔杰明确了自己的销售目标，分析了要实现这些目标所应该掌握的知识。从此，在课余时间，孔杰努力地弥补这些不足并且争取最有效地利用公司给自己提供的学习和锻炼的机会。为了能成为一名金牌销售人员，孔杰不断努力，利用业余时间进行自我补充和自我完善，深入了解公司相关产品的优点与不足。逐渐地，孔杰能够镇定自若地面对客户，并能够与客户进行比较深入的沟通。后来有一次遇到一家集团型企业客户，公司中大多同事都不敢去接这单生意，害怕遭受失败，而孔杰经过上次失败，又通过这段时间的努力，自认为有信心去做好这个工作，于是孔杰主动向公司要求去接这单生意，最后通过孔杰的努力，签约成功，这使孔杰的自信心大大增强。此后，虽然孔杰也遇到过失败，但是孔杰总是能够及时地总结失败的教训，从中汲取经验，并始终注意通过失败思考和学习，使孔杰的销售能力大大提高，逐渐为公司赢得了越来越多的客户，成为公司的金牌销售人员。

做销售遇到挫折是再平常不过的事了，所以说，做销售是最能考验人的承受力和能力的，孔杰的成功在于面对困难不畏惧、执著追求，不断学习专业知识，总结失败的教训，最终成为一名金牌销售人员。要坦然面对成功，也要坦然面对失败，这是每个销售人员应始终保持的一种心态。面对失败，只要有恒心、有毅力，认真分析就能克服困难找到失败的原因所在，并且据此制订出下一步的目标，成功就离你不远了。

第三章

制订计划，步步为"赢"

不打无准备之仗

在军事战斗中，要想取胜，必须做到知己知彼，也就是说不打无准备之仗，做销售同样如此。在销售前，必须做好相应的准备，这样才不会疲于应付。目标制定了，就要马上行动。要想实现心中的目标，就要制定具体的计划。制订规划，是实现远大的发展目标的前提。销售人员必须要做到长计划、细步骤、精安排，在执行销售计划书时，销售人员必须要以严谨的态度对自己的计划负责，定期评估并随时督促自己尽全力来控制计划的进度，以实现销售计划的目标。这样才能真正搞好销售工作。

多尔弗平均每星期要花上半天的时间用来做计划，每天要花一个多小时的时间来做销售的准备工作，在没有做好计划和准备工作之前，他绝对不会出门去拜访客户和做销售业务。不要以为这是浪费宝贵时间。正是因为有了完善的计划与准备，才能使他能一直保持高额的销售业绩。

一次，一位新来的销售人员请教多尔弗："多尔弗先生，您是怎样成为汽车行业最顶尖的销售人员呢？"

"因为我会给自己订下远大的目标，并且有切实可行的实施方案。"多尔弗回答。

"是什么方案呢？"

"我会将年度的计划和目标细分到每周和每天里。比如说今年订的目标是3840万美元，我会把它按12个月把它分成12等份，这样每个月完成320万美元就好了，然后再用星期来分320万除以4，这下子我就不用做320万元的业绩了，只要每个星期做80万元就行了。"

"80万美元还是太大，怎么办？"

"我会把它再细分下去，把它分成七等份，分出来的数就是每天需要完成的签单目标。目标要订得够大才足以令我兴奋，接着再把目标分成一小块一小块的，这样它就会确实可行。"

做任何工作都要做充分的准备。同样，在昨天就应该计划好今天要做的事情，这个月底就应该计划好下个月要做的一切事情，今年年底就应该计划好明年要做的一切事情，并在明年的时候付诸行动把它全部完成。在订立目标计划时一定要合理，切忌流于形式。

在设定计划时一定要具体可行，要把目标细分到每周、每天，要让自己在每时每刻都知道自己应该去做哪些事。目标高并不是问题，只要有健全的计划，再高的目标都会变成"现实"。换句话说，目标必须安排在行动的计划里。

那么，为了完成这个业绩，应该采取怎么样的行动呢？多尔弗的做法会让销售人员觉得达成目标会很容易。

根据以往的业绩，当订立了每月收入8 000元的时候，究竟要完成多少交易呢？这就需要根据公司的收入习惯定下一个标准。比方说每笔交易的大小收入不同，如果每笔交易能赚取2 000元佣金，一个月做成四笔生意就能赚到8 000元。做成四笔生意，要投入多少时间呢？以一位新销售人员来说，每做成一笔生意，一定要接触四位有诚意的客户。

如何找到一位有诚意的客户呢？首先，要认识四个客户，根据经验，四位肯见面的客户中一定有一位有诚意。我们的方式是要做成一笔生意，便要抓住四位有诚意的客户。其次，为了抓到四个有诚意的客户，我们至少要抓住16个肯见面的客户。如何认识16位客户呢？根据经验，如果单凭拨电话的方法，当拨出25个电话的时候，便会有一位客户肯见面。要找到16位肯见面的客户，便成为每天的行动目标。凡是成功的人都是能立即行动的人。还犹豫什么？请马上行动起来！

完善的销售计划是成功的一半

早晨时间是决定销售胜负的关键时候，销售人员要仔细研究制定如何才能尽早出发的行动计划。在做计划之前，让我们看一下"世界首席销售人员"斋藤竹之助62岁至72岁时的一天生活安排：

早晨5点钟睁开眼后，他就立刻开始一天的工作。

首先是看书，思考销售方案，制订当天销售行动计划。

6点30分往客户家中挂电话，以便最后确定访问时间。

7点钟吃早饭，与妻子商谈工作。

8点钟到公司去上班。

9点钟乘坐他最喜爱的卡迪拉克轿车出去销售。

下午6点钟下班回家。

晚上8点钟开始读书、反省、整理客户资料，并安排新方案。

11点钟准时就寝。

斋藤竹之助先生的成功是因为他每天都有周密的计划而且严格按计划实施。从早到晚一刻不停地工作。要知道，他是在57岁走投无路时才进入销售界——朝日生命保险公司的。而他仅用5年时间就从负债累累，一跃成为日本首席销售人员。在70岁时被美国的"百万美元销售人员"俱乐部吸收为会员，而后成为俱乐部的终身会员。在72岁高龄时成为世界首席销售人员，这一切都是由他那雷打不动的优秀特点带来的。

完善的销售计划分为两种：为销售而制订的作战计划和提供给客户作为参考的计划。

（一）销售人员的作战计划

如何制订作战计划，方法很多，一般包括以下几个步骤：

1.设定目标，确立销售观。确定销售观念或信条，而且要使其具体化，将总目标分解细化，使其成为指导各部分业务工作的方针和努力的方向。

2.进行预测。不管销售人员的主观意向如何，实际上是被客观环境所包围的。如果忽略了对客观环境的分析预测，销售计划则只是沙上建塔，空中造楼。

3.设想销售计划。销售计划是根据销售人员"主观意向"和所处的客观环境而加以确定的，为了实现销售目标，必须突破客观环境的限制。为此，必须有一个决定用何种手段和如何实现销售目标的计划体系。

（二）为客户提供参考的计划书

它产生的作用非常大，若是这种计划制定得很好，就可以说销售就成功了一半。

销售人员在制定销售计划时，总要考虑到以下两件事：一是通常销售中所具有的共同点；另一点就是因销售对象不同可能出现的各种情况。

一般说来，销售人员在工作时所使用的都是本公司编制的商品手册。公司的商品手册中，概括说明了所经营商品的主要特征，是适用于所有客户、所有销售人员的共同语言编写的。由于千篇一律，大家都使用它，所以，不仅对销售起不到多大的用处，而且容易使客户感到厌烦。因此，应该根据不同的销售对象，自己编写相应的文件。以公司印发的商品手册为基础，反复研究、设想，假如自己是客户，将会怎样想，应该为客户提供什么样的参考计划为最佳。这样就能做到因人而异，正中下怀。

当客户是某家公司时，就要以公司的商品手册为参考，依照这家公司的规模来编写计划。无论对方拥有一百名、还是一千名职工，无论对方的财会人员怎样反复审查、研究销售人员提供的计划书，都使其感到："的确编得非常好。"要制定出具有如此效力的计划来，销售人员有必要进行一番有关财经知识的学习。

当客户认为编制的计划切实可行时，销售人员可以从这家公司具体负责此项工作职员的角度来考虑，制定一份供其在公司内部讨论时使用的会议草案、提案附上。许多销售人员都是由于忽略了这一点，以至于再三催促，总也得不到回音。因为担负具体工作的职员，往往不能完整地将销售人员的原意转达给上司，所以导致销售不能正常进行。

销售人员如果把计划做得非常细，一旦第一次销售获得成功，第二次再稿时只需在计划书上加入客户的姓名、出生年月日、职务级别等等即可。

在客户中，有些人甚至比销售人员更为精通商品知识。现在要靠说谎、故弄玄虚欺骗客户是行不通的。而编写合情合理并能使客户同意的计划，就成为销售要点。依靠独创精神，无论什么样的销售计划都能制定出来。另外，客户常常希望得知签订合同与不签订合同之间的区别，到底有什么利害得失。因此，就要编制一份囊括这两种情况的比较分析表。

做好拜访客户的计划

没有接触，就没有业绩，销售人员和客户面对面的接触时间决定了销售业绩。每位销售人员都必须尽可能地增加和客户面对面的接触时间，并且确认接触、商谈的对象是正确的销售对象，否则所耗费的时间都是不具效益的。所以销售人员上班不应待在自己的办公室而是应该到客户那里去。建议销售人员可以从"6W、5F"的角度去设计。

（一）6W

第一个是What，是指要达到怎样的销售，一定要具体化。如每天早上起床慢跑一次，每次20分钟。有了数量化的目标，才能知道目标达到了多少，哪些地方还要加把劲。

第二个是When，是指要什么时候完成销售。如三个月后销售额要增加20%。

第三个是Where，是指完成销售要利用的各个场所地点。如客户公司或餐厅。

第四个是Who，是指促成销售实现的有关人物。这要求销售人员要善于观察，要与有决策权的客户多沟通。

第五个是Why，是指应明确自己为什么要这样做，并确认这样做的理由是正确的。

第六个是Which，是指应在思路上保持更多的弹性。不能局限于一种方案，要有不同的选择方案。

（二）5F

不论是什么计划，只要冠上"计划"一名词，皆可适用这5F的步骤。事实上，此5F与相机的操作方法极为相似，因此，以下将借助相机的摄影原理，逐一分析"计划的5F"。

find→寻找及收集事实

filter→选择收集的资料

figure→拟定初步计划

face→制定实施行动计划

follow→计划的实施

第一个F，寻找，以相机为喻，即寻找摄影对象。在计划步骤中，就是找寻、收集事实。各种事实如公司的环境、商品销售市场、客户的购买习惯等，都是找寻及收集的对象。

第二个F，过滤，就是相机装上滤光镜，过滤光线。在计划步骤中，将收集来的资料，加以过滤、选择，只抽取计划中所需的资料。

第三个F，推断，即相机准备摄影时，快门速度、距离远近、曝光率多少等一连串的问题，都需经过推断测量的作业。在计划步骤中，即针对所抽取的资料，进行检查、讨论，经过组合，拟出初步的计划方案。

第四个F，面对角度，即面对被照物体的方法，术语为"取角"。此时摄影者必须摒气凝神，稳稳托住相机才行。在计划步骤中，乃是将初定的计划草案，赋予生命力，使之能够付诸行动，成为一个有实施作用的行动计划，不再是纸上谈兵。

第五个F，贯彻实施，也就是付诸行动，按下快门。在计划步骤中，是依照计划，付诸行动。

一份好的拜访客户计划，简单地说是销售人员应知道要拜访谁、何时去拜访。每一次拜访都有明确的目标及做法，以达到成功的销售。当写出销售计划时，还应该充分考虑下列事项：

1.决定每月每日拜访次数。

包括每日新拜访次数；每日重复拜访次数；每月新拜访次数；每月重复拜访次数。

2.决定拜访行程。

包括依据区域特性、交通状况安排最有效的拜访行程；计划约见客户的方式。

通过电话预约、销售信函寄发预约、直接信函寄发预约、朋友介绍预约等方式。

拜访客户计划的第一个检测重点是是否安排了足够的时间，接触最多的准客户。销售人员在制定拜访客户计划时要记住，要把自己的销售时间完全投入在客户身上。投下的时间越多，收获就越多；拜访客户的次数越多，成交率越高。如果能够从"6W、5F"的角度去思考如何成为专业的销售人员，相信必定能够逐步实现销售目标。

必不可少的销售日记

从事一线销售的销售人员常常为销售业绩苦恼，为什么从事多年的终端销售业绩却没什么进展呢？为什么别人的业绩却是突飞猛进呢？其实他们错就在于销售仅凭直觉和简单的经验进行。其实，销售能力的提升和业绩的增长是有方法的，做销售日记就是一个不错的方法。做好销售日记至少有两大好处。

（一）细分客户

销售人员每天辛苦的工作，谁都希望能多出几单，但如果是选购大件或较贵的商品时，客户的选择往往都非常慎重！该怎么办，最重要的一点还是尽可能地抓住所接触的客户，也就是创造一切可能的条件，促成交易。每一个客户，在参观完店面之后，没有购买，并不证明他不想买，如果我们轻易地将这一部分客户放走，那么，他们很可能在犹豫间或不经意间做出其他的选择，所以，销售人员非常有必要记录客户的相关信息，为与客户进行下一步联络打下良好的基础。

（二）总结销售经验

很多人都会写日记，但真正坚持长年写日记的人却少之又少，正是因为没有养成写日记的习惯，所以，大多数人对自己的成长和生活历程回顾起来都是断断续续的，记不起自己几十年都做了什么。同样，做销售也是这样，每天都接待很多不同的客户，如果不去刻意记录这些客户的信息，随着时间的推移，脑海里也不会残留多少信息，而事实上，这些客户对销售人员来说，是非常有用的资源。如果每天都对相关的客户信息进行整理，就会自然而然地带动思维，那个客户为什么老在犹豫，还有没有促成的可能？今天这个客户为什么买我们的产品？另一个客户没买我们的产品，主要的原因是什么等等。我们一旦将这种思考养成习惯，那么，分析客户心理，促成交易的能力将大大加强！

严格来说上面的内容只能说是日记，不是销售日记。做销售日记应该包括以下几个方面的内容：

1.客户的基本情况。是指客户的姓名和电话等一些基本情况。

2.客户需求信息。是通过与客户的交流，发现客户所想订购的产品及其型号。

3.客户描述。不同公司的规定内容会各有不同，销售人员可能会觉得比较繁琐，我们不妨梳理一下，其实不论销售什么产品，客户描述无非是三个方面的内容：

（1）是客户家的基本情况；

（2）是客户人的情况；

（3）客户对产品的需求紧迫度和了解情况。

4. 客户跟进情况。主要是记录电话跟进的时间和情况。跟进客户要注意以下事项：

（1）不能唐突客户。这实际上是要求销售人员在客户离开的时候就要给客户传递出将和客户联络的信息，使客户在接到电话的时候不会感觉意外。

（2）注意把握与客户联络的度。与客户进行联络不能太过频繁，要把握好度，一般来说，如果是有明确购买意向的客户，通常要赶在他的需求时间之前与其保持联络；另外，在公司推出促销活动的时候，促销信息一定要及时告之客户。

（3）注意沟通的语言。在打电话进行跟进之前，要对客户进行初步的分析，回顾一下当时接待的情景，对价格非常敏感的客户，可以使用抽奖优惠等话术；对于犹豫抉择的客户，最好用推动决定的话术，比如新价格政策调整等，勾起客户的心理购买愿景。

5. 订购情况及原因。就是填写通过跟进是否达成交易，如果已订购，要填上销售单号和日期；如果未订购，要注明未订购原因。

有的销售人员可能会说，和客户进行沟通了解，但是哪有时间记下这么多信息，实际上，与客户进行沟通就是在不停地探询客户的需求，以达到最终的促成交易。所以，在接待潜在和意向客户的时候，随身携带笔记本是非常重要的，要在聆听客户谈吐的时候做好相关的原始记录，一方面，不使信息流失，另一方面，对客户的信息掌握得越多越准确，也更能抓住客户心中的真正需求，同时，做记录也表现出对客户的尊重。有的客户不愿留下联系电话，这反映了几方面的情况。

1. 有可能销售人员和客户没有很好的沟通，客户对销售人员不够信任；

2. 和客户沟通的时间太短，客户觉得比较不自然；

3. 客户出于自我保护的考虑，不愿透露。

　　不论是哪种原因，对销售人员而言，都是一种考验，这直接反映了销售人员的沟通能力。一个成功的销售人员是怎样处理这个问题的呢？在客户想要离开的时候，不妨这样说："杨先生，今天和您谈得很愉快，看得出您很喜欢我们的产品，这是我们的联系方式，请多指教……（递送出名片）那杨先生，您的联系方式是？……以后我们有什么活动可以及时通知您。"

　　这实际上是运用了礼尚往来法。就是要先有给予，才会有获得；所以，销售人员在向客户索取联系电话的时候，不妨考虑首先递出自己的联系方式，以获得主动。中国有句古话，抬手不打笑脸人，一般来说，客户是不好拒绝的。另外，获得联系电话的方式也不一定要在客户离开的时候获得，在与客户交流很愉快的时候，也可以适时询问。

　　记销售日记并及时进行分析和跟进是很好的销售方法，它所起的作用需要经过一段时间的积累才能逐步显现出来。

第四章

瞄准客户，不放跑任何一个推销机会

怎样找到准客户

　　要想把产品卖出去，就必须找到销售的对象。找不到准客户，一个拥有再高销售技巧、懂得再多销售真经的销售人员也不会取得任何成绩。所以，找准客户是销售的重要前提。

　　对于销售人员来说，准客户是一座巨大的宝藏。销售人员每天可能将会和许许多多形形色色的人打交道，在公共汽车上，在电梯里，在餐厅里，任何人都可能成为销售人员的准客户。所以，在开始销售之前，销售人员必须懂得如何去寻找准客户，并最终将准客户变成真正的客户。

44

茫茫人海，准客户无处不在，留心与他们接触以及认识的机会，因为他们是真正的财富。

很久以前，有一个非常勤劳的农夫。他的勤劳感动了上帝。有天夜里上帝托梦告诉他，说海边有一块比其他都要热的石头，只要拥有它就可以点石成金。于是农夫就信心百倍地来到了海边，开始在成千上万的石头中寻找那块能够点石成金的石头。

刚开始的时候，农夫捡起一块石头，就摸一摸石头的温度，但是总觉得没有其他的石头热，于是就把它扔进大海。就这样，第二块、第三块……一天又一天，农夫早出晚归，将一块块石头都扔进了大海，但是始终也没有找到那块更热的石头。几年过去了，农夫扔石头的动作成了一种习惯，甚至连温度都没有去感受一下，就直接把石头扔进了大海。终于有一天，最后一块石头也被农夫扔进了大海。

这是一个在西方流传很广的故事，说明了一个深刻的道理——仅凭主观去判断"石头"的热度是不正确的。对于销售人员来讲，准客户就好比是"石头"，在寻找准客户的过程中，不能一心只想找到更热的"石头"，而应该认真地对待每一块"石头"，只有这样才不会错过真正能够点石成金的"石头"。

知道了点石成金的"石头"在哪里，懂得了如何将现有的"石头"进行分类，那么销售人员下一步就应该在最有希望的范围内搜索和寻找最热的"石头"。从潜在客户的分类来看，如果找不到理想的销售对象，那么优先发展的销售对象就应该成为销售工作的重中之重。这就要求销售人员懂得如何将"虚假客户"变成真正准客户或客户。

认定对方就是客户。人们总是对那些成功的销售人员的销售技巧称赞不已，实际上更应该学习他们看问题的角度。他们从不去想每一个与之攀谈的人会拒绝成交，而是从一开始就认定对方是自己的客户。即使遭遇拒绝，他们也能说服对方与自己做成生意。

台湾有位保险界奇人，他的核心理念就是把身边的每个人都视为自己的准客户。

他家距离火车站非常近，他每天都会来到火车站售票厅排队，他也不知道自己去哪里，他的旅程决定于排在他前面的人。

他会想方设法与前面的人聊天交谈。在排队的过程中，他就会同前面的人熟悉起来。临到他前面的人买票说"高雄"（或其他地方）时，还没等前面的人说完，他马上说"两张。"于是，他就随着前面的人去了高雄。一起买的票，座位自然在一起。台北到高雄的一段时间，就成了他销售保险的时间。下车时，他已顺利做成了一笔保单。

回家时，他又重复上面的做法，在高雄到台北的回程中又是一笔保单。

正是由于他把每一个人都认定是他的客户，所以他的销售业务几乎从未受到过挫折，结果销售业绩总是处于顶尖的地位。

寻找准客户的方法很多。通常是妥善运用所有人际关系网络。每一个人都有基本的人际关系，这样一张网络将有助于销售工作，应善加运用。

1.亲戚：花时间记录下所有的亲戚关系，实际数目绝对多于想象。

2.同学关系：小学、中学、大学时的同学，包括认识的老师。

3.工作关系：目前与以前的上司、同事、以及其他工作往来的人。

4.社团关系：宗亲会、同乡会、俱乐部等社团组织等。

5.住宅关系：目前与以前的邻居、房东或房客，住在附近的商贩等。

另外，还可以随时随地寻找准客户。销售人员只有千方百计想尽办法寻找客户，才能创造业绩，所以必须养成随时随地寻找潜在客户的习惯。如酒会、舞会、音乐会、喜宴、讲座等。还有，搭车上班或观看比赛时，身旁陌生人可能就是潜在客户。

销售之神乔·吉拉德说："不管你所遇见的是怎样的人，你都必须将他们视为真的想向你购买商品的客户。这样一种积极的心态，是销售成功的一大前提。我初见一个客人时，我就不会认定他是来随便看看或寻开心的。我都认定他是我的客户，会购买我销售的汽车。通常情况下，他们大部分都成了我名副其实的客户。"

当你与人交谈时不停地怀疑："他会买吗？""他是真的有买的打算，还是只不过想找个人聊聊？""从他的表情和语气来看，他很难和我签单"……那么你怎么可能全力以赴地去介绍产品，并打动对方呢？不管你所遇到的是怎样一个人，都别暗示或怀疑。只有从一开始就认定对方就是你的客户，你才会全力投入销售工作，最后取得成功。

销售之神乔·吉拉德的成功就在于保持一种积极的心态，不轻易否定站在他面前的人，把每个在他身边出现的人都看作是潜在的客户。从理论上讲，有实际需求、购买能力和决策能力的客户才是真正的准客户。但是在现实中，这是一种非常理想的状况，一般比率不到5%，也就说100个客户中，真正有实际需求、购买能力和决策能力的客户往往不足5个！如果只将销售放在这5%的人身上，无疑是不利于销售业绩的提高。所以，完全放弃95%的客户是不明智的。如果销售人员采用有效的方法，利用有针对性的措施，就可以在这95%的人中实现很多交易。每个销售人员都应该记住：在没有失去成交可能之前，每个客户都可能是准客户，所以必须用心对待每个客户。

两个列车员在列车上推着小推车，叫卖着一种新颖的玩具。一位打工归来的中年乘客拦住了列车员，好奇地详细询问玩具的性能。这时，中年乘客周围的同乡也跟了过来。于是，两个列车员停下来，向他们详细地解说，同时拿出玩具示范。开始，中年乘客显得相当好奇，对列车员的介绍频频点头，但随着交谈的深入，中年乘客开始变得心不在焉，漠不关心。当其他乘客开始购买玩具时，他还"竭力"寻找玩具的"缺陷"……

显然，中年乘客并不是一个真正有购买意向的客户，只是一个"虚假客户"。但是，两个列车员仍然将中年乘客作为最关键的"实际客户"进行销售。列车员的这种做法值得吗？碰到这样的客户，销售人员究竟该怎么应对呢？

很多人会认为两个列车员实在是太"傻"了。对于中年乘客这类根本没有购买欲望的客户，应该置之不理，而将时间花在其他准客户身上。其实这种观点才是大错特错的。

由于中年乘客和列车员进行不断的交流，周围的乘客被吸引了过来，许多乘客对玩具产生了浓厚兴趣，并掏钱购买了玩具。销售人员又可利用周围人的现实购买行为旁敲侧击，从侧面来"攻关"，从而影响这类客户果断作出购买决策。

虚假客户并不是对产品没有丝毫的购买欲望。通常，没有一个人愿意花费自己的时间去做无用功。事实上，他们内心是比较认可这种产品的，否则就不会主动询问产品的性能。所以，他们在本质上属于准客户。只是这类准客户不同之处在于他们一般比较犹豫，很难下定决心作出购买决策。再者，他们的购买能力小，所以一旦销售进入价格谈判，往往就会遇到阻碍。但同时，这类客户往往有较大的影响力，一旦他们认定某种产品，就可以影响到一群人。

面对这样的准客户，销售人员不能简单地以"这个客户没有购买欲望，给他介绍也是浪费时间，他不会买的"为结论，应针对其特点，对其进行有针对性的重点说服，这样才会取得理想的效果。

现实中销售人员针对此类客户常常出现对其不闻不问、态度冷到冰点或矫枉过正的错误。认定这类客户就是一个虚假客户，这种做法等于主动放弃了成功的机会和希望，或者过于热忱地为之服务，希望以"真诚"来打动客户，利用这类客户巨大的影响力迅速获得丰厚的回报。这种则显得过于急功近利。打动这类客户需要一个过程，过于热忱的服务往往会使他们更加认定销售人员存有功利之心，想从他那里获得佣金，因此更加看轻销售人员，更难敞开心扉。

销售人员要认清这类客户的本质。一方面，对这类客户予以重视，给予适当的热忱服务，通过"攻关"这类客户，吸引更多的潜在客户，"借势"凝聚人气；另一方面，将重点放在周围这批容易影响的准客户身上，获得实际销量。如果此法无效，销售人员可以采用冷处理，隔一段时间再和该客户进行详细交谈。如果交谈三次之后，该客户还没有实际行动，那么销售人员就可以暂时放弃该客户，转攻其他客户，这样才会获得较好的业绩。

区别对待准客户

世界上没有相同的两片树叶。世界上也没有相同的两个人，即使是双胞胎，也会有所差异。对于销售人员而言，每个准客户也是各不相同的。每个客户都有自己的个性和特点，在同客户沟通的过程中，不同的客户通常会表现出不同的心理特征。区分不同客户的不同特质，可以使销售更具针对性。根据客户的心理特征，可以将客户分为以下几种不同的类型，针对这些不同的准客户，应该区分对待。

（一）礼貌型准客户

这种类型的客户心理特点表现为避免冲突、故作谦和、非常重视自己的形象。客户主要是社会的中高层和白领阶层。他们的需求往往比较讲究档次，喜欢穿名牌用名牌，但很多时候并不外露。对付这一类型客户，应从了解他们的需求入手，从客户的心理出发，才能真正获得他们的认同。千万不可没弄清客户的需求就凭自己的感觉去销售，否则等待的将是失败。

（二）情绪多变型准客户

这种类型的客户心理特点表现为好奇、感情变化快、虚荣。他们往往很情绪化，阴晴不定，常常根据自己的好恶来决定是否购买，属于冲动型，比较感性的一类。情绪不稳定的客户多以年轻人为主。对付这一类型客户，如果从了解他们的兴趣和爱好入手，将更容易抓住他们的心理。

（三）缺乏自信型准客户

这种类型的客户心理特点表现为缺乏自信，低估自己、孤僻、逃避。他们对销售人员的第一感觉就是拒绝，更不可能将自己的需求主动说出，而一旦有所需求的时候，他们也往往表现得犹豫不决。缺乏自信型的客户是销售人员最难啃的"骨头"，要取得成功相当困难。对付这类型客户，销售人员要肯动脑筋，会察言观色，而且要在"给"和"韧"上下功夫。"给"是指付出，"韧"是指有一种不屈不挠的韧性。取得对方的信赖是成交的关键所在。另外，这一类型的人在冷静思考时，脑中会出现否定的意念，宜采用诱导的方法，使其作出肯定的决策。

（四）自大型准客户

这种类型的客户心理特点表现为一种优越感，孤高自傲，认为销售人员要低自己一等，因而很多时候对销售人员爱搭不理。他们常常吹嘘自己的价值，并借此来掩饰内心的空虚，对销售人员的介绍会表现出一种无所谓的态度。由于其内心的优越感，他们常常隐藏自己的缺点。对付这类型客户，销售人员应多些赞美，迎合其自尊心，采取礼让的方式，抬高他，使他产生一种感觉：自己原本是高贵的，看他对我的态度！另一方面，销售人员应该有一种放之任之的大度。当客户意识到自己行为的不妥，言行就会有所收敛。

（五）古怪型准客户

这种类型的客户心理特点表现为期望以诚待人、自卑、以"怪理论"压人。这种类型的客户往往有很强的个性，与人交往喜欢在口头上占得上风。销售人员必须注意的是，与怪僻型客户打交道时往往容易产生争辩。对付这一类型客户，销售人员必须控制自己的思维，不能被怪僻的客户所表现出的种种怪现象所迷惑而丧失成交的机会。要对有怪僻的客户加以控制，必须做到毫不畏惧，同时要尽量避免与其正面交锋，避其锋芒。一旦意见相左时，也要面带微笑，博其好感，先承认对方有道理，并多倾听，找机会将话题切入正题。

（六）沉默型准客户

这种类型的客户心理特点表现为拙于交谈，不想说话，怕说错话，喜用话语之外的形体动作表达心意，由于心情不好或急于把销售人员撵走等原因不愿交谈。对付这一类型客户，销售人员要会察言观色，通过对客户表情举止的研究，捕获那些暗藏在他形体语言中的信息，通过他的表情态度，摸清对方的心理，找一个能使他提高兴趣的话题。

（七）表里不一型准客户

这种类型的客户需求往往很强烈，然而却被隐藏得很好，销售人员需要反复地询问和推敲，才能证实。对付这一类型客户，销售人员要具备强大的恒心和毅力，用销售人员的真心和真诚去感动他。

　　针对不同类型的客户，销售人员采取的方法不能千篇一律。如果销售人员都采用统一的策略，不加区分的对待，是不可能取得成功的。成功的销售人员往往根据客户的类型，采用灵活多变的策略方法，以达到成交目的。

把握客户的心理

　　客户心理指客户在成交过程中发生的一系列极其复杂、极其微妙的心理活动，包括客户对商品成交的数量、价格等问题的一些想法。它可以决定成交的数量甚至销售的成败。因此销售人员对客户心理必须认真分析。

　　（一）虚荣心理

　　某电风扇生产厂家，由于成本低，价格相对比较便宜，但销路并不乐观。为了促进产品销售，他们与销售商共同想出一个办法：把产品的零售价提高到有关部门核定的标准，现价改为"优惠价"，发"优惠卡"，凭卡供应。不久，消费者中形成了"价格优惠，机会难得"的印象，从而使电风扇销量大幅度提高。这种方法是用较高的标准来满足消费者的虚荣心，用较低的"优惠价"满足消费者的实际购买心理。消费者购买后不但得到了双重心理满足，也使此产品的销售形成了一种势力，销售量自然增加了。

　　这是利用了客户虚荣心理，也是许多销售人员惯用的一种策略。有这种心理的客户，以经济收入较低者为多。喜欢对同类商品之间的价格差异进行仔细的比较，还喜欢选购折价或处理商品。他们对一些稍有残损而减价出售的商品一般都比较感兴趣，只要价格有利，必先购为快。当然，具有这种心理动机的人，也有经济收入较高而节约成习惯的人。

　　（二）馈赠销售

　　意大利某汽车公司销售人员吉拉德利用每年给客户寄生日卡和小礼品的方法使自己的销售额比其他同行高出三四倍。这是由于客户觉得自己的生日连亲友都有可能忘记，而一个普通人却这样惦记，于是自然产生一种温暖感，同时也迎合了他的自尊心理。"馈赠"的物品除了小礼物外，还可以是销售产品本身。

口香糖在刚问世时销路并不好，美国口香糖公司创办人里力经过调查研究发现，儿童对口香糖很感兴趣，他们在嚼口香糖时，边玩、边笑、边说话，而成年人却很少买它。于是里力灵机一动，想出了让纽约市每个儿童都尝一尝口香糖，让他们为口香糖作义务宣传员的"馈赠促销法"。里力派出大批职员，按电话号码簿上的居民地址，给150万户居民每家送上4块口香糖。这个办法果然产生了奇效，几天过后，小客户们如潮水般涌向商店购买口香糖。里力通过免费馈赠的销售办法打开了口香糖的销路，终于畅销世界各地，成为深受消费者欢迎的商品。

这是根据客户的自尊心理制定的销售战术。满足了客户的自尊心，当然能取得很好的销售业绩。

（三）求异心理

美国福特汽车公司在1964年生产了一种名为"野马"的汽车，由于其前罩长、后轿短，外形像运动车而迎合了青年人爱好运动、追求刺激的心理，第一年产品推出销售量就达到42万辆；又如德国青年利惠·史特劳斯根据青年人求异好奇心理，对以前矿工穿的用厚帆布、厚棉布做成的裤子在裤型、裤袋、颜色上加以改进，制成了一种"怪样子"的牛仔裤，一时间风靡全国。

这是迎合客户求异心理的典型案例。有这种心理的客户购买物品时重视时髦和奇特，好赶潮流。在城市青年男女中较为多见，在西方国家的一些客户身上更是常见。例如，现在年轻人喜欢奇装异服及一些新奇的小玩意。

（四）疑虑心理

小孩子学骑车，需要有人在背后扶他一把，他绝对不会说："我已经很有把握，可以不用扶了。"因为他具有人类害怕的天性。

小孩子总是一直叫喊着："一定要抓好啊，不能松手啊！"父母也总是回答："我就在你后面紧紧抓着。"经过一段时间，也许几小时，也许几天，父母悄悄地松手。小孩子还是会喊："不能松手啊！"但等他发现实情后，已经自行骑了100米。

客户不敢轻易购买新产品的心理，其实和小孩子骑车怕摔跤的心理是一样的，缺少自信，害怕上当、吃亏。因而在购买物品的过程中，对商品质量、性能、功效常持怀疑态度，怕不好使用，怕上当受骗。因此反复向销售人员询问，仔细地检查商品，并非常关心售后服务工作，直到心中的疑虑解除，才肯掏钱购买。

（五）求名心理

表现为想显示自己的地位和威望。他们喜欢用名牌来炫耀自己。具有这种心理的客户，普遍存在于社会各阶层，而且会越来越多。

（六）求美心理

喜欢追求商品欣赏价值的人以文艺界人士较多见。他们在选择商品时，特别注重商品本身的造型美、色彩美，注重商品对人体的美化作用以及对环境的装饰作用，以便达到精神享受的目的。

（七）偏好心理

这种心理动机的人，喜欢购买某一类型的商品，以满足个人特殊情趣和爱好。例如，有的人爱养花，有的人爱摄影，有的人爱字画等。因而偏好性购买心理动机往往比较理智，指向也较稳定，具有经常性和持续性的特点。

（八）仿效心理

这种心理的客户总想跟着潮流走，不甘落后。他们购买某种商品，往往不是由于急切的需要，而是为了赶上他人或超过他人，以求得心理上的满足。

由以上看来，销售人员对客户的购物心理必须细心观察，认真分析，并针对其特点恰当对待，以促使销售工作顺利进行。

怎样赢得客户的信赖

一流的销售人员懂得如何赢得客户信赖，他们见到客户不是先谈生意，也不会摆出谈生意的面孔。而是尽量和客户交朋友，使其感受到销售人员的真诚。客户喜欢和关心他的人做朋友。这也是人之常情。

赢得客户信赖首先要学会关心客户，关心客户不是说在嘴巴上，而是表现在行动上，要让客户体会到销售人员的关心是真心，不是虚情假意。

美国有一个销售保险的大师，曾一年销售10亿美元的人寿保险。他的秘诀就是关心客户。在这方面他有过深刻的教训：刚刚做销售人员的时候，一次他向某位客户销售儿童保险业务，这位客户的小儿子从其面前跑过，结果摔了一跤，他没有任何反应，仍然是继续向客户销售保险。这位客户有些不满，走过去把儿子抱起，哄他不哭，然后对他下了逐客令。他表示不理解，希望和客户进一步商谈。客户愤怒了，指着他的鼻子说："我儿子在你面前摔倒你都不扶一下，你让我怎么相信你销售的儿童保险能保障我儿子的权益？"最后，他只好灰溜溜地离开。从那以后，他每次销售前都要告诫自己，先关心客户的需要，然后再谈业务。果然，业绩大增。

从这个故事中，我们可以看到关心客户的重要性，销售人员不只是要销售产品，还要从客户的心理出发，赢得客户信赖，和客户成为朋友，因为任何人都不愿意拒绝朋友的好意的。那么销售人员怎么才能做到关心客户呢？

（一）把握客户的目的

在销售过程中，要注意客户的反应。比如，销售保健器材，客户的谈话一直在保健器材的外型美观问题上，销售人员就应该围绕保健器材的外型美观进行介绍，不必多费口舌在保健器材的性能上做介绍。

（二）了解客户的兴趣与爱好

掌握对方的兴趣爱好，有助于和客户交朋友。如果向一位打扮时髦、花枝招展的少妇销售电磁炉，销售人员便可以这么说："您的先生肯定希望您永远美丽的，这款电磁炉没有油烟，自动烹饪，非常有益美容。"这样就可能博得对方的好感，还会让客户觉得销售人员很关心她。

（三）急对方之所急

在销售之前要了解客户有什么困难需要解决，了解了客户之"急"，然后才能"应急"。如果是位集邮爱好者的客户，特别想补齐一套纪念邮票。销售人员若能帮助其补上这个缺，便是对他最好的关心，从而打动他的心。

　　赢得客户信赖，就能确保销售人员的业绩增长。很多时候，客户的思考方式是由他手中的钱决定的。就拿购买汽车来说，一个亿万富翁，他所想的是怎样才能买到一辆限量生产的劳斯莱斯，他在乎的是怎样去享受生活；而一个百万富翁，可能只想要一辆新款奔驰，他看重的是符合自己的身份和地位；而一个上班族，只会考虑中低档的小轿车，他看重的是实用。因此，在销售的过程中，销售人员应该根据相关的资料和情报，判断客户的购买能力，这样才能更加贴近客户的思维，增加成交的砝码。

　　赢得客户信赖的关键是销售人员的人品。在销售活动中，人和产品同等重要。客户在作出购买决定时，不仅看产品的质量、功用，而且还会考虑销售人员个人。据美国纽约销售联谊会统计，71%的人从销售人员那里购买，是因为他们喜欢销售人员、信任销售人员、尊重销售人员。一旦客户对销售人员产生了喜欢、信赖之情，自然会喜欢、信赖和接受销售人员的产品。反之，如果客户喜欢销售人员的产品但不喜欢销售人员这个人，买卖也难以做成。并且，销售人员只有首先把自己销售给客户，客户乐意与销售人员接触，愿意听销售人员介绍产品，才会为销售人员提供一个销售产品的机会。

　　在销售产品时，销售人员要切记：不能一开始就问买还是不买，要不要。这样十有八九是会碰壁的。所以，要想赢得销售成功，必须赢得客户的信赖。这是一流销售人员必须具备的技巧。因为赢得人心才是最高明的销售策略。

第五章

洞察心理，参透客户的购买需求

瞄准客户的钱袋

客户的购买能力由他手中的金钱所决定，所以看清客户的钱袋是非常重要的。如果销售人员错误地估计了客户的钱袋，在销售过程中往往会弄巧成拙，适得其反，达不到成交的目的。

哈托是一家著名汽车公司的销售主管。至今他还对自己刚进入销售界时的一次销售经历记忆犹新。

哈托是以销售人员的身份加入该公司的。进入公司后的第一笔买卖是向一个企业的总裁销售汽车。于是第二天一大早，他就出发了。他开车穿过了城市繁华的街道，进入乡村，终于在一片荒凉的土地上停了下来——这就是客户约定的地点。

这是一家刚刚建成的公司，遍地都是凌乱的建筑废料。当他到达客户公司的办公室时，他的心沉到了谷底。简陋的办公桌、低档的办公设备，甚至连饮水机都没有。

当他坐定开始介绍产品时，他改变了预定的方案——客户在电话里说自己想买一部高档的福特汽车——但他却将介绍的重点集中在小型的、更加省油的日本车身上。但客户的反应并不怎么好。"显然，他想买一辆好车，但毫无疑问这是不可能的。"哈托在心底里说。

然而没过多久，哈托去世纪大厦见另外一个客户的时候，却在大厅里和先前的那个客户不期而遇。客户告诉哈托，公司的效益相当好，这栋大厦就是他们公司修建的，并且前不久，他买了一辆宝马7系列。哈托一下子呆了，他开始后悔自己的冒失。

所谓"人不可貌相，海水不可斗量"，哈托的故事充分地证明了这一点。因此，销售人员在判断客户钱袋的时候，切记不可简单草率地从一些表面的现象中得出结论。很多销售人员在实际操作的过程中，常常会不自觉地犯一些主观常识性的错误。而这往往会导致销售的失败。一般来说，客户的购买能力可分为现有购买能力和潜在购买能力两类。在对客户的购买能力进行考察时，首先要判断客户的现有购买能力。同时具有购买需求和现有购买能力的客户，才是最理想的销售对象。如果客户不具有现有购买能力的话，就应该注意对客户潜在购买能力进行评价。在当今讲究提前消费的时代，当客户有需求并具有潜在购买能力时，如果销售人员能够帮助客户解决购买能力问题，比如为其联系贷款或允许其分期付款，就能实现最终的成交。

要想准确地判断客户的购买能力，对于任何销售人员来说，都不是一件容易的事。要做好客户购买能力判断，需要做大量的、多方面的工作，以便从各方面的资料中对客户的购买能力做出推算。

客户的思维由金钱决定。客户满足自身需要的前提是具有相应的购买能力，也就是客户口袋中金钱的多少。恩格斯说过，人们对面包的需要并不决定于其饥饿的程度，而是决定于其口袋里金钱的数目。一个人只有10元钱的时候，他或许就买几个馒头充饥，因为他还要顾及下一顿的着落；而如果他有100元的话，他可能就会好好地吃上一顿，而暂时不必为下一顿而发愁；当他有10万元的时候，他对于吃饭就随心所欲了。

总而言之，没有购买能力的潜在客户，是不可能转化为目标客户的。在销售过程中，准确了解准客户的购买能力，可使销售人员减少许多不必要的时间和精力。

一个乡下来的小伙子去应聘城里"世界最大"的"应有尽有"百货公司的销售人员。公司老板问他："你做过销售人员吗？"

他回答说："我以前是乡村里挨家挨户销售的小贩。"

老板见他比较机灵，就说："你明天就来上班吧。不过。在下班的时候，我会来看一下。"

快下班了，老板真的来了。老板问他："你今天做了几单买卖？"

"一单。"年轻人回答说。

"什么？只有一单？"老板很吃惊地说，"我们这儿的销售人员每天基本上都可以完成20单到30单生意呢。你卖了多少钱？"

"20万美元。"年轻人答道。

"天呐！你怎么能卖到那么多钱？"目瞪口呆、半晌才回过神来的老板问道。

事情是这样的，中午的时候，一位男士走进了百货公司，正好其他销售人员吃午饭了，于是小伙子接待了他。

"先生，您需要什么？"小伙子问。

"一袋卫生纸，女士用的。"男士答道。

"好的，稍等。"小贩转身拿卫生纸。"10美元，谢谢。周末怎么没有出去逛逛？您的周末算是毁了。为什么不去钓鱼呢？"小伙子把卫生纸递给那位男士说。

"是啊，我很喜欢钓鱼的。"男士回答道。

接下来，小贩和男士就聊起了钓鱼。于是，男士在小伙子的建议下，买了大、中、小号的鱼钩和鱼线。

"您准备周末到哪里钓鱼？"正当男士准备回家的时候，小伙子问。

"海边。"男士说。

"哦，那您不需要一条船吗？"小伙子建议说。

"对，我怎么没有想到。"于是，男士又在小伙子的带领下去看了看帆船。当男士看到帆船的时候，他说他的车可能拖不动这么大的船，这样一来，小伙子又建议他买一辆汽车。最后，那位男士又买下了一条帆船和一辆汽车。

于是，小伙子成功地留在了百货公司，并且不久就成为了该公司的销售主管，几年后，他就成立了自己的公司，做了老板。

这是一个在美国销售界流传很广的故事。不可否认，故事本身有其自身的特殊性，但是对于销售人员来说，却可以从中吸取很多的经验。小贩可谓机灵，但是如果他事先没有观察出那位男士有足够的购买能力，他会向客户推荐如此多的商品吗？如果男士没有这样的购买能力，小贩能成功地将商品销售出去吗？如果男士没有这样的需求，他会如此痛快地成交吗？答案显然是否定的。

对销售人员来说，世界最长的距离就是客户的口袋到自己口袋之间的距离。即使客户已经决定付钱购买了，心里依然会对自己口袋里的钱依依不舍，这几乎是每一个客户都会有的心理。那么如何降低这种心理所造成的销售上的阻力呢？

这个时候，销售人员只要站在"客户与销售人员双赢"的角度来思考问题，就可以很容易地抓住销售的重点。在销售的过程中，采用"有利于他"的思考方式，考虑客户需要的是什么，和客户共同寻找如何能以最少的钱实现最大的效益的方法，这样，销售人员才能走进客户的思维，才有可能成功地拉近口袋与口袋的距离，达到成交的目的。

在销售的过程中，如果商品超出了客户的购买能力，那么销售成功的难度就大了。因此，销售人员应该在客户付得起的基础上帮助客户作规划。

即使在销售过程中，口袋距离也是存在的。有经验的销售人员往往可以从客户的语言、眼神和肢体动作上，发现问题的症结所在。当客户说"产品真的很好，就是……"时，优秀的销售人员就明白客户是不满意现在的价格，并会采取相应的措施。如果在成交前，销售突然遇到难题，销售人员可以客气地询问是否是价钱高出了客户的承受力："对不起，您是不是在付款方面有一些不方便呢？"这样有利于找到问题的真正原因，从而突破销售瓶颈。

很多时候，客户的购买能力会限制其购买意愿。如果客户具有购买能力，那么销售人员只需要去吸引他，让他产生购买意愿，就可实现销售的目的；而如果客户没有购买能力，即使有很强的购买意愿，销售也很难获得成功。因此，准确评价客户的购买能力，是有效销售的第一步。

同样的道理，客户手中的钱决定他的思考方式，一个没有相当数额的存款的人，一般是不会去买一辆奔驰车或一栋别墅的，通常人们是不会花光他的所有去买奢侈品的。

因此，在销售的过程中，销售人员必须了解客户的钱袋。试想，如果向一个月收入只有1 500元的上班族销售高档汽车，能实现销售目的吗？很显然是不行的。

怎样找出好卖点

供求双方内在需要的共同点越多，买卖也就会越大；供求双方内在需要的共同点越少，买卖也就会越小。一句话，供求双方内在需要的共同点的多少，与买卖的大小成正比。

一位禅师为了启发他的门徒，给他的徒弟一块石头，叫他到蔬菜市场，问问价钱，但不要卖掉它，这块石头很大、很美丽。这个人去了。在菜市场，许多人看着石头想：它可作很好的小摆件，我们的孩子可以玩，于是他们出了价，但只不过几个小硬币。那个人回来告诉师傅说："它最多只能卖几个硬币。"

师傅说："现在你去黄金市场看看，也不要卖掉，只问问价。"徒弟从黄金市场回来，很高兴地说："这些人太棒了，他们乐意出到800元钱。"师傅说："现在你去珠宝商那，问问价。"这个徒弟去了珠宝商那，他简直不敢相信，他们竟乐意出1万元，他不愿意卖，他们继续抬高价格——他们出到5万元，但这个人说："不打算卖掉它。"他们说："我们出10万元、20万元，或者你要多少都行！"

为什么会出现这样的结果呢？其实很简单。卖方都渴望有个好卖点，买方都渴望有个好买点，关键是能否在供求双方找到共同点。

不同的思维，不同的推销术，却有不同的结果。在别人认为不可能的地方开发出新的市场来，才是真正的营销高手。通过发掘客户的需求，使客户心甘情愿地掏腰包，购买了自己本来不需要的东西。

发掘客户的需求是销售人员的职责之一，是帮助客户认识到自己的需求。许多客户不轻易暴露自己的需求，有的是不清楚自己的需求。这时候，销售人员不能勉强客户去搜寻他们的需求，销售人员可以发掘并确定他们的需求。如果客户知道别人也有与自己相同的需求或者已经从销售人员的解决方案中得到了满足，他们一般会产生比较积极的回应。例如，让客户知道其他客户都考虑有关产品实用性、安全性、质量保证和支持系统等方面的问题，可以在客户心中播下诱导的种子。面对诱导，他们常常会发现自己也有同样的需求。

把握消费者消费习惯的变化

把握消费者习惯的变化或培养新的消费习惯也是发掘客户需求的有效手段。不过，这种做法失败后付出的代价也是巨大的。改变消费习惯的成功机会有多大？什么才是使他们改变的真正诱因呢？

欧洲有两个鞋子销售人员一同来到非洲一个岛屿上，发现这里没有一个人穿鞋子。第一个销售人员向公司报告说："鞋子在这里根本没有市场！"而另一个销售人员向公司报告说："太好了，鞋子在这里有巨大的市场！"果然，经过说服，岛上的人们都穿上了鞋子。

这是一个非常经典的故事。故事中的那两个卖鞋的销售人员在同一事实面前判断是截然相反。这两个人究竟谁的判断更接近事实呢？这个岛屿上的鞋有没有市场呢？

精明的销售人员不会像第一个那么悲观，也不会像第二个那样乐观。而是静下来，先了解岛上的人的消费习惯与消费经验。只有通过调查，才能了解岛屿上的居民为什么不穿鞋。通常，销售人员会向当地居民问以下几个问题：

1.是否是因为不知道世界上有鞋子的存在而不穿？

2.是否是因为不知道穿鞋的好处而不穿？

3.是否是因为买不到而不穿？

4.是否是因为没有钱而买不起不穿？

通过对这些问题的研究和分析最终可以了解，如何在这个市场上找到一个正确的切入点。习惯可以改变，观念可以改变，关键是销售人员如何去计划，组织，控制。习惯的改变是潜移默化的，而不是一朝一夕。即使是在销售人员找到了如何改变消费者的需求，也很难马上就成功，有时候培养市场和教育消费者需要很多的财力和时间上的投入。所以在决定去做改变消费者的事情时应非常慎重。

太太药业的董事长朱保国用亲身经历感受着这一点，他曾向记者坦言："在人们的消费观念还没有跟上的时候，我们过早地推出了汉林清脂胶囊，结果没有达到预期销售目标。我们发现，虽然降血脂产品在国外占有极大的市场，但很多中国人对高血脂并不在乎，因为血脂高不像感冒、发热等外部症状很突出，人很痛苦，血脂高丝毫没有痛苦，直到病发时才显得非常严重。由于中国人对健康的理解与西方人有很大差距，汉林清脂无法像太太口服液那样靠巨额广告带来巨大的销售，为了保证盈利水平，我们只好决定暂时不再大规模推广这个产品，转为教育消费者以培育市场，让消费者慢慢接受这个产品。"

　　但改变习惯并非毫无可能，否则就不会有消费者为了宝洁的广告而变得天天洗头，人们的需求不是一成不变的，只要销售人员的产品与消费者有足够的相关性，即使消费者现在根本感觉不到它的重要性，销售人员仍然可以找到一个突破口，帮他们去改变现在的习惯。

　　宝洁公司的一条简单的"天天洗头"的广告。它抓住了中国人在生活水平提高之后开始注意自己形象的心理变化，适时地打出这种概念，引导消费者改变原来三四天甚至更久才洗一次头的习惯，从而使在城市消费者数量基本不变的情况下，把他们对洗发水的消耗量翻了几番。虽然广告并没有注明宝洁公司的字样，而是以中国健康协会的名义讲天天洗头的好处，但当越来越多的消费者受到影响而到超市去买洗发水的时候，产品占满货架的宝洁公司无疑是最大的受益者。

　　尽管宝洁培育市场的最初投入现在已经加倍收回了，但其实这中间也经历了漫长的教育消费者的过程。显然，如果没有当初长远的眼光和足够的耐心，宝洁不会取得如此大的成功。虽然这种先期投入的成本会使企业面临很大的失败风险，而一旦消费者被销售人员打动和改变了，他们也会在停止广告之后对销售人员保持比较长时间的忠诚度，所以在销售人员确信自己的方向正确之后，就要不惜火力地不断进攻消费者的心理防线，直到真正冲破他们原来的习惯模式。

锁定目标，把任何产品卖给任何人

　　"销售人员可以把任何产品卖给任何人。"这是销售界说的最多的一句话——它是培训师的口头禅、销售经理的激励利器、每一位销售人员的行动标准。它就像一条真理，任何销售人员只要敢于去做，就可以成功地将任何产品卖给任何人。当一个陌生人从销售人员的对面走过来时，请大胆地向他展示产品，如果销售人员足够努力，销售就会成功；若销售人员没有成功，那只说明努力程度还不够。长久以来，人们正是依照这条哲学进行销售的。

然而，遗憾的是，这条真理似乎是经不起实践检验的。在很多时候，销售人员已经拼尽全力了，可等待他们的仍然是失败。这是为什么呢？问题就出在这条真理上。

事实上，决定销售成败的关键是客户的需求，而非销售人员的努力程度。当某人有购买某物的需求时，这一产品的销售人员无需耗费太大的力气，就可以取得成功；相反，如果客户没有此方面的需求，销售人员再努力也很难取得好的结果。

道理非常简单，当销售人员向一位花季少女销售婴儿用品时，销售人员多半会空手而归；如果对象是一位年轻的母亲时，成功的概率是非常大的，原因就在于后者有需求而前者没有需求。很多人认为客户并不知道自己需要什么，事实上，这种观点并不合理。在绝大多数情况下，客户都知道自己的需求，并且只肯为自己的需求埋单。只有很少的情况下，客户才不知道怎样改善自己的生活或者解决某个问题。在这种情况下，客户并不会像多数销售人员认为的那样积极主动地配合销售人员的销售并最后成交，他们多半会采取拒绝一切的态度，只有在专家或专业人士的建议下才会谨慎地作出选择。

因此，并不是所有的人都是销售人员的客户。在进行销售之前，销售人员必须对辖区内的客户进行必要的了解，找出那些真正有价值的对象进行销售。

判断一位客户是否是有价值的，应从两个方面进行考察：一是其是否具有与自己所销售的产品相关的需求或潜在需求；二是其是否有足够的经济实力用以满足自己的需求。准客户不仅必须有欲望，而且还要有足够强的经济实力。对于一个刚刚脱离贫困的家庭来说，拥有一辆私家车当然是他们的梦想，但当销售人员真正向这个家庭销售汽车时，等待销售人员的多半是失败——他们还没有足够的经济基础用以支持他们实现梦想。

卓有成效的销售绝不应该采取"遍地撒网，重点培养"的销售方法，而应该用有准星的步枪瞄准一个固定的靶子。很多销售人员之所以业绩差，就是因为他们把太多的精力浪费在了那些无价值的客户身上。他们努力地劝说那些从未有过此方面需求的人购买他们完全不感兴趣的产品。

对准客户进行衡量和评价是提高销售成功概率的关键，那些真正符合标准的客户会为销售人员的销售提供长达一生的支持。

汤姆费了九牛二虎之力终于博得了招聘主管的青睐，如愿以偿地成为了一名汽车销售人员。在上岗培训的第一天，他得到了一条销售"真经"——只要销售人员敢于开口，任何人都可以成为销售人员的客户。秉持着这一"真经"，汤姆开始了他的销售之旅。他对辖区内的每一个人微笑，与每一个人攀谈，向每一个人展示他所销售的高档旅行车。哪怕是一个推着婴儿车的钟点工，他也不肯放过。

然而尽管汤姆足够自信，对产品的介绍和描述也做得完美无缺，但到月底的时候，他的业绩还是少得可怜——不但没有做成几笔买卖，真正有价值的客户资源也没有扩充多少。

汤姆检查了自己的方法，发现自己的销售方法有着致命的缺陷——在那些未能成交的销售中，80%的客户根本没有换车或者另购一辆新车的计划，他们对自己现有的生活状态相当满意；另外的20%拒绝的理由各不相同，但归根结底是他们还没有做好购买一辆高档旅行车的预算。由于自己未能在一开始就筛选出那些成交概率低的客户，导致自己将精力耗费在了无意义的销售上，最终导致了低绩效。

找到了问题的根源，汤姆决定改变这一现状。他对辖区内的客户进行了调查和分析，把客户分成了四个不同的等级，并为其提供有针对性的服务。

1.找出那些对高档旅行车有迫切需求并且有能力为其支付全部价款的客户。尽管这些客户并不太多，但却是成交概率最大的销售对象。为了使其下定决心作出成交决定，汤姆为其提供了相当有诱惑力的现金折扣。

2.辖区中有相当一部分人有需求，但经济实力并不支持他们一次性支付全部价款。对于这些客户，汤姆为其联系了很有实力的贷款机构，为其提供低息的汽车贷款。

3.经济实力不足以支付高档汽车的客户也占有相当大的比例。对于这些客户，汤姆为其提供了免费咨询，为其推荐较为诚信的中低档汽车销售人员。尽管为这些客户服务并不能使他的业绩提升，但从长远来看，这样做是十分有利的。因为等这些人的经济实力提高之后，他们就会成为自己的客户。

4.对于那些目前没有购买新车欲望的客户，汤姆会主动为其提供一些汽车保养建议，并与其保持密切的联系。

了解客户并为其提供有针对性的服务，不但使汤姆的销售业绩一路飘红，而且还为其赢得了长久的利益——那些获得现金折扣和汽车贷款的客户积极主动地把他介绍给自己的朋友；那些购买了中档车的人，对汤姆的帮助念念不忘，当自己的经济条件允许时就向汤姆发出订单；当人们对现有汽车不再满意时，他们会自然地想到曾经为自己提供保养建议的汤姆，并主动与他联系洽谈购车事宜。缩小了客户圈子并没有使汤姆的销售之途越走越窄，相反却越走越宽。

找出准客户对于销售的意义与认准靶心对于射击手的意义相差无几。在射击时，靶子是很重要的，要想成为一个百发百中的神枪手，首先需要提高的不是射击的方法而是找准靶子，认清靶心。销售也是一样，当销售人员对自己的客户一无所知时，销售人员是不可能打动他的心，达成交易的。销售人员必须了解他，把握他的真实需求，客观评估他的经济实力，再决定是否应该与他交谈，使之成为自己的客户。只有向真正有价值的客户进行销售，才能获得好的成果。

第六章

放宽眼界，做好精准的市场分析

细分品牌市场

在销售之前，销售人员一定要了解产品的消费群体，不管是教师、IT人士、教授，还是企业家。要对产品的市场进行细分。对于实行多品牌策略运营的企业来说，准确的市场细分是区隔自我品牌、防止各品牌相互蚕食的有效手段。为了实现有效细分，品牌以什么样的原则或标准去实施细分是关键所在。但如果细分的标准缺乏市场依据，则可能导致市场细分的失败。

产品的市场细分一定要遵循可发展、可识别、可占据、可持续的原则。随着市场竞争的激烈化，占据有效的细分市场、构建自己独特竞争优势，是许多企业所采取的策略。可以说，有效的市场细分是营销成功的关键因素之一。根据科特勒的理论，有效的市场细分必须遵循以下原则：

（一）市场细分必须足够大，以保证其有利可图

市场细分的目的是为了更好地满足市场的需求，在特定的目标客户中创造差异化价值，攫取更高的利润，但如果细分后的市场面太狭小，目标客户群不足以支撑企业发展所必须的利润，那么这种细分就是失败的。反之，如果细分后的市场面大，这就是成功的。

（二）细分市场必须是可以识别的

细分市场具体表现为可以用人口统计学、情感价值数据、行为方式数据等来量化。如果细分后的市场太过模糊，企业对该细分市场的特征、客户特性、数量都一无所知的话，这种细分就失去了意义：因为企业根本不知如何制定有效的推广策略对目标市场进行营销。

（三）可占据性原则

细分市场的非常重要一点就是要考虑与企业的资源匹配：企业能够利用其现有的优势、能力、人才、生产技术去有效占领的这个细分市场。

（四）相对稳定性原则

占领后的目标市场要能保证企业在相当长的一个时期经营上的稳定，避免目标市场变动过快给企业带来的风险和损失，保证企业的长期稳定的利润。

任何一种品牌的市场细分，都要追求其准确性，也就是让企业能集中最优势资源攻克目标市场。另外，市场细分的制定也必须有一定的弹性空间，当市场竞争情况发生变化时，企业为追求更大的市场实力，可以在市场细分原则的允许范畴内，对产品或品牌进行适度的延伸，以争取更多的客户。

广告创造的奇迹

日新月异的广告在人们心中所占的地位越趋重要。在以往的营销观念中消费者只是被动地接受所有的广告，而在现今消费者至上的社会中，消费者已不再处在被动的弱势了。成功地创造广告就必须了解市场，除了消费者的生活及素质外，更涵盖了多方面的市场资料，如现有的产品种类，市场结构，消费者的生活习惯，经济发展等等。当彻底了解市场后，所需做出的决定就是要选择谁是营销对象，和更进一步了解这群营销对象，一个有效的广告并不只是告诉消费者有关产品的特点，更可以配合消费者潜意识的渴望。

在消费市场上的产品不计其数，消费者所面对的是不同品牌和价钱间的选择。为什么消费者要选择某一产品呢？在最近消费时代的演变，有不少国际的大公司因为没有准确分析市场对手的优劣，而给自己带来致命的创伤。当然，要了解对方优劣的一个重点就是要准确评判自己的实力。

面对两种不同品牌的相同产品，若价格相距不大，消费者必定会选择知名度较高的品牌。在对产品及厂商做了全面性的了解后，所需要的就是和广告公司全面配合。一个成功的广告最重要的要素之一就是传达专一的讯息。消费者看广告的时间常常只限于几秒到几十秒之间，好的广告必须在这短暂的时间里准确地传达产品讯息。

台湾金莎上市的广告片开了一个小小的玩笑，广告的内容是：开始只见寂静空洞的教堂中，一个面孔清秀的少女低头步进告解室。画面显示少女期期艾艾地向神父坦白，说因抵受不了诱惑，后悔发生了第一次。观众至此已被故事情节牵引，免不了想到少男少女最不该犯的过失上去，但画面一变，少女竟解释为抵受不了金莎独特口味的诱惑而第一次把整盒金莎吃光了，此刻观众从女主角向神父忏悔所营造的低压中突然解脱不禁发噱，少女继续描述金莎的产品结构及特质，并使之成为抵受不住诱惑的必要理由。这样一来，观众通过故事而认识金莎独特的产品结构印象深刻。

人们在看理性的、具有批判意识的广告片时，脑筋会随着转动，以致提出质疑。然而，一则扣人心弦，感人温馨的广告片，却使人无法理智地判断它的对错，只能完全用心去感受。

一位资深的美国记者曾这样说："要有足够的经费，我能使一块砖头被选为州长。"虽然这句话中很明显地有夸张成分，但我们还是可以从中对广告在现代社会中的力量窥之一斑。

正是广告使濒临破产的"万宝路"起死回生，进而成为世界名牌。万宝路香烟是1924年在美国问世的。当时，生产商菲利浦·莫里斯公司明确把它作为专对妇女市场的牌号。尽管当时美国的吸烟人数年年都上升，但万宝路香烟的销路却始终平平，菲利浦公司为此伤透了脑筋。妇女们抱怨香烟的白色烟嘴常会染上她们鲜红的唇膏，红点斑斑，很不雅观。

他们就把烟嘴部分换成红色。可是，这一切努力并没有挽回万宝路的命运，菲利浦公司终于在20世纪40年代初停止生产万宝路牌香烟。

一筹莫展但又心有不甘的菲利浦·莫里斯公司派专人带着"万宝路"这个难题来到著名的利奥·伯内特广告公司，向该公司的创办人伯内特先生请教。伯内特在当时的美国广告界已享有很高的声望，是广告界的几位著名的大师之一。他经过深思熟虑和周密的调查后，大胆向菲利浦公司提出：让我们忘掉那个带脂粉香气的女子香烟，而用同一万宝路牌子创出一个闻名世界的有男子汉气概的香烟来。

在伯内特和当时的菲利浦公司总经理乔卡尔曼的努力下，一个崭新大胆的广告计划诞生了：产品品牌保持不变，包装采用当时首创的平开式盒盖新技术，并用象征力量的红色作为外盒的主要色彩；不再以妇女为主对象，而是用硬铮铮的男子汉，在广告中强调万宝路香烟的男子汉气概。按伯内特的创意，这种理想中的男子汉也就是后来在万宝路广告中充当主角的美国牛仔形象：一个目光深沉、皮肤粗糙、浑身散发着粗犷、豪迈英雄气概的男子汉，袖管高高卷起，露出多毛的手臂，手指中夹着一支冉冉冒烟的万宝路香烟。

这个以牛仔为主角、男子汉气概十足的万宝路广告在1954年问世后，原来不断滑坡的万宝路香烟销售量奇迹般地在一年后提高了整整3倍。从一个鲜为人知的牌子跃为当时美国牌号销量的第10名。

万宝路香烟在牛仔广告的帮助下，逐渐成为美国市场上的一个主要香烟牌子，在美国的市场份额已达13%，占全国第2位。随着时代的改变，科技不断地进步，要想尽快地销售产品一定要认识广告，了解广告，充分利用广告。现在的广告要让消费者接受且掏出腰包来花费，就必须先了解消费者内心深处的想法，打动消费者的心，这样的广告才能被消费者所接受，才是一个成功的广告。

发掘市场空白

拜访客户，以致谢、赞美作为开场白，渐渐导入主题，困难的地方就是将开场白顺利地导入商业主题，很自然地谈到与销售相关的话题上。销售人员必须利用探索的技巧发问，利用开放性问题来发问，好让客户提供足够的信息。这样销售人员才能发现客户的真实需要，发现市场空白。

下面是一位销售人员与客户的对话。

杰西：迈克，你穿多大的西装？想必你一定知道，以你的身材想挑一件合身的衣服，恐怕不容易，起码衣服的腰围就要做一些修改。请问你所穿的西装都是在哪儿买的？

（杰西强调市面上的成衣很少有买来不修改就适合迈克穿的。他还向迈克询问所穿的西装是在哪一家买的，借此，杰西了解他的竞争对手是谁。）

迈克：近几年来，我所穿的西装都是向梅尔公司买的。

杰西：梅尔公司的信誉不错。

（杰西从不在客户面前批评竞争对手，他总是说同行竞争对手的好话或是保持沉默。）

迈克：我很喜欢这家公司。但是，杰西，正像你说的，我实在很难抽出时间挑选适合我穿的衣服。

杰西：其实，许多人都有这种烦恼。要挑选一个自己喜欢又适合自己身材的衣服比较难。再说，到处逛商店去挑选衣服也是件累人的事。本公司有3 000多种布料和式样，我会根据你的喜好，挑出几种料子供你选择。（杰西强调，买成衣不如订做的好。）

杰西：你穿的衣服都是以什么价钱买的？

（杰西觉得现在该是提价钱的时候了。）

迈克：一般都是400元左右。你卖的西装多少钱？

杰西：从200元到1 000元都有。这其中有你所希望的价位。

（杰西说出产品的价位，但只点到为止，没有做进一步说明。）

杰西：我能给客户带来许多方便，他们不出门能就买到所需的衣服。我一年访问客户两次，了解他们有什么需要或困难，客户也可以随时找到我。

（杰西强调他能为客户解决烦恼，带来方便。杰西的客户多是企业的高级主管，他们主要关心方便。）

杰西：迈克，你很清楚，现在一般人如果受到良好的服务，会令他受宠若惊，他会认为服务的背后是否隐藏着什么其他条件。这真是一件可叹的事。我服务客户很彻底，彻底到使客户不好意思找其他的厂商，而这也是我殷勤服务客户的目的。迈克，你同意我的看法吗？

（杰西强调服务，因为，他相信几乎每一位企业的高级主管都很强调服务。所以，杰西在谈话末了以"你同意我的看法吗"这句话来引导迈克的回答，杰西有把握让迈克作出肯定的回答。）

迈克：当然，我同意你的看法。我最喜欢具有良好服务的厂商，但现在这种有良好服务的厂商越来越少了。

（杰西觉得迈克的想法逐渐和自己的想法一致。）

杰西：提到服务，本公司有一套很好的服务计划。假如你的衣服有了破损、烧坏的情形，你只要打电话，我立即上门服务。

迈克：是吗，我有一件海蓝色西装，是几年前买的，我很喜欢，但现在搁在家里一直没有穿。因为近几年我的体重逐年减轻，这套西装穿起来就有点肥。我想把这套西装修改得小一点。

（杰西记住了迈克的话：迈克有一套海蓝色的西装需要修改。）

杰西：迈克，我希望你给我业务上的支持，我将提供你需要的一切服务。我希望在生意上跟你保持长久的往来，永远替你服务。

迈克：杰西，什么时候让我看看样品？

（迈克想看杰西的样品，杰西虽然准备了很多样品放在包里，但他还不打算拿出来。他想做进一步的询问，希望了解迈克的真正需要。在了解迈克的真正需求以后，才是拿出样品的最佳时机。）

　　杰西：你对衣服是否还有其他的偏爱？（杰西想知道迈克对衣服的质量和价格的看法。）

　　迈克：我有许多西装都是梅尔公司出品的，我也喜欢剑桥出品的西装。

　　杰西：剑桥的衣服不错。迈克，以销售人员目前的商业地位来说，海蓝色西装很适合你穿。你有几套海蓝色的西装？

　　（由于迈克没有主动说出他所拥有的西装，杰西只好逐一询问迈克的每一套西装。）

　　迈克：只有一套，就是先前向你提过的那一套。

　　杰西：你还有其他西装吗？

　　迈克：没有了。

　　杰西：我现在拿出一些样品给你看。如果你想到还有没提到的西装，请立即告诉我。（杰西边说边打开公文包，拿出一些样品放在桌上。）

　　杰西一直以发问的方式寻求迈克真正的需要，同时也在发问中表现出了一切为客户着想的热忱，使迈克在不知不觉中做了很好的配合，创造了良好的谈话气氛。杰西向客户提出了许多问题，以寻求客户真正的需求，然后才展示商品，进行商品的销售。

　　在从事商品销售以前，先发掘市场需要是极为重要的事。了解客户需求以后，可以根据需求的类别和大小判定眼前的客户是不是自己的潜在客户，值不值得销售。如果不是自己的潜在客户，就应该考虑，还有没有必要再跟客户谈下去。

第二篇　用狼的性格练就强者心态

【狼的提示】 忍耐力、意志力、创新力、团队精神、热情、积极、激情，这些都是销售人员的必备素质。当你第10次敲开客户的房门却仍遭拒绝时，请相信，只要再坚持一下，第11次推销将会转败为胜。

哪里有猎物，哪里就有我。我就是狼。

我是食肉动物，我以此自豪。命中注定我将处于孤独、寂寞中，所以我学会了忍耐。只要我锁定目标，不管跑多远的路程，耗费多长时间，冒多大的风险，我都不会放弃。我凭借忍耐、坚韧、勇敢、智慧、无畏、充满激情的性格，创造了无敌团队。我有强者心态，有自己的原则。不会为了嗟来之食而不顾尊严地向施主摇头摆尾。我懂得进攻，也懂得退缩。我既能孤身奋战，也善于群体进攻，所以永远立于不败之地。

为什么销售人员要具备狼的性格？

狼的性格，是在竞争激烈环境中生存的法宝。性格决定销售业绩。实践证明，狼性在现代商业社会中越来越被提倡。面对强大的对手，面对越来越挑剔的客户，唯一的出路就是把自己变成"狼"。

第七章

坚忍不拔是销售人员必备的心理素质

忍耐铺平成功之路

美国的科学家找来一群孩子做实验，他们在一些孩子的面前放上一块小蛋糕，然后告诉这些孩子：如果能在单位时间内保证不吃这一小块蛋糕，那么他就会得到一块更大蛋糕。实验的结果是不一样的，在等待的过程中有的孩子经不起诱惑吃了小蛋糕；有的则忍耐住没吃，结果得到了大蛋糕。

事后科学家们经过了几十年的跟踪调查，结果发现在实验中忍耐住的孩子，在日后的工作中，取得了突出的成绩，而没忍住吃了蛋糕的孩子则业绩平平。

这个故事对销售工作很有启发。那就是忍耐是走向销售成功的一大法宝。销售工作中，我们有时会作出错误的选择或错误决定，往往都是在情绪高涨，缺少控制、缺乏忍耐的时候，所以我们要学会忍耐。

学会忍耐可以使自己的情绪稳定，能够不温不火地驾驭自己的喜怒哀乐，则百事可做，百事可成。当销售人员面对无法抗拒而又无法改变的不平之事，销售人员选择的是忍耐吗？

我们来看一个用忍耐为成功铺平道路的案例，这是一个很普通的故事，我们的身边一定会有这样的事情。但正是这个平淡如水的案例，一定对销售人员很有启发，案例中的忍耐不是寻常的忍耐，是具有狼性的忍耐。

陈小飞是一个极具"忍耐"的人，他的忍耐来自于父母和他的生活。

陈小飞的父亲是一位人民教师，从教三十余年，桃李满天下。曾任教语文、数学、自然和音乐，而尤以数学教学时间最长，音乐次之。陈小飞曾经有两年时间在父亲任课的班级学习，之后陈小飞以本校数学考试第一名的成绩考入了中学。父亲无论是从教学质量，还是为人师表，都被公认为一名优秀教师。陈小飞一直认为，父亲享受到了与他的能力和素质相称的待遇。结果正相反，而最让父亲不平的就是他的职称问题。20世纪80年代，学校实行教师职称改革，小学老师的最高职称就是小学高级教师。第一次小学教师评选，校长成为小学高级教师，父亲无缘；第二次，校长的亲信成为小学高级教师，父亲仍没戏；第三次，竟然又是一位领导的亲信，而他的工作年限、教学水平等，各方面的口碑都和父亲差得太远了，但父亲竟还没有机会。父亲实在忍不住了，他去找了中心校的领导和教委的领导。终于，父亲成为了一名小学高级教师。当然，由于父亲评上职称的时间较晚，在工资上与前面提到的几位有些差距，即使父亲的工龄比他们长，能力比他们强的事实不可辩驳……但这只能忍耐。

陈小飞的母亲是一位农民、一位非常能干的农民、一位把自己的全部身心都投入到人民公社的劳动中，等到联产承包责任制实行以后，却因为身体的原因无法再为真正属于自己的土地而劳动的农民。母亲是一位下放的中专生，性格与父亲相仿，四个字：老实巴交。与父亲不同的是性格更加柔弱。母亲从没有偷过懒，耍过滑，也没有拿过公家的任何东西，所以，家里比别人更穷。面对这一切，母亲一个人默默地承受的只有忍耐。

在这样一个家庭里，父亲和母亲把陈小飞的哥哥、姐姐和陈小飞作为家庭的希望，三兄妹也终于没有辜负父母的希望，陆续考上了大学，毕业后，他们先后来到了同一个城市，后来又把父亲、母亲接到了这个城市，共享天伦之乐。

陈小飞的小学、初中、高中都是顺顺利利地度过的，成绩一直名列前茅，因为有动力，他决定要通过学习改变自己的命运，改变家庭的命运。因之，陈小飞又顺顺利利地考上了大学，后机遇巧合，找到一家效益相当不错的企业，从事销售工作。在工作中，陈小飞感受到父亲和母亲曾经遇到过的事情。有的人工作能力很差，但可以把别人刚刚告诉他的工作业绩说成他干的；有的人刚才和别人称兄道弟，一转身就去散布坏话；而陈小飞，一如他的父亲和母亲，老实巴交，笨嘴拙舌，所以只有忍耐。陈小飞坚信，只要不是明天就离开这个单位，路遥知马力，日久见人心，是金子总会闪光的。事实也确实证明了这一点。渐渐地，陈小飞的工作获得了单位领导和同事的认可，赢得了一个又一个的荣誉，获得了一个又一个的成功，销售业绩也突飞猛进，被公司聘任为中层干部。陈小飞知足了！

学会忍耐换来了成功，从这个故事中，我们可以看出，无论从事什么工作，都不可能不受到委屈，事事随心愿。做销售更是如此，销售人员要具备狼的忍耐性，在极其恶劣的环境下，孤注一掷，不屈不挠。实际上，销售人员最该忍耐也是最该克服的是内心的彷徨与焦虑，业绩不如人时，压力大，对自己没信心，领导有时还会埋怨两句，这都会造成心理负担。学会忍耐关键是调节好心态，相信风雨过后是彩虹，忍耐的最终目的是等待着机会的到来。

先忍耐再伺机而动

人们常说："小不忍则乱大谋。"这是至理名言。一个人要想在销售中取得大的成就，忍耐是必修课。它是对销售人员的考验，也是销售人员获得销售业绩的阶梯。人在职场行走，难免会碰到一些脾气古怪、猜忌心重的上司，对下属只记过，不记功，抑或动不动就以扣工资、炒鱿鱼相威胁。面对这种类型的上司，销售人员若还想继续开展工作，发展事业，使自己有所作为的话，只有一个字：忍。

周林的经历就是一个"忍"的典型事例。

周林担任销售区域主管的第二年，公司给他所在部门委派了一名新主任。新主任是老销售出身，没有多少文化，对所管辖的部属，谁工作认真、昼夜加班、出了成绩，他看在眼里，忘在脑后；谁迟到早退，不请假或者没有给他及时送材料，他却牢牢记在心上，时不时地给销售人员点颜色瞧瞧。尤其是对销售部的工作总是挑毛病、找破绽，好像怎么看怎么不顺眼。

面对蛮不讲理的新主任，周林既没有当面顶撞。也没有逢迎巴结。他经常和本部门的人员开会，订出工作程序，交给主任过目后，再切实执行，并做好系统记录，以便主任翻阅。

这样认真周到地安排工作，既减少了他和新主任的摩擦，也减轻了自己的负担。

有几次，周林被主任严厉批评，但他忍住没有发火，也没有把这种情绪带到工作中去。相反，周林每受到委屈，必当机立断，检查自己的工作、处事是否有错误，并且有错必改，或是重新评价自己，进一步做好本职工作。

精明的周林为了自己的前途，时时小心，处处小心，步步小心，每一件事、每一句话都对主任格外尊重，尊重主任的意见，听从主任的指导，多向主任请教，多多体谅主任的难处。

这样一年下来，主任对周林褒奖有加，再也不像以前那样恶声恶气了，又过了半年，周林就被提升了。

人常说："忍字头上一把刀。"忍，难能可贵；面对千变万化的世态人情，如果不依靠一个"忍"字支持，会有多少人堕入困厄之境。因此，在销售中，为了能顺利开展工作，早一步走到成功的面前，就必须学会忍，忍是一种策略，一种智谋，忍一步海阔天空。

顽强的意志力是成功的基石

在这个世界上，没有任何事物能够取代毅力。狼选择了坚韧，朝着自己锁定的目标，奋勇直前，永不放弃，因为它知道：它的生命每天都在接受类似的考验。如果它坚韧不拔，勇往直前，迎接挑战，那么它一定会成功。

当一个人开始认为自己有所作为时，只不过是起步而已。成功是需要几个月、几年甚至几十年的不懈努力，才能克服一切困难达到的。雷路克就是一个典型的例子。他永远没有放弃自己的梦想。而他，实际上一直到52岁才走上了成功的道路。

雷路克最初出售纸杯，并且兼弹钢琴，肩负起了养家的责任。他在杜莉普纸杯公司服务了17年之久，并成为该公司最好的销售人员之一。

后来，他听说约翰·道格拉斯兄弟利用他的8架机器同时推出40种牛奶雪泡，于是放弃了这个安定的工作，独自前往圣伯纳迪诺调查。他发现道格拉斯兄弟有一条很好的生产线，能够生产出高质量的汉堡包、炸薯条以及牛奶雪泡。他认为，像这样的好设备只局限在一个小地方，未免太可惜了。于是自己经营起牛奶雪泡机器的行业。

雷路克虽然一直只是个销售人员，而且一直到他52岁时才从事梦寐以求的新事业，但他却在22年之内把他所在的公司扩展成为了拥有几十亿美元的庞大企业。

毅力并不是指永远坚持做同一件事。它的真正意思是对销售人员目前正在从事的工作，要集中精神，全力以赴。要对工作感到满意，还要渴求更多的知识与进步。

天道酬勤，坚忍不拔就是最终成功的保障。

在乔·吉拉德年轻的时候，美国淘金之风正热。他有个伯父也迷上了淘金，只身跑到西部去挖金矿，实现他的发财梦。他申请了一块土地，拿着工具，动手开始干起来。

苦干实干了好几个礼拜后，他发现了亮晃晃的金砂，颇有收获。但他没有机器把矿砂弄上地面，便不声不响地埋了矿回到家乡。当他把这一发现告诉家人和朋友时，大家凑足了买机器的钱，把机器送到矿场，乔·吉拉德也跟着伯父去挖矿了。

挖出来的第一车矿送到了金场提炼。结果让乔·吉拉德欣喜若狂，以为他们终于发财了！

然而当钻机再往下时，他们犹如受到当头一棒。矿脉突然间踪迹尽失。他们不停地钻，拼死拼活地想重拾矿脉，结果却是徒劳的。

最后，他们作出了一生中最愚蠢的决定：就此放弃了，把器材以区区数百美元的价格卖给了一位旧货商后，搭车回家了。

后来，那位旧货商邀请了一位开矿工程师去看矿坑，做实地的地质测量。结果就在他们歇手处的下方3英尺找到了金矿的矿脉！

虽然乔·吉拉德重新赚的钱是当初损失的好几倍。但他就是因为吸取了这个惨痛的教训，才取得了今天的成就。

每当乔·吉拉德在销售受到挫折时，他就告诉自己："我只差3英尺就能挖到金矿了。所以，今后我请客户买产品时，绝不会因为人家说'不'就罢休。"

当乔·吉拉德跻身于年收入数百万美元的精英之列后，他告诉大家，他的锲而不舍就来自于当初开金矿时的半途而废。

年轻的朋友，请吸取乔·吉拉德的教训，在困难面前，请再多坚持一会儿，也许就是这一会儿，成功就来临了。相信每一次成功都是孕育在困难中的，只有具备锲而不舍、坚忍不拔品格的人才能拥有它。野草的种子在贫瘠的土地上时，它没有抱怨，也没有退缩、放弃，而是把全部的希望都寄托在泥土中。它珍爱每一滴雨露，每一束阳光，甚至珍爱每一缕清风。当它迎风霜、顶烈日、经雨雪之后，终于挺身焕发出生命绿色！

人和草一样，在生命历程中交织着矛盾和痛苦，充满求索的艰辛，遍布荆棘和坎坷。我们只有像那不为人知的野草，萌发坚韧幼芽，使它达到根本不能被摧毁的程度。即使是受到打击也要凭着顽强的意志和坚韧的精神毅力以及对理想的不懈追求，向成功一步一步迈进。也只有这样，我们才能换来无比丰硕的成功果实。

一般人都认为，逆境能培养人才，而顺境则埋没人才。其实这不完全正确，辩证唯物主义理论告诉我们，外因是变化的条件，内因是变化的根据，外因通过内因而起作用。逆境、顺境都是外部条件，而不是成才的根本原因，成才的关键在于主观能动性的发挥。

荒野中觅食的狼在任何困难下都是勇往直前，而一个意志坚韧的人应该是思想开通、不屈不挠、行为自立、做事灵活的。我们也应该坚信自己是在任何环境下都可以生存的坚韧的狼！在任何挫折下要记得，不要轻言放弃。

狼是不畏惧失败的，促使它们勇往直前的是猎物，它们知道如果放弃，就要面临饥饿，甚至死亡。有时我们可能会认为自己遭受的挫折很大，或许有的人会说遭受的打击太沉重了，成功的希望非常渺茫。但是，只要我们像狼一样锁定目标，紧随目标，依靠坚韧的承受力，就还有希望，猎物就不会逃出我们的掌心。

生活中的苦涩，曾使人失望流泪；漫漫岁月的辛苦挣扎，曾催人衰老，但由于坚韧，由于奋斗，也由于不断地向上仰望，我们的生命会因坚韧而超越所有的忧患与磨难。

胜利只属于坚持到最后的人。凡事不能持之以恒，正是很多人最后失败的根源。今天还有百万家资，明天就可能沿街行乞。许多大企业在赚钱之前已经奋斗了数十年。若想成为成功的音乐家、医生、工程师乃至各行各业的专才，都需要一份执著与坚韧。不管是20岁，30岁，还是40岁的年龄，我们都需要执著的精神。我们需要它，因为它能帮助我们实现更多的目标。

坚持一下，用信念敲开胜利之门

世界最难的事是坚持。能否坚持不懈，是界定一个人成功与失败的分水岭。对于一个注重精神的销售部门来讲，部门上下必定抱守信念，坚持到底。

巴顿将军的墓志铭是这样写的：

"乔治·S·巴顿，第三集团军上将军号02605，如果命运安排我去死，那就让我勇敢而光荣地为最大限度地消灭敌人而死！啊，上帝，请保佑和指引那些先我而去的人！"

巴顿一生中有太多的荣耀，也有太多的波折相伴。巴顿在战斗中的一句著名的口头禅便是："要迅速地、无情地、勇猛地、无休止地进攻！"在第二次世界大战这样一个宏伟的大舞台上，杰出的军事将领成千上万，而像巴顿那样以"不断胜利前进的将军"而载入史册的传奇式人物，只有他一个。

麦克阿瑟将军也曾说道："如果战争一旦强加于我们，那只有用尽一切手段尽快结束战争，此外，没有任何选择余地。战争的目标就是胜利，而不是旷日持久的僵持。在战争中，绝不可能有胜利的代替物。"

要想取得最终的胜利，唯有坚持，坚持高涨的热情、必胜的信念。现在的生活其实也是一场无硝烟的战争，处处充满竞争与挑战。无论从事什么样的工作都应该热情饱满，具备坚韧与毅力的品质，害怕困难而半途而废的人终将一事无成。任何事情往往都是开头容易而完成难，所以，要评判一个人业绩是否优良，不能看他所做事情的多少，而要看他最终完成的成就有多少。例如，在赛跑中，裁判并不计算选手在跑道上出发时如何快，而是计算他从起点跑到终点需要多少时间。

如果销售人员有能力，业绩却远远落后于其他人，不要埋怨，最好自我反省一下：自己是否善始善终地把工作进行到底了。如果不是，这就是销售人员为什么失败的原因。对于任何一件工作，要么不做，要做就要有始有终、彻彻底底地去完成它。一个人的工作成功与否，要看他有无恒心，能否善始善终。持之以恒是人人应有的美德，也是顺利完成工作的重要因素。

一家著名企业招聘销售人员时，企业人事经理只粗略地看了一下应聘人员的自荐材料，便推说"电梯坏了"，于是带着几十个应聘者从1楼往位于

32楼的办公室爬去。结果大多人不是待在一楼等电梯修好，就是走了一半就放弃了。望着坚持到最后的几位应聘者，人事经理宣布：你们被聘用了——其他人则全部被淘汰。以爬楼梯来考核一个员工是否具有坚持不懈的精神，再合适不过。连几层楼都不愿爬的人，成不了优秀员工，也成不了优秀的销售人员。

在所有的职业中，销售是一项最容易受挫、最容易遭拒绝的工作，也是最容易让人厌倦的工作。许多销售人员忙忙碌碌，并没有取得成功，没有别的原因，他们大多败在自己手中，败在遇到挫折时就放弃自己的追求，缺乏坚持不懈的精神。

美国销售人员协会的一项调查研究指出，不能坚持是销售失败的主要原因之一。有48%的销售人员找过一个客户之后就不干了；有25%的销售人员找过两个客户之后不干了；有15%的销售人员找过三个客户之后不干了；12%的销售人员找过三个人之后，继续干下去，而80%的生意恰恰就是这些销售人员做成的。坚持不懈地付出努力，是优秀销售人员取得良好业绩的不二法门。

一个人想干成任何事情，都要能够坚持下去，坚持下去才能取得成功。一个人做一点事不难，难的是能够持之以恒地做下去，直到最后成功。

约翰·吉米是美国一家人寿保险企业的保险员，他花65美元买了一辆脚踏车到处拉保险。不幸的是，成绩始终是一片空白。可是，吉米毫不气馁，晚上即使再疲倦，也要一一写信给白天访问过的客户，感谢他们接受自己的访问，力请他们加入投保的行列，每一字每一句都写得诚恳感人。可是，任凭他再努力、再勤奋，也没有发生效果。两个月过去了，他连一个客户也没有拉到，上司催他也是越来越紧……劳累一天回来，他常常连饭也没心情吃，虽然娇妻温顺体贴，但一想到明天，他就全身直冒冷汗。

他在日记中写道："从前，我以为一个人只要认真、努力地工作，就能做好任何事情。但是这一次，我错了。因为事实显然并不如此！……我辛辛苦苦地跑了68天，然而，却连一个客户也没有拉成。唉！保险工作，对我很不合适，不如换个地方找工作吧……"妻子劝告他说："坚持下去，就有盼头。"吉米听从了妻子的劝告。

吉米曾想说服一个小学校长，让他的学生全部投保。然而校长对此毫无兴趣，一次一次地拒吉米于门外。当他在第69天再一次跑到校长这里来的时候，校长终于为他的诚心所感动，同意全校学生投保。

吉米成功了！坚持不懈的精神，使他后来成了一名著名的保险销售人员。所以，不轻易放弃，要通过各种渠道接近目标，猎物总会到手。顶级销售人员一定深谙狼性，一步步坚定而执著地接近目标。

吃苦耐劳与果断成就最伟大的推销员

能够吃苦耐劳的销售人员非常容易引起客户的喜爱。他们非常希望不管在什么时候，什么地点，销售人员都能够随叫随到，不管是刮风下雨、还是天灾人祸，销售人员都要尽力去完成任务。很多客户不认可刚从学校毕业的新手，很大一部分原因是怀疑业务新手不能吃苦。业务新手如果没有吃苦的精神，是不可能获得客户认可的。唯独的方法是比别人拜访客户的时间更长，比别人拜访的客户更多，比别人拜访客户的频率更高。只有这样，个人的销售能力才能提升，才有可能得到客户的认可。

王刚从武汉工业大学毕业，就做销售这一行。经过半个月的培训后，被分配到孙经理所负责的大区做区域销售人员。小王给人的第一印象是很自信、有激情、能吃苦。开始孙经理让小王跟着他的车跑，顺便给他讲一些做人的基本道理、产品知识、市场运作的程序与方法、沟通技巧等一些销售基本常识。后来，孙经理将他安排在一个刚开发不久的新客户赵老板那里，专门帮助赵老板开拓市场。小王刚到赵老板那里，他感觉到赵老板根本没有把他作为厂家的业务代表来看待，从不与他商量和沟通生意上的事情，更不用说带他一起跑市场，在赵老板的眼里，他只是个什么都不懂的刚毕业学生。但在小王潜意识里产生了一种不服输的念头：一定要征服赵老板，改变赵老板对自己的看法。于是他每天早出晚归，借赵老板摩托车，走访一家又一家的零售店，向他们推介公司的产品，一家不成功再到另一家，功夫不负有心人，第一天就有5家零售店要求送货，第二天10家。随着小王开发的零售店越来越多，赵老板终于被小王的吃苦精神和市场开拓能力征服了。从那以后，赵老板亲自开车，带着小王一起跑市场。赵老板的生意越做越大，成为了公司最大的客户之一，小王也成了赵老板业务不可缺少的人物。

很多业务新手刚刚派到市场上去的时候，可能都会受到赵老板对待小王刚去时的那种待遇——不认可、瞧不起，甚至排斥。如果业务新手得不到客户的认可与信任，就算业务新手能力再强，想法再好，都很难发挥，更不可能创造良好的销售业绩。只有业务新手获得了客户的认可和信任，在客户的充分支持下，业务新手才有机会去展示自己的才华，才有可能创造良好的销售业绩，才有可能体现自己的价值。

销售人员袁红约好了一位客户，这时天气突然下起了大雨，狂风大作，路上积水非常严重，由于约好的客户路程很远，袁红有些退缩，想给客户打个电话希望另外约个时间，可是袁红的主管坚决不同意，硬逼着袁红冒雨前往客户那里。在到达客户的办公室之后，袁红已经全身湿透浑身上下不停地淌水，很多路过的人都忍不住发笑。在见到客户的时候，尽管袁红全身湿透，但是他为客户带去的资料却保存得非常完好，这时客户感到非常大的震撼，内心达到了极大的满足，当时就与袁红签订了一年的合同。通过这件事情我们可以反思，袁红的刻苦工作让客户获得了满足，从而赢得了客户的尊重。

刻苦工作可能是客户受到尊重的最直接体现，作为上帝的感觉似乎必须经过一定的折磨历程，才能够得到充分地展示。更有甚者，客户在产品质量的比较中，有时候宁愿选择产品技术一般，却愿意接受客户批评的供应商。比较典型的例子就是海尔。海尔的服务就是"真诚到永远"，"真诚到永远"就是客户能够享受到销售的刻苦工作。尽管海尔产品质量可能并不是最好的，但是客户可以通过刻苦工作体会到上帝的感觉。

一个星期六的中午，和速记公司同在一栋写字楼的朴律师走进来，他想请一个速记员完成当天的工作。

小金告诉他，因为今天晚上有超级女声的比赛，其他人都回家看比赛了，如果晚来5分钟，自己也会走。小金也是非常喜欢看超级女声的。但小金是个乐于助人的人，于是说道："比赛以后还可以看，但是工作必须在当天完成。"小金表示自己可以留下来帮助他。

工作很快做好了，朴律师问道："应该付你多少钱呢？"小金开玩笑地回答说："既然是您的工作，大约800元吧。如果是别人的工作，我是不会收取任何费用的。"朴律师笑了笑，向小金表示谢意。但出乎小金的意料，三个月之后，在小金已将此事忘到九霄云外时，朴律师却找到了小金，交给她800元，并且邀请小金到自己公司工作，所出的薪水比小金现在要高出1 500多元。小金放弃了自己喜欢的超级女声节目，最初的动机不是金钱上的考虑，不过是出于乐于助人的愿望，而且小金也没有义务放弃自己的休息日去帮助他人。但她就因为多做了一点点事情，就为自己增加了800元的收入，而且得到了一份比以前更重要、收入更高的工作。

一般人所认为的忠实可靠、尽职尽责完成分配的任务是远远不够的，尤其是对于那些刚刚踏入社会的年轻人来说更是如此。如果想取得成功，就必须做得更多更好。一开始有些人也许会从事会计和出纳、秘书之类的事务性工作，但谁能在这样的职位上做一辈子吗？要想成功，除了做好本职工作以外，更需要做一些分外的事情来培养自己的能力，引起人们的关注，从而为自己创造更好的机遇。

销售人员的另外一个品质是果断。很多客户都不太喜欢内向、而且优柔寡断的人，越是高层的领导越是这样。如果销售人员见到一个公司的总经理，如果在一分钟内不能够把销售的事情说清楚，相信基本上就没有机会了。

曾经有一个店长，不知道因为什么得罪了人，一伙人突然间闯进店面进行骚扰，当时局面非常混乱，这位店长开始没有采取断然行动通报保安、通知商场，而是采用了理论的方式，结果越是理论他们闹得越欢，这就是他们希望看到的现状。由于开始没有制止，最后事态闹大了，只能通过打110解决问题，但110来了影响更坏，最后商场要求厂家撤柜，给企业带来了巨大损失。这就是明显的缺乏分析、判断能力的体现，从而导致果断能力的不足。

果断不光体现在办事的时间上面，更重要的是体现在关键问题的把握上面，很多人之所以不能够果断地解决问题，与不能够有效地发现核心问题有关系。众多复杂的情况交织在一起，经常会使很多人无所适从。由于客户狡猾，所以销售必需小心翼翼地相处，稍有大意就会由"果断"变成"灾难"。但不管怎样，如果客户认为销售人员不是一个果断的人，那么他对销售人员的信心就会大打折扣。

第八章

像狼一样勇敢无畏

狼的野性给销售人员的启示

在自然界，为了生存而奋斗，从来就没有谁有资格扮演天生的英雄角色，而狼在艰苦的环境中所表现出的野性，正是我们销售人员最应该尊敬的地方。

草原上从来就没有天生的主人。谁说草原的秩序就应该由穆法萨来掌管？谁说狼就应该在黑暗中臣服？谁说辛巴就是理所当然的继承者？真正的草原上没有统治者，就如同市场上没有任何企业可以高人一等是一样的道理。在商界中，只有一个永远的国王，那就是客户，而所有的企业，都只是生态链中的一环，销售人员所要做的，就是尽自己的所能，在这片"草原"上生存与发展。

狼也是沉默孤独者，血腥厮杀就是血腥厮杀，狼不会惺惺作态来表白自己。事实上，国内不少企业也是默默无闻，很少出现在媒体上，但却不断迅速发展壮大，并在每年为国家上缴高额利税时才崭露头角，它们是中国产业真正的脊梁。相反，很多虚张声势，硬要把自己装扮成狮子的企业，往往最终被证明只是一堆泡沫。

20世纪90年代初，台湾饮食业商人纷纷来大陆做生意，他们抢占了京津的首要制高点。那个时候我国大陆的快食面业处于一种诸侯割据、群龙无首的局面，产品质量低，缺少一种名牌。正当不少台商、港商跃跃欲试之时，台湾顶新集团野性地一马当先，先声夺人，推出了康师傅快食面。结果顶新集团抢占了中国内地许多市场，其他后来想涉足的商人只能摇头退去。

自从中国改革开放以来，及海峡两岸关系逐渐解冻后，精明的台湾商人，早已是久憋难忍，一冲而出，纷纷涌向大陆市场投资。在台湾商人看来，港澳商人已先他们一步抢占了珠江三角洲的贸易领域。因而他们一过海，便毫不犹豫直扑京津及大陆腹地。

特别是像台湾这样的腹地比较小、市场局促、土地少而贵、劳动力工价高，经济发展到现时程度市场竞争尤为激烈的地方，商人们都深感难施拳脚，因而大陆的广阔市场、广阔空间深深吸引着他们。台湾顶新集团和台湾统一集团是两支渡海作战部队，它们在大陆食品业上竞争尤为激烈，特别是在速食面业上，前者先人一步，先声夺人，快速而凌厉地推出康师傅快食面，占领了京津，旋即称霸全国，后者虽在台湾食品业坐龙头大哥之位，可是其在大陆却难涉一足，皆因慢人一拍。

台湾顶新集团原来是以食用油脂产品为主的企业，论名气和实力在台湾并未能做大哥大。它在台湾寻寻觅觅几十年，觉得没什么大作为后，时值中国大陆开放，其便毅然前往发展，希望东方不亮西方亮。于是，在1988年，顶新集团就开始投资中国大陆。这个具有20多年的生产油脂类产品经验的企业。从一开始就确定了务实诚信的经营观念，产品力求以好的原料、好的品质达到物超所值的标准。1990年，它在北京投资建厂，利用其优异的制油技术、丰富的生产经验，先后生产出顶好清香油、顶好健康油等系列食用油，取得了成功。但此时，顶新发现，京城市面上食用油已为群雄逐鹿，金龙鱼、骆驼唛、绿宝等产品已充斥市场。

自从在食用油上慢人一步后，顶新决心另觅它径先声夺人。1991年底，顶新集团调整方向把目光瞄向了方便面。中国内地的方便面历史已有10多年，也有一定的规模，全国拥有100多个厂家生产方便面，仅北京、广州两市，就分别拥有60和50多条方便面生产线，源源不断输送出一包包廉价方便面。可遗憾的是，这些不同厂家不同生产线出来的方便面，普遍都是品质低下，包装简陋，又不注重宣传，当时的方便面市场是一个群雄割据、各自为政、群龙无首的混乱局面。虽然也有像华丰这样的大诸侯野心不小，却也只能在南方称霸，北上京津，已声微名弱难成气候。顶新瞅准了中国大陆方便面业这个群龙无首的空当，决心打一场方便面大战。

1992年，这一年是顶新集团首脑们最忙碌的一年，因为他们已得知，其时已有不少港台商人已不动声色在打京津的方便面主意，其中包括统一集团，像统一集团这样有实力的集团，如果先己一步，在京津打开市场，那么，顶新将难得再分一杯羹益。因此他们互相间不断催促，并投入了大量的资金于部署中，希望在牌子制作、产品质量、广告宣传、包装及营销等诸方面各环节开足马力，一鼓作气，使自己迅速占领、巩固市场。几个月后，一种名叫康师傅的方便面上市了。康师傅方便面品质精良、汤料香浓，杯装面和袋装面一应俱全，更重要的是它有一个名叫康师傅的名字。与此同时，报刊上、电视上，康师傅的广告铺天盖地，其宣传最火热的时候平均每天仅在电视上就出现8次。顶新集团的名声不胫而走，连京城的3岁小孩一见到矮矮胖胖的烹饪师傅都不约而同地大嚷"康师傅，康师傅"。

在如此强大的宣传攻势下，北京迅即刮起了一场购买康师傅方便面热。据顶新国际集团副董事长魏应行1994年接受中新社记者采访时描绘当时火爆场面：每天清晨，天津顶新公司的门前就排起汽车长龙，人们翘首等待着从生产线上下来的康师傅，有的客户甚至是在公司门口就地而卧连夜等待……在京城一炮打红后，顶新集团立即挥师四面出击，大举占领全国市场，到1994年上半年，该集团总投资规模超过了3亿美元，企业达到12家，遍布于北京、天津、上海、济南、广州等地。顶新集团以迅雷不及掩耳之势，迅速建立起它在中国方便面行业的霸主地位。

这是企业运用狼的野性成功的最好典范。悄无声息、瞄准目标、伺机而动、夺取主动权，这是顶新集团成功的秘诀，这充分体现了狼的忍耐性和攻击性。做销售也是如此，一定要对自己狠一点，只要善于思考，就一定能做个成功的销售人员。

做销售要善于冒险

做销售时，销售人员必须自愿冒风险。冒险是勇敢与常识的结合。如果不敢放大胆子、瞅准机会，对手就会抓住机会，而使自己遭到致命一击。聪明的冒险包含着了解可能性和情愿一笑了之地去承受自己能够承受得起的损失而不抱怨。显然，挫败的命运是销售人员为了任何前进而必须支付的代价。敢于冒险是要跟干蠢事区分开的，而且这也不是异想天开去瞎碰运气。看看下面的故事，或许能体会到冒险的作用。

史密斯先生在一次与朋友聊天时，提到他想买的一套漂亮的房子，他看中的是一套靠海边的房子，史密斯先生非常喜欢。

史密斯说："那使我很高兴，但我还是想要便宜点。销售人员当时报价要70万美元。但我只准备65万美元，你看我怎样才能少付那5万美元钱呢？请给我介绍点销售诀窍吧。"

朋友问他："如果你不买这所梦寐以求的房子又有何妨呢？"

史密斯答道："那绝对不行，我想那样的话我的妻子会自杀，我的孩子也会离家出走！"

　　朋友嘟哝道："嗯……告诉我，你对你的妻子儿女好不好？"

　　史密斯答道："啊，我很爱他们。为了他们我什么事都干。我现在必须使房子的要价降低。"

　　最后，史密斯为梦寐以求的房子花了70万美元。

　　就史密斯那种迫不及待的态度而论，他没付80万美元已经够幸运的了。那所房子对他那么重要，他是不会冒险失去的。由于他太心切了，所以他不敢说任何冒险的话（如："也许还有我喜欢的其他房子吧。"）而这类话就会使销售人员降低要价，冒险在销售中是非常重要的。

　　在一次关于销售的研讨会上，李老师站在一伙人面前，手里拿着一枚普通的硬币，对那伙人说："我们来玩一个传统的掷币赌博游戏，我把硬币掷下，如果你叫正面或反面而且叫对了，我给你100万元，如果叫错了，你给我10万元。假定这是一场合法的打赌，那么这屋里有多少人敢贸然一试？"

　　当然没有人会举手参加。李老师把硬币收起来，接着评论道："让我们分析一下，当我提出打赌时，你们脑子里在想什么？你们在想：'这家伙在输赢各半的可能情况下给我下了10：1的赌注，他可能就懂销售，对其他则一无所知。'"

　　听话的人大多表示同意李老师的评论。李老师继续说："你们考虑到赢了吗？你们是否在心里合计过将来用100万元买什么东西？不会的。你们考虑的是输，你们在想：我怎样去搞10万元？我手头正紧，还等着发薪呢！'"

　　许多人不自然地笑了。李老师继续道："我猜想你们有的人散会后回到家里，妻子向你们问好，并说：'有什么新闻吗？'你会答道：'有一个家伙拿出一枚硬币要赌钱。哎，对了，我们没钱了吗？'"

　　在场的人没有跟李老师赌钱是英明的。就钱财而言，对任何人的风险程度均正比于他拥有的财产。如果有一个亿万富翁在场，他就会毫不犹豫地跟李老师打赌。因为有了钱就会使人找到有利的机会，因为纵然有危险也是轻微的，不过牛身上拔一根毛而已，万一输了，也只是耸耸肩，叹口气："怎么搞的！"

如果李老师把赌注降低，从100万元对10万元降到100元对10元，达到较易负担的程度，在场的人这时都可能打赌了，因为这时冒险的损失超不过他们财产的收益。

从这个故事中，我们可以总结出以下几条供销售者运用冒险原则时的参考：

第一，鼓励销售人员冒险是要销售人员冒那种乐意的或适度的险，而不是要销售人员去赌博；

第二，冒险前要认真考虑可能性，确定可能的好处是否值得去冒可能的危险；

第三，要理智，不要独断，永远不要出于骄傲逞能、盲目急躁或异想天开地去冒险；

第四，当冒险的赌注实在很高时，应平分或联合承担风险；

第五，让别人参加进冒险活动，销售人员也就扩大了自己的活动范围，增强了销售人员的"持久力"。

销售战术的选择具有极大的灵活性，有效地准备多种战术，并准确把握这种灵活性对销售来讲是十分重要的。有些战术对一个人来讲是好的，但对另一个人来讲就不一定了；销售开始阶段是好的战术，到了后来则未必有效；在买方市场上是好的战术，到了供给不足时，就显得愚蠢可笑了。因此，在销售中，一定要以求稳为原则，急于求成往往会给对方造成一定的空当，使对方以圈套取胜的阴谋得逞。当销售人员走上谈判桌，一旦遇上防御型销售对手，非常有必要搞清对手采取防御战是何种原因。

向狼学习无畏的精神

曾经有一个非常形象的说法："如果你喜欢一个人，就让他去做销售；如果你讨厌一个人，也让他去做销售。"为什么呢？因为销售能让一个人走向成功，变得富有。同时销售的工作也会让人品尝生活的酸甜苦辣，体会生活的艰辛。销售工作会遇到各种各样的环境，接触到不同的客户群，因此要想成功，就必须要有无畏的精神。

无畏的精神是一种动力，是一种信念。在古代，有些人为了追求正义，不惜牺牲自己的生命，这是何等的无畏！

春秋战国时，崔杼杀死了齐王，齐国的太史记录下"崔杼弑齐君"。于是崔杼把这个太史给杀了。又一个太史把这句话给记录了下来，崔杼把这个太史也给杀了。第三个太史还是把这句话给记录了下来，崔杼把这第三个太史又给杀了。这时从门外匆匆跑来了两位太史，崔杼问他们来做什么，太史回答说："崔杼弑齐君，崔杼把前面记录这件事的三位太史给杀了，但这件事必须记录下来，我们赶来记录这件事。"崔杼说："你们就不怕我把你们也给杀了吗？"太史说："你杀了我们还会有其他史官来记录这件事，这件事必须记录下来，而史官你是杀不完的。"

这就是一种无畏的精神。无畏的精神无论到什么时候，都应该提倡。面对困难不退缩、努力改进境遇，追求更好的生活，这也是一种无畏。

香港首席富豪李嘉诚出生在广东省潮安县的一个书香门第。他的父亲李云经在一小学任校长，家境非常清贫。但清贫的生活并没有吓倒自幼聪颖好学的李嘉诚，他不满5岁开始念书。11岁那年，日本侵略中国，践踏了李嘉诚的家乡，父亲李云经携带全家逃难到了香港。1940年冬，心力交瘁的李云经不幸染上肺病，因为无法负担昂贵的医药费，年仅45岁便英年早逝了。少年李嘉诚面临他人生的第一场苦雨，他开始思索。穷！多么痛苦、耻辱的字眼。"不！我不要穷！"李嘉诚从心底发出一声歇斯底里的呐喊。身为长子，他毅然担负起照顾母亲、抚养弟妹的家庭重担。这位如同初生之犊不畏虎的英俊少年，从那时开始便离开学校，由此无所畏惧地投身到香港商界，时年仅仅14岁。

李嘉诚获得的第一份工作，是在一家玩具制造工厂里做销售人员。每天奔波16个小时。由于他勤劳刻苦，严己奉事，机敏精干，很快就得到了老板的赏识。6年后，在李嘉诚20岁时，便被提升为该厂的经理。李嘉诚并未因此而停下脚步，仍白天工作，晚上上夜校。同时，他生活克勤克俭。经过8年的努力，他终于积攒了一笔钱，于是以5万港元的资金创办了长江塑胶厂，专门生产玩具以及家庭用品，以后又易名为长江实业公司。

创业是一件非常辛苦的事情，在头几年，李嘉诚熬过了无数辛劳的日日夜夜。他身兼数职，督导生产，对外联络，管理厂务，跑销售，每天工作十七八个小时。饱尝了无尽的艰难与困苦之后，李嘉诚开始崛起了！李嘉诚以其无畏的精神，勇敢挑战生活，终于取得事业的辉煌。

作为一名销售人员，如果屈服于外在的压力，反而会产生更大的负面影响，由此产生的结果往往是避之不及的。例如，如果害怕被客户拒绝，销售人员就会摆出屈尊俯就的姿态，而这恰恰是客户所厌恶的；在害怕失败的时候，销售人员会因为丧失自信而表现得更加差劲。在对自身能力有充分的认识和把握之前，销售人员必须要面对、克服这些畏惧心理，也只有无畏才能使这些问题远远地离我们而去。因为畏惧而痛失良机的例子也不少见。

瑞士手表制造商在其研究中心发明了电子石英表，然而他们却出人意料地拒绝了生产这种手表。他们认为，谁也不会要一块没有发条的手表。但十年之后，这一决策给瑞士手表带来致命的危机，瑞士手表的市场占有率从65%下降到了不足10%。出现这一结果的原因在于，日本公司的勇敢与无畏的精神，他们利用瑞士公司的发明，大规模生产、推广了电子表，而瑞士公司最后什么也没有得到。

瑞士公司的畏首畏尾，使日本公司抓住了可乘之机，取得了不菲的经济效益。做销售也是同样的道理，销售人员要敢于挑战，敢作敢当，敢于失败，敢为人先，也就是无所畏惧，勇往直前。销售人员要想做出业绩，就是要有一定的胆识，敢于担风险、勇于闯难关的无畏精神。不敢打开那扇紧闭的门，只能永远在门外徘徊，永远获取不到成为英雄的真正意义，也永远迈不出通向成功之路的第一步。

信心让你远离挫败感

在销售的道路上，有许多销售人员会无数次被自己的决定或者碰到的逆境击倒、欺凌，甚至觉得自己一文不名。但是，无论发生什么，或者即将发生什么，销售人员一定要牢记：销售人员永远不会丧失销售的价值，因此，每个销售人员都必须无条件地自信，要相信自己的价值，销售人员的价值取决于自信心的大小。让我们来看看拿破仑对信心的理解吧。

有一次，一个骑兵给拿破仑送信。由于情况非常紧急，战马长途奔跑，速度又过快，到达军营后就倒地而死了。拿破仑看到信后，立刻写了一封回信，交给那个骑兵，要求他骑上自己的战马，火速把信送回原地。

那个士兵看到那匹强壮的战马，身上的装饰出奇华贵，便对拿破仑说："不，将军，我只是一个平庸的士兵，实在不配骑这匹强壮的骏马。"

拿破仑回答道："世上没有任何一样东西，是法兰西士兵所不配享有的。"

不具有自信的销售人员就像这个骑兵一样，他们以为销售人员地位低微，强者拥有的地位与荣耀是不属于他们的，他们也不配享有。如果拿破仑在指挥部队跨越阿尔卑斯山脉时，对着自己的士兵说："前面是阿尔卑斯山脉，由很多难以跨越的高山组成。"那么，军队就很难鼓起勇气前行。而事实恰恰相反，拿破仑亲自指挥作战，他的军队战斗力会增加一倍，就是由于拿破仑坚定不移的自信给整支军队带来了勇气。所以说做销售，自信是必须的。一位先哲曾经说过："自信是走向成功的敲门砖。"

有信心不一定会成功，没有信心一定会失败。自信是销售成功的第一秘诀。这是销售人员取得成功的首要条件。销售工作的成败，首先取决于销售人员的心态，其次才是能力。自信是一种积极的心理暗示，并能转变为达到目标的积极行动中去，促使销售人员以必定成功的姿态竭尽全力去完成预定的计划或任务。当确信某种事情一定会实现时，结果往往能如愿以偿。相反，那种消极的心理预想，因其束缚压抑人心的作用力很大，结果失败的概率往往较高。

销售人员的自信，就是在从事销售活动时，坚信自己能够取得销售成功的心理状态。要使自己成为一名合格的而卓有成效地销售人员，要努力做到：相信自己能够胜任销售工作，相信自己能够说服客户购买商品，相信自己能够战胜销售活动中的各种困难，无论顺境还是逆境始终对销售事业充满必胜的信心，培养坚定的自信心，是销售人员迈向成功的第一步。

销售人员的自信心，不仅能使销售人员的信心倍增，还能帮助其赢得客户的信任。正如满怀热情的人能使别人产生热情一样，一个人在充满自信的状态下与人交往，便易于得到对方的信任。有这样一句名言："自信则人信之。"销售人员只有对自己充满信心，才能感染客户、影响客户、改变客户的态度，使客户对销售人员产生信心，进而相信并购买销售人员所销售的商品。而缺乏自信，就会在销售活动中缩手缩脚、遇难而退、错失良机。

销售是向客户提供利益的工作。销售人员必须坚信自己销售的产品能够给客户带来利益，坚信自己的销售是为客户服务的，销售人员就会说服客户。反之，销售人员对自己的工作和产品缺乏自信，把销售工作理解为求人办事，看客户的脸色，听客户说难听话，那么，销售工作肯定会以失败告终。相信自己的企业，相信自己的产品，相信自己的销售能力，相信自己肯定能取得成功。这种自信，能使销售人员发挥出才能，战胜各种困难，获得成功。不信的话，可以看看乔布斯的成功之路。

乔布斯是苹果电脑公司的创始人，他20岁时就创立苹果电脑公司。但他并没有因此而满足，他相信他的事业还只是刚刚起步。于是，他拼命工作，10年后，苹果电脑公司成为一家员工超过4 000人，市价20亿美金的公司，因为他推出了一个很棒的产品——麦金塔电脑。因此他在心中累积了相信自己的信心。30岁时他与苹果电脑分道扬镳，这个信心就派上了用场。因为与董事会对公司未来的愿景持有不同看法，董事会在乔布斯30岁时炒了他鱿鱼。

刚开始乔布斯不知所措。但渐渐地，他发现，他还是喜爱着他曾做过的事情，被苹果革职的事件丝毫没有改变他的兴趣。他虽被否定了，但还是爱做那些事情，所以他决定从头再来。

接下来的几年里，乔布斯首先创办了一家叫作NeXT的公司，后来又开一家叫做Pixar的公司，Pixar接着制作了世界上第一部全电脑动画电影《玩具总动员》，现在已经成为世界上最成功的动画制作公司。然后，苹果电脑买下了NeXT，乔布斯又回到了苹果，NeXT发展的技术也成了苹果电脑后来的技术核心。现在苹果电脑又创出音乐产业的革命性产品iPod。

从乔布斯成功的例子来看，一个人能否成功创业，从他还在员工阶段，能够不断超越一个员工应有的水准，应该就可以看得出端倪。因为每一次杰出的表现，最终都会转化成对自己的信心，埋下日后成功的线索。正如乔布斯所说："不要丧失信心。这是这些年来让我继续走下去的唯一理由。"做销售也是同样的道理，要想成为销售冠军就要从销售之初培养自己的信心。

自信与成功相辅相成。销售人员越自信，成功销售的机会越大，反过来说，成功销售也能使销售人员越自信，这是一个很完美的循环。作为一个销售人员，也许每天在外奔波，即使只能签订很少的合同，也要调整自己的心态，正确对待。如果持消极态度，认为业务量这么小，就是一种失败，心情自然会沮丧。反之，销售人员抱着积极的态度来看，认为今天自己又签了一份合同，取得了成绩并为此而自豪，就会鼓励自己明天继续努力，取得更大成绩的信心。抱着积极的观念而不是消极的态度来看待自己的工作，从每一点工作中看到成就，看到成功，最后就会从自信中获得一次又一次的成功。要知道每个销售人员在通往成功的路途中都需要有人来肯定和激励的，如果找不到这样的人，为什么不找自己？销售人员要肯定自己在奋斗路上的每一个进步，激励自己要坚强走下去！坚持就可能成功，放弃只能失败。

要永远对自己有信心。没有成功交易，并不是自己的能力问题，而是时机还不成熟；并不是产品不好，而是不太适合。要有必胜的决心。虽然失败了N多次，但销售人员一定会最终成功。要不断地总结自己的成功之处，要正确认识失败，要不断地挖掘自己的优点。失败是成功之母。要多体味成功后的成就感，这将不断激起销售人员征服的欲望。要把每次与客户谈判当作销售人员用人格魅力和胆识征服客户的机会。

培养自信，让客户看得见

信心对销售人员来说显得非常重要。销售大师戴维博士说："当销售人员面对一位客户，在情绪上想要与他建立一种神秘的交情时，信心是一种不可思议的力量。我们不能假装勇敢而愚弄别人，如果真是如此，真正被愚弄的却是销售人员自己。我们若要毁灭一个人，我们所需要的就是毁灭他对自己的信心。当我们失去了信心，我们已是一无所有了。"

该怎样使销售人员充满信心呢？著名销售冠军原一平是这样做的：每次当他遭到挫折几乎要丧失信心时，他就向自己大声斥责、激励地说："原一平啊，切莫泄气，拿出更大的勇气来吧！提起更高的精神来吧！世界之宏大，就你一个原一平啊！"那么，怎样增强销售人员的信念来培养销售人员的激情呢？销售冠军原一平通常是这样做的。

（一）时刻不忘学习

凡是有关销售人员的职业和产品的知识，原一平都认真地学习。因为他知道，销售人员了解的细节越多，销售人员对自己销售产品的信心就越足，把知识运用到实际销售中的劲头就越大。销售人员就越是贴近专家身份，越能够得到客户的尊敬和认可，并从中受益，要知道人们对专家是非常迷信的。另外，原一平还认真观察优秀销售人员的行为举止，经过潜移默化，学习其经验。这样就能够体会出销售职业的最高境界，并为自己的职业及其机会重新燃起新的热情。作为销售人员，原一平深深地体会到，只有具备广博的知识，才会具有敏锐的思想。所以，原一平无论走到哪里，都不忘学习。

（二）做好售前准备

原一平每次出门之前，都会认真仔细研究产品的各个方面，全面透彻地了解客户运用产品的可能性，以便能够随时回答客户100%的问题。因为这种能力不仅会让客户感到惊讶进而信任销售人员，更能给自己平添几分自豪感和工作热情。做到对客户的所有质疑有备无患，在任何情况下都能给客户一个合理的说法，也就是说知道用更多的道理消除客户少量的质疑。这样，即便情况紧急，销售人员也能全情投入、应付自如。

（三）拥有好奇心

原一平时刻关注销售领域是否出现新的解决方案、新的创意或新的信息，是否有同事和竞争对手运用新的销售方法，是否能在某个地方找到新的操作程序或者应用领域等等这些信息。与时代一起进步，走在同行前列。正是原一平的好奇心，才使他成为销售冠军的。

（四）保持激情

原一平时刻保持激情。在客户面前，他从来不会像一块木头，只顾介绍产品。而是经常让客户体验产品，拿出销售人员的看家本领，百分之百地投入进去。原一平知道，只有让自己都心动了，客户才会心动。销售是易遭客户拒绝的工作。如果一名销售人员不敢面对客户的拒绝，那么，他就根本没有希望取得好成绩。面对客户的拒绝，销售人员只有抱着"不管什么时候，一定会成功"的坚定信念——即使客户冷眼相对，表示厌烦，也信心不减，坚持不懈地拜访客户，才能"精诚所至，金石为开"，最终取得成功。销售是不易取得成绩的工作。销售不像工厂里的生产，只要开动机器，就能制造出产品。有时销售人员忙忙碌碌，四处奔波、费尽千辛万苦，说尽千言万语，也难以取得成效。看到别的销售人员成绩斐然而自己成绩不佳，就会对销售失去信心。

（五）找到产品卖点

不管什么样的产品，原一平总能找到产品的卖点。这点也很重要。因为只有对产品了解越多，拥有的市场知识和专业知识越多，就越是能够准确地向客户说明，销售的产品与其他同类产品有什么不同。销售人员不惧怕任何竞争对手，相反，充满自豪地、令人信服地在客户面前进行产品对比，以此突出其优点。

（六）个性化的方案

运用销售人员的产品知识针对每个客户寻找个性化的解决方案。这是原一平培养自信的一个方面。销售人员越是自信能为客户提供独有的解决方案，销售和运用这个解决方案的劲头就越足。原因很简单，它是具有针对性的解决方案，而不是按公司的方案如法炮制。

（七）心理暗示

简单地说，要抱着自己一定能够取得成功的念头工作，要相信自己可以为一切问题找到合适的解决方法，但也必须注意，销售人员所找到的解决方法未必都是理想的解决方法。这就是心理暗示。销售人员进行心理暗示的方法有多种多样。原一平在谈到心理暗示时也曾经说："我一定能够卖出去，我早晨醒来的第一件事就是暗示自己：'今天能卖得出去，一定能卖得出去。'走出家门后，仍然不断地提醒自己：'今天的销售一定会成功，无论哪种商品，无论走到哪里我都可以把它卖出去。'这样的暗示使我自信，更带给我超群的业绩。"

（八）正确对待失败

从事销售这一行业，就要正确认识挫折和失败，有百折不挠的勇气。销售人员一定要有耐心，要相信所有的失败都是为以后的成功做准备。这个世界有一千条路，但却只有一条能到达终点。销售人员运气好，可能走第一条就成功了，但如果运气不好，销售人员可能要尝试很多次，但记住：销售人员每走错一条路，就离成功近了一条路。谁笑到最后，谁才会是赢家。为什么这个世上有成功者也有失败者，原因很简单：成功者比失败者永远多坚持了一步。把销售人员的全部思想用来做销售人员想做的事，而不要给那些胡思乱想的念头留出思维空间。

当销售人员知道怎样培养积极心态后，接下来的问题就是怎样才能把积极心态表现出来，让客户看得见。因为客户需要的是对他们有所帮助的积极态度。行动比言语更能打动人心。一些积极的行为模式可以帮助销售人员将积极心态从外在表现出来。另外，积极的行为模式，将会在销售人员的内心中萌生出更多积极的思维方式。销售冠军原一平的经验是：

第一，说出销售承诺。客户必须先看到销售人员的承诺，然后才愿意冒自己作出承诺的风险。

第二，注视对方的眼睛。在会谈中，要注视客户的眼睛，一则显示销售人员的自信，二则"眼睛是心灵的窗户"，销售人员可以透过他的眼神发现他没用语言表达出来的"内涵"。

第三，注意细节。销售人员无须成为一个完美主义者，但销售人员需要处理好每一个细节，以保证兑现承诺。

第四，提供N种解决方法。经常去发现变通的办法以适应各种不同的情况，尤其是那些涉及解决客户问题的情况。

第五，学会欣赏销售工作。欣赏自己的工作是一种巨大的动力。销售人员对自己那份工作的欣赏程度，对销售人员周围的人来说是显而易见的，这当中包括销售人员的客户，客户总喜欢和拥有一批快乐雇员的公司打交道。

第六，让客户看见热情。当销售人员表现出热情时，销售人员的感情具有很大的感染力，它会促使客户作出购买的决定。

第七，诚实。销售既是科学又是艺术，它常常允许添枝加叶，有时候甚至也需要一些夸张，但决不能撒谎。

第八，守时原则。要珍惜时间，不仅珍惜销售人员自己的时间，也要珍惜销售人员的客户和潜在客户的时间。始终保持准时到场，小心别弄得自己不受欢迎。

自卑是销售工作中最大的跨栏，每个销售人员都必须成功跨越才能促成销售的完成。自信是人格的核心力量，销售人员的自信就在自己的体内，自信是一种天赋，是一种与生俱来的自然力量，它与自我实现同属人性最伟大的潜能，只是在销售过程中不幸被磨难侵蚀、被恐惧所削弱了，通过他人的训练和自我训练，它完全可以重放光芒。销售能否成功关键在于信心的力量。

坚定信念，热情销售

信念是成功的要素，坚持才能创造成功。乔·甘多尔佛或许是世界上最成功的保险销售人员，他曾在销售行业里创造一个奇迹，一年内签订超过10亿美元的保险合同！他说："销售人员的事业建立在对产品的信心上。我相信，若不是百分之百地自信，不可能做出任何惊人的成绩。"为了证明自己对人寿保险的信念，在年轻时他就给自己买了一张100多万美元的保单。从此甘多尔佛非常虔诚地相信自己的产品，所以他有坚定的信念，每一个与他约定面谈的人都会向他购买保险。

再看看戚智勇的创业经历吧。

戚智勇在成都做起火锅原料生意。两年时间亏损数万元，买来了他人生中最宝贵的教训。

当时，戚智勇拿出所有积蓄，和另外4个股东一起凑了7万多元去挖"金矿"。戚智勇满心希望能够找到"金矿"，可半年下来，连黄金的影子都没见到，全部的本钱都亏在了里面。过了一段时间，戚智勇又前往河坝淘金，风餐露宿了3个月之后，苍天不负有心人，金矿开始"出红"。这一次，戚智勇小赚了一笔。

后来，戚智勇盘掉了成都的生意到广元打拼。经过一番考察，他在广元开起了智勇大酒楼。开张后，雄心勃勃的戚智勇没料到半年下来，连本带利亏了几十万元。

戚智勇没有慌乱，他悄悄一个人上街，专找那些生意火爆的酒楼饭馆，除了品尝其味道，还注意观察别人的管理和经营。2个多月下来，戚智勇几乎吃遍了成都的特色饭馆，成了个名副其实的"五香嘴"。经过明察暗访，戚智勇终于明白了：要想客户上门，必须要有自己的"绝活"。

历时4年，戚智勇终于发明了野生菌煲土鸡。他用家乡广元的野生青冈菌和土鸡为原料，配以多种补药，武火文火交替煲上10多个小时而成的野生菌煲土鸡，不但赢来了不少食客，而且还成了广元的知名汤菜。

天下没有不失败的生意，天下也没有不遭遇挫折的创业。戚智勇的经历是充满挫折，却因此而获得丰富的人生经验。只要坚定了信念，早晚会赢来成功，这是戚智勇成功的最好诠释。销售人员就应该好好学习这种精神。相信自己一定能够战胜工作中遇到的一切失败！如果在困难面前，销售人员没有顽强的信心去面对，那最终也只是一个失败者。

信念的力量是巨大的，要想成为一个成功的销售人员，首要前提就是要把自己看成第一，坚信自己能胜过其他所有对手，从而振奋精神，努力工作！

马丁·德沙菲洛夫是一位每年收入数百万美元的投资顾问，他与大公司董事和经理们打交道的时间比美国任何其他股票经纪人都多。他成功的秘密在于他岩石般坚定地相信，再成功的人士也需要他的帮助。为了把信息传递给客户，一个人必须有强烈的信念，甚至必须开发一套哲学理论。他说道："所有伟大的商人都对自己的所作所为坚信不移。你若想取得成功，必须首先销售你自己。我想，这一点万分重要。因为，你对自己所做的坚信不移，对客户说话才显得真实可信。"

销售人员除了要有坚定的信念外，还必须学会热情。因为热情也是一种销售技巧。不管在任何时候，任何人，想要开始去从事自己喜爱的工作，永远都不嫌晚；更不要轻易放弃心里的那股热切呐喊。曾经有这样一则故事。

有一个新雇员，刚刚接受完培训，没什么经验，急于做生意，但却很少有机会出门。他的产品知识几乎是零，他的经验也是零。但令人感到震惊的是，他没有出门，却做成了一笔又一笔买卖。原因就在于，他用特有的热情感染了客户。

过了半年之后，这个新雇员成了一名老手。他学到的东西越来越多，经验越来越丰富。他对产品了解得一清二楚，信心十足，精通业务。但随之而来的是他接受挑战的欲望开始减退，对事情不再有好奇心，热情的火苗渐渐消失。最终，这个新雇员变成了一名庸庸碌碌、无所作为、没有棱角的销售人员。

这只是一个普通的故事，但是却说明了热情的分量。

热情在销售过程中占到了95%，而产品知识只占5%。当销售人员看到上面这位新雇员连基本的成交方法都不知道，只掌握一点最基本的产品知识，但却能不断将产品销售出去时，就会认识到热情原来是这么重要。

让销售人员如何热情并不是一件容易办得到的事，优秀的销售人员既要具有销售经验，又要具备销售热情。销售人员本人还要有信心，也就是说，要对自己的产品了如指掌。这样，当他同客户做交易时，他就会用热情去销售，这种热情发自内心，而不是来自口舌。所以，取得并保持热情的方法首先是自己要有信心。一旦一个销售人员真正建立了信心，他就会对自己的产品产生一种狂热的信仰，这是成功的基本保障。

销售可以说是每一个企业生活下去的关键环节。销售工作的好坏直接影响到企业的经济效益，甚至关系到企业生存问题。而如何激发销售人员的最大工作热情呢？

（一）制定合理而有竞争力的薪酬

对于销售人员来说，合理而有竞争力的薪酬是激发其工作热情和发挥其积极主动性的有效方式之一。能者多劳、多劳多得、上不封顶等，让销售人员看到希望并且只要努力了就能够达到。

（二）实行股份激励法

作为每一个战斗在一线的销售人员，总有一种飘浮感。现在已经有越来越多的企业在销售政策的制定上明确提出了给有突出销售贡献的销售人员以股份，使其成为企业的主人。从而大大激发销售人员的工作热情，毕竟为老板打工和为自己工作是两种不同的感觉。

（三）给销售人员发展和晋升的空间

每一个人与生俱来就有被认同、被肯定的需要，这是属于精神层面的需求。在实践中有时甚至其效果超过了金钱的诱惑力。除了金钱的激励以外，作为销售人员能得到公司及同事的认可，从而取得职位的不断晋升和负责区域的不断扩大，获得更大的发展空间，也是激发其工作热情的有效方式。

（四）让销售人员参与机制

对于公司的发展和营销目标的制定以及售后服务、促销方式、产品研发等具体的营销工作，可以充分听取一线销售人员的意见，让他们充分参与进来，从而激发其工作热情。

（五）给销售人员适当的权利

对于权力过度集中的公司来说，销售人员的积极性主动性的发挥肯定受到极大的制约。根据其工作岗位的不同和具体工作需要，把销售中的相关权力进行合理下放，自然也可以激发销售人员的工作热情。

　　当然，激发销售人员工作热情的方法远不止这些，只要能给予销售人员切身的利益、充分发挥其主观能动性、让其得到尊重与发展，这些都可以在一定程度上激发销售人员的工作热情，让其处于精神的兴奋和被认可状态，从而达到事半功倍的效果，取得更好的销售业绩。

第九章

坚守准则，做受欢迎的销售人员

- -

坚守业务原则

作为一名一流的销售人员，一定要建立自己的业务原则，否则，销售人员就会处于被动地位，受人牵制。有这样的两个故事。

某酒店餐饮部的女经理总结出一套"发嗲服务法"并授之于麾下的服务小姐。该女经理训示服务小姐要尽量用眉目和身体语言来招徕挽留客户，要"零距离"接近客户，甚至发生身体接触，并要求做事、说话都要肉麻，用"发嗲"招呼客户，越肉麻客人会越喜欢。取悦上帝也要有底线，如果这种

"附加价值"也算是"以客户为中心"的话，那大多数酒店岂不都不合格！

一个食品供应公司的销售人员曾帮助了一个遇到麻烦的餐厅厨师。这本来与这个销售人员无关，而他却放下自己的事去帮助这位客户。但是事情过去以后，这家餐厅却向该销售人员的竞争对手那里下了订单，原因只是竞争对手价格便宜两个百分点。于是，销售人员问这个厨师：是不是我额外的服务不值那两个百分点？厨师一边承认值得，一边继续在竞争对手那里订货。

"客户是上帝"、"客户至上"隐含着客户的需求应该无条件地满足。然而，这样做对吗？答案是否定的。面对激烈的市场竞争，商家总是变着法儿取悦"上帝"。很多大型商场都推出了"自由退换货"甚至"无条件退换货"的承诺。每逢五一、十一、元旦、春节，高档礼服、套装、晚礼服销售得特别好。但节后两三天，总有一些客户来退货，他们通常很仔细地保管好各种单据，衣服上的吊牌也都照原样别得好好的。很显然，他们只想穿穿，过过瘾，并不想购买。如果像这样无条件地取悦客户，到头来遭受损失的只能是商家。

面对那些不合理的需求，如对毒品，私人枪支，色情书刊的需求是非法的，不能满足，这毫无疑问。还有些需求，对客户本身是有利的，但对他人和社会是有害的需求，同样不能满足。如一些一次性消费品导致资源浪费、环境污染，这些需求之所以不应该满足，是因为企业还承担着改善社会的责任。企业是社会的一分子，社会赋予了企业生存的权利，有权利就应该有相应的责任。企业不仅应考虑满足自身和客户的需求，还要注意满足社会的需求。

日本"经营之神"松下幸之助有一次在街上走，他看见一个蹬人力车的人，口渴了，就走到路旁的自来水龙头边上，打开龙头就喝水。他想，水是人生命的必需品，是最宝贵的东西。但是，自来水居然不值多少钱，人们可以随便地允许别人喝自己的水。那是为什么？因为自来水太多了，很便宜，大家都能喝得起。由此，他想，自己的公司制造电器，也要把电器造得像自来水一样多，使所有的人只花费很少的钱，就能用得起电器。

这就是松下著名的"自来水经营哲学"。松下公司之所以受到人们的尊敬，一方面是因为他们的电器质量精良，还有很大的一部分原因，就是松下的"自来水经营哲学"。销售人员要想成为真正的经营大师，要想成为真正的一流销售人员，一定要建立自己的业务理念，在这理念的基础上，逐渐发展出属于自己的经营哲学。这种理念或者哲学，至少要有以下三个特点：

第一，堂堂正正，没有任何龌龊的、见不得人的东西；

第二，为社会服务，又结合自己的业务特点；

第三，比较实际，不是专门讲给别人听的空洞口号。

以上所讲的都是职业道德，作为一个优秀的销售人员，不但是公司里的销售人员，还是社会的一分子，在社会上，也应该有一个良好的道德形象。

美国的汽车工业传统上迎合美国人对大型汽车的需要。但迎合这种愿望的结果，是比小型汽车消耗更多的燃料，排放更多的废气，引起更多的致命车祸和更高的汽车购置与修理费用。软包装饮料行业为了迎合美国人图方便的需要，增加了饮用一次即丢弃的瓶子。但是，从前回收再用的瓶子在损坏前可以重复使用17次，一个那样的瓶子相当于17个一次性瓶子，反映出巨大的资源浪费。

企业不能简单地满足客户提出的需求，为了自身利益而隐瞒实情，欺骗他们。对自己生产或销售的产品的缺陷要有清醒的认识，要考虑到客户在使用其产品时可能出现的危险或副作用，力求使自己的产品尽善尽美。

时刻保持微笑

我们每个人都有一张脸，它不只是用来化妆或刮胡子的，它是为了呈现人类最美丽的——微笑。很多人可能还不知道，其实皱眉头比微笑所牵动的肌肉还要更多。对别人皱眉头，别人回敬的眉头也会越深。但如果给对方一个微笑，就会得到更加灿烂的微笑。

微笑具有一种无穷魅力，它可以让人的心情变好，可以改变周围的气氛，更可以改变自己。面带微笑的人更受别人的欢迎。做销售的时候，微笑也许会铺平成功道路。

迈克18岁的时候，一个朋友给他介绍了一个女朋友，这种情形简直就像在摸彩，有过这种经历的人都会理解迈克的紧张心情。

那天晚上，朋友开着车子带迈克到那个女孩子家，按了一声喇叭，女孩子就跑出来了。第一眼看见她的时候，迈克觉得她一定是全世界最丑的人了，身材和长相都太差了，迈克的心直往下沉。

但是，当这个女孩子坐进车子，朋友把迈克介绍给她的时候，她的微笑突然把整部车子都点亮了。在最初一分钟的谈话中，她成为迈克所见过的最漂亮的女孩，她整个晚上都在微笑，她的眼神、声音、举止都洋溢着动人的微笑。在此之前，迈克从来没对结识女朋友产生过这么大的兴趣。

她的微笑使迈克张开了眼睛，看到了微笑所能产生的能量。她凭借着微笑的魅力销售了她自己，迈克至今对这件事还记忆犹新。

这就是微笑的重要性，但是，销售人员是否真的意识到了微笑的作用了呢？销售人员知道怎样去运用微笑吗？

如果销售人员想在客户面前做一些现场的展示时，很多销售人员都会这样告诉自己：千万不能出错。为此，在出门前，总是会再三检查一遍的。然而，百密总有一疏，有很多事情也是无法控制的，就算是最顶尖的销售也不例外。是否还记得在现场表演展示中所出的各种意外：当正在施加拉力以证明产品所使用的材料具有高强度的时候，却没想到突然就劈里啪啦一声，产品爆裂断掉了；当正要打开一瓶葡萄酒，结果就在100多人面前，喷出的葡萄酒洒满了上半身。有时候，智慧而机警的笑声可以从容解围。不信的话，先看看下面的一个小故事。

杰西正向一群运输业者展示一种高质量的机油。一切都很顺利，观众也都很专心。杰西拿着两支装有不同质量机油的试管，每一支试管都用橡胶垫封住了开口。当他要把试管倒立过来比较机油滑落的速度时，没想到两支试管的橡胶垫却都脱落。一时间，机油洒满讲台，杰西的全身上下也有机油，而他手中高高举着两支空空的试管。

结果杰西看着他们，他们也看着杰西。杰西看到角落处有位观众的嘴角突然抽动了一下，接着杰西自己开始大笑出来。杰西站在台上大笑，全屋子的观众也跟着大笑。他们的笑声实在太吵，害得会议中心的值班经理以为发生了什么意外，迅速跑来，从门缝中查看究竟是怎么回事。

杰西当时如果用很正经的态度来处理，就会变成一场非常失败的展示会。出了这么大的失误，杰西还能大笑出来，显示出他不会很在乎这个小意外，所以观众也不会觉得陷入窘境。

有时候，如果销售人员遇到很糟糕的情况或意外时，大笑一番往往是替销售人员解围的好方法。观众一定知道这是意外，而且，他们也可以借此机会知道，这个销售人员是不是一个碰到突发情况便手足无措的人。

真正打动人心的笑在销售过程中是极有作用的，我们可以称它为"帮助成交的笑"。这里也有个很好的故事。

交易会期间，一个来自中东某个产油国的酋长走到一艘陈列的大船前面，他用平淡的口气对那里的一位销售人员说："我要买价值5 000万美元的船只。"这是任何人都求之不得的事情——或者你会这样想。但是这位销售人员看着这个大客户，好像他在说疯话，只会来浪费他时间。这位销售人员脸上没有微笑。这位酋长看着这位销售人员冷冰冰的脸，转身走开了。

他走到下一艘船前面，这回他得到布斯的热诚接待。布斯面带令人愉快的微笑，那微笑就像中东的太阳一样灿烂。这使这位酋长感到了宾至如归的温暖和自在。所以，他再一次说："我要买价值5 000万美元的船只。""没问题！"布斯说，"我会向你详细介绍我们的产品。"布斯在将产品销售出去之前，已经先将他自己销售出去了。他把世界上最伟大的产品——微笑销售出去了。

这一次酋长留了下来，他对布斯说："喜欢受到人们的欢迎，你已经用微笑向我销售了你自己。在这里，你是唯一让我感到我是受欢迎的人。明天我会带一张5 000万美元的支票。"

这位大富翁没有食言，第二天他带来了支票，一笔巨额交易就达成了。

布斯就是这样用微笑把自己销售出去，后来又销售了其他的产品。据说他可以从这笔交易中得到巨额奖金，或许已经够他一生的花销。但是他不会就此放弃努力的，他会继续销售他自己，一路微笑着在成功的道路上越走越远。

事实上，要达成这样巨额的交易，需要的远比一个微笑更多，还需要有好产品，需要有足够的知识，需要训练，需要帮助。但它还是说明了一个非常重要的问题：一个脸上没有微笑的销售人员，会拱手将客户送给自己的竞争者。

在一个特定的时间与场合，一个简单的微笑可以制造奇迹。当销售人员真正学会微笑的时候，销售人员就向成功迈进了一大步。笑容，是传达爱意给对方的捷径。

要想做一个成功销售人员，必须先学会销售自己，必须练就一两招过人之处。如果一个销售人员毫无特点，他必定无法打动和吸引消费者。销售人员不必追求面面俱到，也不必因为自己外貌缺陷而自卑，关键是找出自己认为最有希望的突破口，淋漓尽致地表现个性的魅力。

微笑可以轻易地拆除人与人之间的壁垒，使人们敞开心扉；微笑是建立信赖的第一步，它会成为心灵之友；没有微笑，必无工作成果可言；笑容可以赶走悲伤、不安，也能打破僵局；了解各种笑容，就能洞悉对方的心理状态；孩子般的纯真的笑容最能打动人；笑容可以消除自卑感，弥补自身条件的不足；笑容可以增加健康，增进活力。销售人员只有先懂得微笑的重要，才会在销售工作中更好地微笑。

善于倾听客户的心声

一名优秀的销售人员要想有效扩展自己的客户资源，必须学会倾听。优秀的销售人员在会见客户时要用80%以上的时间去认真倾听客户。让我们先看看卢西是怎样失去他的客户的，或许能体会到倾听的重要性。

卢西向一位客户销售汽车，交易过程十分顺利。当客户正要掏钱付款时，另一位销售人员跟卢西谈起昨天的篮球赛，卢西一边跟同伴津津有味地说笑，一边伸手去接车款，不料客户却突然掉头而走，连车也不买了。卢西苦思冥想了一天，不明白客户为什么对已经挑选好的汽车突然放弃了。夜里11点，他终于忍不住给客户打了一个电话，询问客户突然改变主意的理由。客户不高兴地在电话中告诉他："今天下午付款时，我同您谈到了我们的小儿子，他刚考上密歇根大学，是我们家的骄傲，可是您一点也没有听见，只顾跟您的同伴谈篮球赛。"卢西明白了，这次生意失败的根本原因是因为自己没有认真倾听客户谈论他最得意的儿子。

此一番话重重提醒了卢西，使他领悟到"听"的重要性，让他认识到如果不能自始至终倾听对方讲话的内容，认同客户的心理感受，客户随时可能失去。从此以后，卢西再面对客户时，就非常注意倾听客户说的话，无论是否和他的交易有关，都给以充分的尊重，收到了意想不到的效果。

多听少说这个销售道理大家都知道，但是在生活中，能够做到善于倾听的，真的是少之又少。交谈中，渴望被倾听的一方往往会因为一些情况不愉快。比如大家都有一肚子话要说，沟通起来是各说各的，都说了很多，但是根本就没说到一起去，销售人员说得口干舌燥，客户好像是在认真听销售人员说，然而客户一开口，说的全都是跟销售人员刚才讲的风马牛不相及的东西。

学会倾听其实是一件很容易的事情，只要销售人员用心，在别人讲话时，给予充分的尊重与肯定，那么销售人员也将会得到客户更多的尊重，与客户交流也会变得更愉快。尊重客户的需求，才能让销售人员赢得发言的权利。倾听是最简单也是最有效的销售方法之一。日本销售大王原一平说："对销售而言，善听比善辩更重要。"销售人员通过听能够获得客户更多的认同。

倾听往往能赢得客户的好感，销售人员也只有认真倾听客户说话，才有可能了解客户的意图与打算，因此倾听在销售的过程中是非常重要的。渴望被倾听是一种人性的需要。在日常生活中，我们时常会遇到一些侃侃而谈的语言高手，从他的言语中就好像他非常合群，可为什么还得不到大家的认可呢？答案很简单：他忘了大家共有的一种人性：渴望被倾听！善于倾听往往不仅仅需要一种技术，更需要尊重别人的修养和虚怀若谷的心态。善于倾听不需要销售人员说得多好，只要用耳朵，用心去听，就已足够。在被认真倾听时，被倾听的人会感到尊重的满足。那么销售人员该如何去倾听呢？

（一）站在对方立场倾听

每个人都有自己的立场及价值观，因此，销售人员必须站在对方的立场，仔细地倾听他所说的每一句话，不要用自己的价值观去指责或评断对方的想法，要想办法引发客户的共鸣。但是，销售人员在与客户交流时，最常犯的错误就是只摆出一副倾听客户说话的样子，内心里却迫不及待地等待机会，想要介绍自己的产品，这样做的结果是听不出客户的意图、听不出客户的期望，从而使销售有如失去方向的箭。要想在销售行业成为杰出的人，一定要在倾听方面下功夫。客户不开口，销售人员的生意肯定做不成。

（二）用眼睛和心灵去倾听

当销售人员和客户交涉时，特别需要用销售人员的眼睛倾听。眼睛是直接与脑部连接的器官。其他感官在和脑部连接时还要兜上几圈，但是眼睛是灵魂之窗，眼睛的震撼会直接传达至脑部。这也是为什么人们经常说"耳听为虚，眼见为实"的原因了。因此销售人员确实需要同时用眼睛看和用耳朵听。因此，销售人员在拜访客户时，一个重要的工作是倾听，而且必须是积极的倾听。可以用下列方式表明销售人员是一个很好的听众。表现出销售人员对客户的重视，客户也一定有所回报。

在倾听时，不仅要听客户的言辞，还要剖析言辞中所蕴涵的真正含义，把握客户的心理，从而洞悉其需要什么，关心什么，担心什么。只有了解客户的心理，销售才会更有针对性。不论是客户的称赞、抱怨、驳斥，还是警告、责难，都要仔细地聆听，并适时做出反应，以表示销售人员的关心与重视，这样才能赢得客户的好感，进而达成交易。

（三）保持视线接触

聆听时，一直看着对方的眼睛。这样既可以表示销售人员在认真地倾听，也可以让客户感到销售人员的尊重。

（四）记下客户说话的重点

让人把话说完整并且不插话，这表明销售人员很看重沟通的内容。打断别人说话是一种陋习，有时会激怒对方。记住销售人员是来满足客户需求，带给客户利益的，只有当客户充分表达出自己的意愿以后，才能正确地满足他的需求。

（五）不要表现出防卫的态度

当客户所说的事情，对销售可能造成不利时，销售人员听到后不要立刻反驳，可先请客户针对事情做更详细的解释。

（六）不断表示赞同

点头或者微笑可以表示销售人员赞同客户说的内容，表明销售人员与说话人意见相合。客户会体会到被认同的喜悦，这有利于今后的销售。

（七）全神贯注地听

不要边听边做小动作。人们总是把乱写乱画、胡乱摆弄纸张或看手表解释为心不在焉——即使销售人员很认真也是如此。在客户说话时，销售人员若左顾右盼，不停地看表，翻手头的资料，或做别的小动作，销售人员这笔生意估计也要泡汤了。

（八）不要打破砂锅问到底

销售人员明明没兴趣的事，就别问这问那。虽然销售人员是顺着人家说的事问下来，但问得太深入，反而会让对方失去谈下去的意愿，当然，也就谈不上沟通了。

（九）显示出兴趣和机敏

销售人员的形体语言同样向客户传送着各种信号。要做一个活跃的听众。如果客户认为销售人员不感兴趣，他会中止谈话。销售人员要频繁地注视着对方，作记录、坐得笔直、不断点头，以使对方知道销售人员听明白了他说的是什么。

（十）不可强求客户

有时候销售人员的产品和客户的需求是不匹配的，如果是这种情况的话，转而去做别的买卖吧。不要试图强迫这位客户买对他并不合适的东西。但一定要记住问问这位客户是否知道其他什么人有可能需要这种产品或服务。

（十一）核实对客户的理解

销售人员对客户所说的话可能和他真正的意思有出入。"我们的计算机系统对于现在的需求来说足够了，"可能会被理解为对新系统没什么兴趣。为了进一步弄清楚，销售人员可以问，"这意思是不是说您对现在的系统完全满意了呢？"这就使该客户有机会说。"也不完全是，现在是足够了，但它没有给将来的扩展留下太多的空间。"通过确认销售人员是否理解了对方的回答，销售人员就会发现客户的需求，并且为下一步的工作创造了机会。

良好的倾听技巧，是销售技巧中必不可少的组成部分。胸怀宽广的销售人员能包容客户发泄心中的不满，倾听客户的心声。对于销售人员来说是一种难能可贵的品质。因为只有善于倾听客户心声的销售人员才会拉近与客户之间的心理距离，从情感上赢得客户。倾听是一种极为重要、有效的激励方法，它能促进客户主动对公司作出贡献，使公司获得更高的工作效率。要是销售人员不能聆听客户的心声，客户就会因不被重视而失去购买兴趣。

善于倾听，并在倾听中思考，才能发现问题，才能在发现问题的过程中不断提高自己的销售水平。善于倾听在销售中是一门不可或缺的艺术，是每个销售人员都值得好好学的。善于倾听是一种本领，要有较高的涵养和很大的耐心，实际上是宽容的胸怀。通过倾听，可以加强与客户的沟通和了解，促进情感交流，从而提高销售额。

永远不忘记赞美

在现代营销中，所谓"美人计"的"美"字应当作动词理解，如"美容"、"美发"一般，让人变得更美，让人感到自己很美，这才是"美人计"的最高境界。要达到这一境界，极其有效且成本低廉的做法，就是用语言赞美。

卡耐基到邮局去寄一封挂号信，人很多，排着很长的队。卡耐基发现那位管挂号的职员对自己的工作很不耐烦——收信件、卖邮票、找零钱。卡耐基想：可能是他今天碰到了什么不愉快的事情，也许是年复一年地干着单调重复的工作，早就烦了。因此，卡耐基对自己说："我要使这位仁兄喜欢我。显然，要使他喜欢我，我必须说一些令他高兴的话。"所以卡耐基就问自己："他有什么值得我欣赏的吗？"稍加用心，卡耐基立即就在他身上看到了自己非常欣赏的一点。

因此，当他为卡耐基服务的时候，卡耐基很热诚地说："我真的很希望有您这种头发。"

他抬起头，有点惊讶，面带微笑："嘿，不像以前那么好看了。"他谦虚地回答。卡耐基确信地对他说，虽然你的头发失去了一点原有的光泽，但仍然很好看。他高兴极了。他们愉快地谈了起来，最后，他颇为自豪地说："有相当多的人称赞过我的头发呢！"

每一个人包括客户，都渴望得到别人的赞美。适当的赞美客户不仅能体现销售人员高深的文化修养，更能为促成业务推波助澜。因此，懂得赞美的销售人员，肯定是一名优秀的销售人员。

不过，赞美一定要把握分寸，注重方式方法。要让赞美成为一种尊重客户的方式，成为一种肯定客户的态度，赞美才会真正有效。

（一）赞美要因人而异

人的素质有高低之分，年龄有长幼之别，因人而异，突出个性，有特点的赞美比一般化的赞美能收到更好的效果。

业务员小张曾经拜访过一个客户，这个客户是一个很有消费潜力的客户。但是他脾气很怪异，年纪虽然不大，但早已经秃顶了。就像阿Q听不得别人说"灯"这个字一样，他也很忌讳别人谈到他的头。客户的发型虽然梳得油光锃亮，但那却是他心中"隐隐的痛"。

小张对准客户说："先生，我觉得你的头发真不错啊！"。客户脸上已经有了不悦之色。小张接着说："我爸爸也是这样的头发，但是怎么梳也梳不出你的效果啊！"客户哈哈大笑。

每个人都喜欢被赞美，不过，销售人员的赞美要使客户感到愉快，推销技巧中用的赞美就绝不是简单的拍马屁。一般来说，如何发现一个人真正值得赞美的地方也有一定的规律可循。比如说，对老年人应该更多地赞美他辉煌的过去、总希望别人不忘记他"想当年"的业绩与雄风，同其交谈时，可多称赞他引为自豪的过去；对年轻人不妨语气稍为夸张地赞扬他的创造才能和开拓精神；对年轻母亲赞美她的小孩往往比直接赞美她本人更有效；对于经商的人，可称赞他头脑灵活，生财有道；对于有地位的干部，可称赞他为国为民，廉洁清正；当然这一切要依据事实，切不可虚夸。

（二）赞美并非越直接越好

有时，间接的赞美更能打动人心。比如说对方是个年轻的女客户，为了避免误会，不便直接赞美她。这时，不如赞美她的丈夫和孩子，这比赞美她本人还要令她高兴。也可以借用第三者的口吻来赞美，比如说："怪不得玛丽说您越来越漂亮了，刚开始还不相信，这一回一见可真让我信服了。"这比说"您真是越长越漂亮了"更有说服力，而且可避免轻浮、恭维奉承之嫌。

（三）赞美要情真意切

虽然人都喜欢听赞美的话，但并非任何赞美都能使对方高兴。能引起对方好感的只能是那些基于事实、发自内心的赞美。相反，若无根无据、虚情假意地赞美别人，客户不仅会感到莫名其妙，更会觉得销售人员油嘴滑舌、诡诈虚伪。例如，当销售人员见到一位其貌不扬的小姐，却偏要对她说："您真是漂亮极了。"对方立刻就会认定销售人员所说的是虚伪之至的违心之言。但如果销售人员着眼于她的服饰、谈吐、举止，发现她这些方面的出众之处并真诚地赞美，她一定会高兴地接受。真诚的赞美不但会使被赞美者产生心理上的愉悦，还可以使销售人员经常发现别人的优点，从而使自己对人生持有乐观、欣赏的态度。

（四）赞美不能漫不经心

如果销售人员的赞美并不是基于事实或者发自内心的，就很难让客户相信销售人员，甚至客户会认为销售人员在讽刺他。缺乏真诚的空洞的称赞，并不能使对方高兴，有时甚至会由于敷衍而引起反感和不满。一旦客户发现销售人员说了违心的话，最可能的判断就是销售人员是不可信的。一般来说，赞美是实事求是的、有根有据的，是真诚的、出自内心的，是为人所喜欢的。最好的赞美就是选择对方最心爱的东西，最引以为自豪的东西加以称赞。

（五）赞美要翔实具体

在日常生活中，人们有非常显著成绩的时候并不多见。因此，赞美时应从具体的事件入手，善于发现别人哪怕是最微小的长处，并不失时机地予以赞美。赞美用语越翔实具体，说明销售人员对对方越了解，对他的长处和成绩越看重。让对方感到销售人员的真挚、亲切和可信，销售人员们之间的人际距离就会越来越近。如果销售人员只是含糊其辞地赞美对方，说一些"您工作得非常出色"或者"您是一位卓越的领导"等空泛飘浮的话语，不能不引起对方的猜度，甚至产生不必要的误解和信任危机。

销售人员赞美客户，就是为了让对方获得"自己很美好"的感觉。一个人的外表有美丑之分，能力有高低之别，这些都是难以求全的。但是一个人的心灵与其外貌、能力没有什么必然关系。明白这一点的销售人员，会把赞美的目标转到对方的心灵。

有一位专门销售新华字典的销售人员是这样做的：当客户露出一点点购买意向时，他立即把客户的孩子们叫过来，对他们说："知道吗？你们的妈妈真好！为了让你们学好知识，现在就开始给你们准备最好的书。你们要记住，你们有一位真心爱你们的好妈妈！"客户被一种神圣的气氛所感染，成交自然是顺理成章的了。这样的赞美高手，其功力已达到炉火纯青的地步。

对于销售人员来说，赞美是一种必须的训练。在最短的时间里找到对方可以被赞美的地方，是销售人员必须具备的本领。赞美的内容可以是一条时尚的领带、一件新式的衬衫、流行的发型、新潮的眼镜、精致的办公室、和蔼可亲的态度、香浓的咖啡等，只要销售人员的赞美出自真诚，就能起到神奇的作用。一个失败的销售人员总是寻找缺点去批评，而一个成功的销售人员总是寻找优点来赞美，因为他能够透过赞美而接近客户！

第十章

强者心态是业绩提升最大的动力

心态决定业绩

心态是人情绪和意志的控制塔，心态决定了行为的方向和质量。拿破仑·希尔在《成功定律》一书中把积极的心态称作黄金定律。积极的心态会带来积极的结果，保持积极的心态，销售人员就可以控制环境，反之环境将会控制销售人员。要想拥有一个积极的心态，就要学会积极的思考。

从前有个人，他没有上过学。于是，他做了大多数人在此情况下所做的事：经商。他摆了个摊位，当街叫喊"烤串"。他的生意开始发展，于是他弄了个更大的烤盘，树起了个"烤串"的标志，并做了些广告。他的生意日益扩大，使他有能力供大儿子上完大学。大儿子毕业后取得了营销学学位，他看了看父亲的生意，告诉父亲现在是萧条时期，父亲应该改变做生意的路子，重新规划，削减开支。父亲相信儿子是无所不知的，因此也就不再做广告了。此后，他又摘下了写有"烤串"的牌子，减小了"烤盘"的尺寸，最后甚至也不叫喊"烤串"了。一天父亲很沮丧地回到家，儿子问他："父亲，发生什么事了？"父亲答道："你是对的，儿子。经济确实很萧条，我的生意受到了很大的打击。"

发生在这位卖烤串摊贩身上的事也可能发生在销售人员身上。人的视觉和思维都是有盲点的，看见消极的一面就看不见积极的一面，像调台的旋钮一样。把它调到积极的位置，经常阅读和进行积极的心理暗示将有利于拥有一个积极的心态，将有利于铲除恐惧和自卑感。很多人会对所见所闻过度敏感，并不再为事情向好的方向发展而积极努力。认为不好的结果会发生，然后开始制造证实这种消极看法的不好结果。这些人先有了主观看法，然后才看到事情实际发生。人的一生会遭遇许多事，其中很多是难以解决的，这时心中被盘根错结的烦恼纠缠住，茫茫然不知如何面对？如果能静下心来思考，往往会恍然大悟。心静则一切豁然开朗。

从前，有两个秀才去赶考，在赶考的路上遇到了一支出殡的队伍。

一个秀才心里一惊，心想：坏了，我今天真倒霉。考试路上碰到棺材，预示着考试不会顺利。后来他一路在想棺材的事，一直到上了考场也无法集中精力，结果他名落孙山了。

而另一个秀才却想：棺材，棺材，这不是升"官"发"财"吗！于是他越想越高兴，觉得今天运气真好。后来他果然金榜题名了。

不同的心态，产生的人生体验和结果是截然不同的。因为心态影响人看待事物的思维和角度，会影响人的认知方法。正如哲学家叔本华所言："事物的本身并不影响人，人只受对事物看法的影响。"销售是一项充满了挑战性的工作，一定要有良好的心态，不能够适时地调整心态的人永远都无法胜任。

　　杨军大学毕业后，在一家医药公司做医药销售的工作。他的任务是向指定的十家医院推销公司的药品。正式上班的第四天早上，按事先约好的是要给某医院药剂科主任送新产品资料。不凑巧的是前天夜里刚刚下过大雪，路上积了厚厚一层冰，车堵在路上根本无法挪动一步。眼看约好的时间已经到了，杨军焦急万分，最后决定步行去送资料过去。由于路滑，杨军跌了好几跤，还把脚踝扭伤了。可当他一步一跛赶到医院时，还是错过了预约的时间。药剂师主任室的门前已经挂出了"医药代表，谢绝来访"的牌子，但是他并没有因此而气馁。

　　一年之后，杨军已成为一名业绩优秀的医药代表，并晋升到总监的位子。在对新代表进行培训时，他特别谈到了这件事，并感慨地说："看看我们身边，90%的失败者其实并不是被别人打败的，而是自己败给了自己。拿我为例，心态的转变只在于一闪念，但这一闪念却决定了结果乃至人生道路的莫大不同。"

　　正如杨军所说，一件事情的最终结果实际上是在一闪念之间决定的。当销售人员告诉自己要坚持时，原本希望渺茫的事情就可能达成，当销售人员告诉自己要克服困难，勇往直前时，一切障碍就会统统消失。只要时刻警告自己要向前看、向上看、向好的方面看，消极心态就会在一闪念间变得积极起来。

　　销售成功80%来自于心态。只有在挫折与困难面前不低头，在失败面前不气馁，在冷遇面前不灰心，始终保持积极乐观的心态的人，才能取得优秀的销售业绩，才能有与众不同的销售生涯，心态决定业绩。一个销售人员要想取得好的业绩，首先就要改变自己的内在——心态，继而才能改变自己的外在——行为。

　　很多销售人员做了很多年的销售工作但还是碌碌无为、平平庸庸，一个月仅仅能挣点糊口钱。为什么这样呢？根本原因就在于他们的这种消极的心态。所以，方法与技巧只对一种销售人员有用，那就是拥有正确心态的销售人员。有这样一个故事。

有一个自以为是全才的年轻人，毕业以后屡次碰壁，一直找不到理想的工作。他觉得自己怀才不遇，对社会感到非常失望，因为他感到是因为没有伯乐来赏识他这匹"千里马"。

痛苦绝望之下，他来到大海边，打算就此结束自己的生命。

在他正要自杀的时候，正好有一个老人从这里走过，救了他。老人就问他为什么要走绝路，他说自己不能得到别人和社会的承认，没有人欣赏并且重用他……

老人从脚下的沙滩上捡起一粒沙子，让年轻人看了看，然后就随便地撒在了地上，对年轻人说："请你把我刚才撒在地上的那粒沙子捡起来。"

"这根本不可能！"年轻人说。

老人没有说话，接着从自己的口袋里掏了一颗晶莹剔透的珍珠，也是随便地撒在了地上，然后对年轻人说："你能不能把这个珍珠捡起来呢？"

"这当然可以！"

"那你就应该明白是为什么了吧？你应该知道，现在自己还不是一颗珍珠，所以你还不能苛求别人立即认可你。如果要别人认可，那你就要由沙子变成一颗珍珠才行。"

有的时候，销售人员必须知道自己是一颗普通的沙粒，而不是价值连城的珍珠。若要使自己卓然出众，那就要努力使自己成为一颗珍珠。与积极的人为伍，销售人员就会像一块煤融入煤炉一样，近朱者赤，近墨者黑。一位做销售的老前辈曾经说过，今天看什么样的书，听什么样的录音带，跟什么样的人交朋友，在什么样的环境中生活，将决定销售人员5年后的生活是什么样子。

销售人员应具备的心态

心态是一个人对待事物的一种驱动力，不同的心态将产生不同的驱动力。好的心态产生好的驱动力，有助于得到好的结果，而悲观的心态也会产生不好的驱动力，注定会得到不好的结果。同时，对待任何事物不是单纯的一种态度，而是各种不同心态的综合。

作为销售人员，首先要有领导的心态。像领导那样执著，像领导那样奉献，销售人员尽管现在不是领导，但销售人员已具备了领导的素质与能力，只要敢想，销售人员总有一天会成为名副其实的成功领导。领导者心态不是当领导才有的心态，不是领导的专利。

在美国标准石油公司里，有一位小职员叫阿基勃特。他在远行住旅馆时，总是在自己签名的下方，写上"每桶四美元的标准石油"字样，在书信及收据上也不例外，签了名，就一定写上那几个字。他因此被同事叫做"每桶四美元"，而他的真名倒没有人叫了。

公司董事长洛克菲勒知道这件事后说："竟有职员如此努力宣扬公司的声誉，我要见见他。"于是邀请阿基勃特共进晚餐。

后来洛克菲勒卸任，阿基勃特成了第二任董事长。这是一件谁都可以做到的事，可是只有阿基勃特一人去做了，而且坚定不移，乐此不疲。嘲笑他的人中，肯定有不少人才华、能力在他之上，可是最后，只有他成了董事长。

可以这么讲，有领导者心态的人最终不一定都会成为领导，但是，没有领导者心态的人肯定永远成不了领导。销售人员具备了领导者的心态，就会去考虑公司的成长，考虑公司的费用，会感觉到公司的事情就是自己的事情，知道什么是自己应该去做的，什么是自己不应该做的。反之，销售人员就会得过且过，不负责任，认为自己既然不是领导，公司的命运与自己无关，就不会得到领导的认同，更不会得到重用。

沃尔玛的创始人沃尔顿这样告诫他的员工："我们珍视每一美元的价值，我们的存在是为客户提供价值，这就意味着除了提供优质的服务以外，我们还必须为他们省钱。我们每为客户节约了一美元，就会使自己在竞争中抢先一步。"为了赢得这一美元的价值，沃尔玛实行了全球采购战略：低价买入，大量进货，廉价卖出。

沃尔玛另一个给客户留下深刻印象的就是销售人员亲切的笑容。原来，沃尔玛的销售人员都要经过一种微笑培训，微笑时必须露出八颗牙齿才算合格。因为只有把嘴张到露出八颗牙齿的程度，一个人的微笑才表现得最亲切。

尽可能节省每一美元、给客户最亲切的笑容，这些都是一些微乎其微的小事。但正是因为沃尔顿的勤俭节约和近乎苛刻的要求，使沃尔玛从30多年前的一家小镇商店跃升为全球最大的跨国商业连锁集团。

实际上沃尔玛的要求就是要员工像领导一样做事，把公司的事当成自己的事来做，从公司的利益出发，以主人翁的姿态向客户服务。思想决定行动，思想不同，对于一件事情的决定也是不一样的。决定不一样，又使得人们采取了不同的行动。行动不一样造成了不同的结果，这种节约个人和社会财富的心态就是领导者心态，也就是有的人成为成功的领导，而有的人则成不了领导，或者成为了一个失败的领导。

作为销售人员，除了要有领导者的心态外，还应该具有以下几种心态。

（一）积极的心态

积极的心态就是把好的方面扩张开来，同时第一时间投入。作为销售人员，一定要用积极的心态去面对。也许在销售中遇到了很多困难，可应该看到克服这些困难后的一片蓝天。同时，更应该在第一时间去投入销售中，唯有第一时间去投入才会唤起激情，才会使困难变得渺小。积极心态者处处都能发觉成功的力量。积极的人像太阳，走到哪里哪里亮。某种阴暗的现象、某种困难出现在面前时，如果去关注这种阴暗、这种困难，那么就会因此而消沉，但如果更加关注着这种阴暗的改变，这种困难的排除，就会感觉到自己的心中充满阳光，充满力量。同时，积极的心态不但使自己充满奋斗的阳光，也会给身边的人带来阳光。

（二）行动的心态

行动是最有说服力的。千百句华丽的辩词胜不过行动。销售人员需要用行动去证明自己的能力，证明自己的价值，需要用行动去真正关怀客户，需要用行动去完成销售目标。如果一切计划、一切目标、一切愿望只是停留在纸上，不去付诸行动，那计划就不能执行，目标就不能实现，愿望就是肥皂泡，随时都可能破灭。

（三）主动的心态

在竞争异常激烈的销售领域，被动就会被市场淘汰，主动就可以占据优势地位。主动是为了给自己增加机会，增加锻炼自己的机会，增加实现自己价值的机会。社会、公司只能给销售人员提供道具，而舞台需要自己搭建，演出需要自己排练，能演出什么精彩的节目，有什么样的收视率决定权在自己，而不是别人。

（四）共赢的心态

亏本的生意没人做，这是商界规则。销售人员必须怀着共赢的心态去处理销售人员与公司之间的、公司与商家之间的、公司和消费者之间的关系。传统推销员的做法是不管采用什么办法，甚至是欺骗，只要把产品卖出去就算成功，现在一些短线公司仍在采取这样的销售策略，典型的单赢策略，不会做大、做久的。现在有更多的公司在采取共赢的对策。一个销售人员的心态一定要放在帮助客户上，在帮助客户的前提下，把产品卖出去，最后客户满意，销售人员也销售了产品，记住：销售人员只有更多地帮助客户，才能获得更大的成功，一定有要共赢的心态。

（五）学习的心态

人的一生中，要不断地给自己归零，要为自己制订一个终生学习的计划。谁不去学习，谁就不能提高，谁就无法去创新，谁的武器就会落后。销售人员要用欣赏的眼光去看周围的客户，学习别人身上的优点。学习不但是一种心态，更应该是一种生活方式。现在，谁会学习，谁就会成功，学习成为了自己的一种竞争力，也成为了企业的竞争力。

（六）包容的心态

销售人员会接触到各种各样的客户。这个客户有这样的爱好，那个客户有那样的需求。销售人员是为客户提供服务的，是来满足客户需求的，这就要求学会包容，包容他人的不同喜好，包容别人的挑剔。销售人员之间也有不同的喜好，有不同的做事风格，也应该去包容，去接纳差异。

（七）感恩的心态

感恩是吸引定律，会吸引更多的力量帮助销售。销售成功决非一己之力，因此需要对周围的一切心存感恩。人有恩于我，要没齿不忘，时时提起，知恩图报。我有恩于人，要尽量忘记，不要挂在口上，不图回报，以免增加别人的心理负担。所以受到客户的关照时，一定不要忘记说感谢。要感谢客户的支持与帮助，并不要忘掉能发展商机的话，"您用好了，一定不要忘记替我宣传啊！"

（八）给予的心态

要索取，首先要学会给予；没有给予，销售人员就不可能索取。要给予同事以关怀，要给予客户服务，给予，给予，还是给予。唯有给予是永恒的，因为给予不会受到别人的拒绝，反而会得到别人的感激。

强者心态成就销售王牌

真正的强者，其实是一种心态。强者心态并不是说以强者自居，对竞争对手或朋友居高临下，恃才傲物，而是一种面对困难时的坚强，是一种面对困境时的临危不乱，更是一种不达目的誓不罢休的坚韧。由于强者与弱者在社会中扮演的角色不同，所以强者与弱者的心理状态也完全不同。

（一）挑战与冒险

在人类的记忆里对狼有很多误解，然而面对发展的困境，又不得不用另一种眼光重新审视狼。它们的个性及社会结构是互相合作、彼此忠诚、善于沟通的生存环境，它们富有挑战和冒险的精神。在狼的生存世界中，为了生存领地，狼会勇敢地发起进攻，即使这只动物比它强大的多，也毫不畏惧直至把对手咬死。具有强者心态的销售人员也应该像狼一样，要有挑战与冒险的精神。

（二）乐观面对"拒绝"

面对拒绝，销售人员会如何使谈判维持下去呢？会丧失勇气吗？会被击垮吗？或者它只会激起更大的决心？它是使销售人员奋起直面反对意见，鼓起勇气，还是偃旗息鼓。销售人员一定要乐观面对"拒绝"，客户并不是拒绝销售人员，只是拒绝销售人员的销售方式。

被客户拒绝是不幸的，但不要让拒绝击垮了。要找到能应付各种对抗行为并不是一件容易的事，但是，是必需的，要说服客户是不容易的——他们能对各种反对意见进行不屈不挠的斗争。脆弱的销售人员在遭受挫折后会选择退却，有勇气和毅力的人却只会再接再厉，不会让一两次拒绝就把自己击垮了。

苏格拉底说过："如果万能之神右手拿着已经取得的成功，左手拿着成功所需的不懈的奋斗要我选择的话，我将选择左手。"只有经过奋斗，经过勇敢地面对与克服障碍，销售人员才能发现自己的能力和增强销售的力量。

（三）不要一味的埋怨

具有强者心态的销售人员不能依靠别人的带领去做事，而是勇敢面对自己的问题。通常一些弱者，总是不停地抱怨，怨天尤人，认为自己的不成功是因为其他的原因，或是别人影响了成功的机会，抱怨生存的时代不能给他成功的机会，甚至会报复社会，不仅给自己造成了伤害，还给社会带来了不良的风气，这种人从来不从自身找原因。

优秀的销售人员从来不向别人抱怨，因为没有需要抱怨的事情。他们只是勇敢地面对事实，通过自己的努力来实现销售目标，从不靠等待和别人的怜悯。成功总是发生在无声无息中，一个坚持自己真理的人往往能取得更大的成功。

（四）从自己身上找原因

一些销售人员在面对失败的时候总是要为自己找一些借口，面对失败时的两种选择，决定了销售人员的成功与失败，一个是为了下一次的销售成功去总结失败的教训并找出成功的方法；一个是为自己失败找寻一大堆的借口与理由来解释自己的失败。好像失败总是别人的过错，这种怨天尤人、推卸责任的态度是在逃避现实。

持弱者心态的销售人员每一次总是满怀信心地开始，一旦业绩不好，就怪公司不好，或是怪训练不好，或说是产品太贵不好卖，或是怪客户水平太低。绝不检讨自己到底犯了什么错，所以同样的错误总是一犯再犯，就这样找借口，找理由。强者心态的销售人员不为自己找台阶，必须找到错在哪里，不再重复犯错，必须持这种态度。态度的改变，销售方式即将改变，行为一旦改变，结果也自然会改变的，面临失败时，该怎么做，取决于销售人员的一念之间。

（五）善用鼓舞的力量

"我是世界上独一无二的"，这种信心对销售人员来说举足轻重。国际销售明星戴维博士说："信心包括信赖、忠实和信任。当面对一位客户时，在情绪上想要与他建立一种神秘的交情时，信心正是一种不可思议的力量。我们不能假装不惧而愚弄别人，如果真是如此，真正被愚弄的却是自己。"

（六）抓住每一个机会

强者心态的销售人员要的是机会。他们坚信：销售机遇总是落在有准备的人手中。他们需要学习打鱼，需要找那些有发展空间的销售领域；而弱者心态的销售人员要的是稳定的工作环境和报酬，以图安逸的生活。但是要知道自然界的法则是：弱肉强食，适者生存。

当销售人员走在城市的街头，所见到处都是匆忙的人流，是否会感到心灵的一阵空虚，对于生活没有了信心。而坚韧意志、达观胸怀的人能将不满的心情得以宽慰，重新振奋精神产生出一种积极向上的力量，勇敢去面对失意和失败。这是成功销售人员所独有的品质，他们能从一时的压抑中酝酿出一生的执著，从一时的失意中迸发出一生的激情。

注重细节

一个人要想成功，就要不遗余力地重视细节上的改进、改进、再改进。每一个行业都挤满了竞争对手，每一条跑道上都挤满了参赛选手。销售工作中一个细节做得不好，就很有可能把客户推到竞争对手的怀抱中。任何对细节的忽视，都会影响整个企业的效益。

对销售人员来说，展示完美的产品很难，那需要每一个细节都完美。但毁坏产品很容易，只要一个细节没注意到，就会带来难以挽回的影响。所以，我们一定要注重细节。

浙江某地用于出口的冻虾仁被欧洲一些商家退了货，并且要求索赔。原因是欧洲当地检验部门从1 000吨出口冻虾中查出了0.2克氯霉素，即氯霉素的含量占被检货品总量的50亿分之一。经过自查，环节出在加工上。原来，剥虾仁要靠手工，一些员工因为手痒难耐，用含氯霉素的消毒水止痒，结果将氯霉素带入了冻虾仁。

这起事件引起不少业内人士的关注：一则认为这是质量壁垒，50亿分之一的含量已经细微到极致了，也不一定会影响人体，只是欧洲国家对农产品的质量要求太苛刻了；二则认为是素质壁垒，主要是国内农业企业员工的素质不高造成的；三则认为这是技术壁垒，当地冻虾仁加工企业和政府有关质检部门的安全检测技术，太落后于国际市场对食品质量的要求，根本检测不出这么细微的有毒物。

上面的故事说明一个非常深刻的道理：细节决定成败。如果想做好销售，就要把每一件事做到完美，就必须付出全部的热情和努力。其实，我们每个人所做的每一件工作，都是由一个个关键的小细节构成的。士兵每天所做的工作就是队列训练、擦拭枪械、战术操练、巡逻等小事；酒店的服务员每天的工作就是打扫房间、整理床单、对客户微笑、回答客户的提问等小事；销售人员每天所做的可能就是整理报表、接听电话、绘图之类的小事。销售人员也许对此早已经感到厌倦，觉得毫无意义，提不起精神，因而敷衍应付，心有懈怠。中国有句俗语："海不择细流，故能成其大；山不拒细壤，方能成其高。"这很形象地说明要关注细节，追求细节，把握细节，只有这样才能创造奇迹！

贝聿铭是一位我们熟知的华裔建筑师，他认为自己设计最失败的作品就是北京的香山宾馆。实际上，在香山宾馆的建筑设计中，贝聿铭对宾馆里里外外每条水流的流向、水流大小、弯曲程度都有精确的规划，对每块石头的重量、体积的选择以及什么样的石头叠放在何处最合适等都有周详的安排，对宾馆中不同类型鲜花的数量、摆放位置，随季节、天气变化需要调整不同颜色的鲜花等都有明确的要求，可谓匠心独具。

但是工人们在施工的时候根本没把这些细节当回事，根本没有意识到正是这些细节方能体现出建筑大师的独到之处，随意"创新"，改变水流的线路和大小，搬运石头时不分轻重，在不经意中调整了石头的重量甚至形状，石头的摆放位置也是随随便便。所以，才导致了香山宾馆成为贝聿铭一生中最失败的作品。

奔驰之所以成为奔驰，不仅在于其质量上的精益求精，也在于其以客户需要为导向的全心全意的服务。

一位年轻人到奔驰公司要买一辆轿车，看完陈列厅里的200多辆各种车后，没有一辆满意。他说道："我想要一辆黑底灰边的车。你们公司有吗？"销售人员说道："很抱歉，本公司没有这种车。"公司的销售部主任得知这一情况后十分生气，他对销售人员说："像你这样做生意只会让公司关门歇业。"后来，销售部主任设法找到那个年轻人，告诉他两天后来取车。两天后，年轻人看到了他想要的黑底灰边车，但还是不满意，说："这车不是我想要的规格。"销售部主任于是耐心地问："请问先生想要什么规格的，我们一定满足你的要求。"这位年轻人具体说明了自己的标准。三天后，年轻人高兴地看到他想要的规格、型号、式样的车。他试开了一圈后，有点遗憾地对销售部主任说："要是能给汽车安装个收音机就好了。"当时，汽车收音机刚刚问世，大多数人认为汽车安装收音机容易导致交通事故，但销售部主任思考了片刻后，对年轻人说："那么，请先生下午来可以吗？我们打算为你装上收音机。"

挑剔的年轻人最后终于从奔驰公司买走了他中意的车。他感激地对销售部主任说："感谢你的周到服务。我想，有你这种服务态度，贵公司肯定会有光明的前景。"

注重细节吧。当销售人员把一件件简单事都做好时，就会发现，其实真正的大事业就隐藏在这些微乎其微的简单事当中！当销售人员真正开始关注销售中的重要细节和信息时，高效率、好成果、升迁、尊敬、荣誉等都会迎面走来，一切所向往的东西也会唾手可得。

把事情做细，注意细节是一种能力，更是一种修养，这是日积月累用心去浇灌才能培养出来的。而这种培养对于销售人员是必须的。因为只有把销售做细，才能发现市场的需求，才能明白什么才是客户最需要的。

发扬团队精神

在销售中，起决定性作用的是销售人员，一个成功的营销案例背后都有一支强有力的团队支撑。有很多的企业在销售人员的相关培训上也会有意回避关于个人英雄的激励，大谈销售人员该如何分工协作、发挥团队精神。很多企业的公司文化中，都把关于"合作"、"和谐"、"团结"作为团队的核心。

团队精神是指团队的成员为了团队的利益与目标而相互协作、尽心尽力的意愿与作风。是高绩效团队中的灵魂，是成功团队身上难以琢磨的特质，很难清楚地描述团队的精神，但每一个团队成员都能感受到团队精神的存在与好坏。

说到团队精神，首先就是它的纪律性，合作性强，以部门为整体，共同努力，取得的成绩首先是归功于这个团队，其次才是个人。特别是在一些较大或较长的项目工作上，团队精神的提倡就更为重要了。

在团队中工作的人，有一部分会觉得心情比较舒畅，干劲也很足，大家的协作性很强，能够创造出一些使人骄傲的业绩；而另外一部分人则会觉得钩心斗角的情形较多，心情压抑，团队在内忧外患中生产力直线下降，业绩惨淡。有团队精神的团队，团队成员的个人智商可能是100，但加在一起的团队智商可能会达到160，甚至更高；反过来缺乏团队精神的团队，即使个人智商高达到130，但团队组合到一起的智商也只有60，甚至不到50。出现这种情形的关键要素就是团队文化，也就是所说的团队精神。

一个优秀的销售团队通常具备以下特点：

（一）发挥各人所长

企业团队最终的操作目的是要根据企业的性质而制定合情合理的方案进行运作，牵涉到的是有细而精的分工配合意识。团队之所以称之为团队，就是因为这个世界上没有完人，红花还需绿叶配，正是有了绿叶，红花才显得更加娇媚。所以，一个成功的团队，一定是发挥团队成员中每个人的长处，相互配合，达成目标。个人英雄主义的时代已经逐渐结束，要想成功，必须依靠团队的力量，团队的力量来自哪里，来自于相互之间的配合与合作，发挥所长。

某药业上海分公司根据市场现状，决定引入电话营销的方式，采用远程沟通，获得目标人群的信任，达成销售。分公司成立之初，销售团队只有6个人，怎么办？

老肖是40多岁的老医生；小蓝是医学专业毕业，两年工作经验；小孙是刚毕业的大学生，声音甜美，普通话标准；小赵有一年电话营销工作经验；其他两位是经理和企划员。销售的主要工作就落到了小孙、小赵、小蓝三个人身上，怎么给他们分工，发挥各人所长，相互配合，完成销售呢？

第一步：先由小孙给目标客户打电话，说明自己的来历，由于其声音甜美，普通话标准，容易赢得客户的好感；

第二步：由于小孙的铺垫，小蓝给目标客户打电话，解答一些基本的医学问题，比如病情分析等，赢得客户的初步信任；

第三步：由小赵给客户打电话，因为她做过电话营销，容易抓住客户的心理，销售工作的最后一步由她来完成。

第四步：如果小赵没有搞定客户，需要留下话题，比如我们有著名的心脑血管专家肖教授（老肖），周三会过来坐诊，你的问题可以向他请教，等待进一步沟通。

在这个销售团队中，每个人都很重要，环环相扣，成员之间只有密切配合，才会最后达成目标。

（二）各自做好本职工作

自动自发的工作对于很多企业来说都是一种理想，企业都在学习，专家都在讨论，但真正能够让企业的员工能够自动自发的工作却不是很多。那么销售团队真正做到自动自发的工作，每一个销售人员都知道自己该做什么，首要的一点就是要不断地培训，对做的工作不断地强化，使其能够明白每一天的工作内容，然后才能做好自己的本职工作。

（三）分解目标，落实到人

一个销售团队必须有明确的目标，这个目标最好是团队成员集体制定的。在制定团队目标的过程中，要进行详细的目标分解，落实到个人，为了防止有些团队成员在销售过程中的怠工现象，这个分解后的目标必须要有管理。

（四）无情制度，有情管理

没有规矩不成方圆，这是说制度所具有的约束力，要约束团队成员的行为，达到一种有秩序化的运作。反过来看，制度都是人定的，是一种固化的东西，在具体的管理过程中，也不能处处拿制度来说事，还要做到有情的管理。"方"是政策、制度，"圆"是这些政策、制度的处理方法。所谓天下没有一件事是不可以变通的，就是这种道理，一刚一柔，方能做好管理。

在今天，团队精神成为各公司的核心，一个有高度竞争力的组织，包括公司，不但要求有完美的个人，更要有完美的团队。无数的个人精神，凝聚成一种团队精神，这家公司才能兴旺发达，基业长青。团队精神的核心——协同合作；团队精神的境界——凝聚力；团队精神的基础——挥洒个性。团队精神是看不见的堡垒；团队意识是同心合力、团结共进、群策群力、众志成城。

第三篇　学豹的速度抢占先机

【豹的提示】　拜访客户，拉近关系，产品推介，促进成交，拿下订单，客户回访，售后维系，在任何一个销售环节中，销售人员都不应该有丝毫的放松和懈怠。时间就是金钱，机遇就是胜算。掌控时间，步步为营，才能比别人更快速地抢下一笔生意。

我是丛林运动健将——豹。

　　我是一切动物最可怕的杀手，稳坐猫科动物的第三把交椅。我喜欢独居和夜游，善于伪装和游泳，精通攀登。我喜欢在南非的大草原上悠闲地散步，享受着那里的阳光。那并不是我懒，我只是在等待时机。我捕食时，一般选择离我最近的一只猎物，决不贪恋羚羊群。因为我知道，如果太贪恋的话，将一无所获。我是陆地上奔跑最快的动物，会以每小时113公里的速度乘胜追击，将视线内的猎物成功捕获。

为什么销售人员要具备豹的速度？

　　豹要逮住猎物，总是比常人先行一步。环境在变，对手在变，客户的需求也在变。应对所有变化最有效的方式就是，训练出豹的速度，在变化之前作出判断，在对手下手之前搞定客户。

第十一章

做好时间管理，"抢"出好生意

利用有限时间

　　豹是奔跑最快的四脚动物。但它究竟能跑多快呢？科学家曾在野外进行了反复测定，发现豹在追击它最爱吃的羚羊时，可以使出全部的力气，在短暂的时间里以时速113公里追击。这惊人的速度比汽车还要快，连以善跑而著名的非洲羚羊和马也落在它的后面，鹿和犬更望尘莫及。科学家在实地目击猎豹在疾奔时，前后肢各自向不同的方向伸展，好似在地面上飞驰，真不愧是"快跑冠军"。

　　猎豹的奔跑速度虽快，却不能坚持很长时间，因此虽然速度要超过其他所有动物，但却不是每次都能捕到猎物。猎豹在超速追击之后，呼吸急促，精疲力竭。所以它的长距离奔跑时速仅为60公里左右。猎豹在动物王国中生存下来，繁衍生息，凭借的是它们懂得如何利用自己的时间，当猎物出现的时候，把有限的精力集中起来爆发，在最恰当的时刻爆发出来，这样才能准确地捕捉到食物。而这一点也正是我们的销售人员需要学习的地方：时间管理。不是在任何时间都表现得最强，而是在最恰当的时候表现得最强，这样才能击败对手，获得市场。

对任何人来说，虽然时间的价值非比寻常，它与人生的发展和成功关系非常密切。然而，时间似乎总是人们最容易浪费掉的东西。可以这样说，大千世界中，没有什么东西比时间更容易被虚度。

同样的工作时间，同样的工作量，为什么其他人能够完成任务，自己却不能像别人那样在第一时间完成？有些员工看起来非常繁忙，似乎有许多事情要做，结果是东一榔头，西一棒槌，没有任何成绩。这是因为销售人员每天花在一些没有必要的事情上的时间太多，数量说起来实在相当惊人。要想做一个成功的职业人才，销售人员必须解决浪费时间的问题。每个人的时间都掌握在自己手上，除了自己之外，没有人能够解决浪费时间的问题。销售人员若想让浪费时间的习惯在工作中消失不见，就要把时间里头的"枝芽"摘除掉，把养分——精力和注意力灌溉会结出果实的主干，只有这样，才能提高销售效率，享受成功的果实。

在销售中表现出色，得到管理者赏识的人，都有一个促使他们取得成功的好习惯：变"闲暇"为"不闲"，也就是抓住工作时间的分分秒秒，不图清闲，不贪暂时的安逸。

时间是由分秒组成的，用"分"计算时间的人，比用"时"来计算时间的人，时间多59倍。同样，用"秒"计算时间的人又比用"分"计算时间的人拥有的时间更多。所以，善于利用零星时间的人，能做出更大的成绩来。

琳达受聘于一家顾问企业，她平均每年要达成130笔交易，而且她的大部分时间都是在飞机上度过的。琳达为了保持和她的客户联系，经常利用闲余的时间写要送给客户的邮件。有一次，在飞机上，她正在写信，旁边的乘客跟她说："在近3个小时里，我注意到你一直在写邮件，你一定会得到你们企业的总经理的职位。因为你实在太努力了。"琳达则笑着说："我早已是企业的副总了。"

琳达的例子告诉我们，尽量把"闲暇"的时间利用起来，所有的时间就加了倍，就能完成更多的工作。

我们并不主张销售人员把工作时间延长到10至12小时，如果销售人员愿意，甚至还可缩短花在工作上的时间。

糟糕的是，许多销售人员确实试图拖延工作时间，以获得更高的业绩，但那是没有任何益处的。延长工作时间，不仅影响家庭和社会生活。还会降低工作效率。如果一件工作到下班时还没做完，有的人会耸耸肩对自己说："我会在晚上把它做完。"也许宁愿这样做，也不愿利用下班前的15分钟好好地赶完工作；或者不愿意匆忙行事，并将自己置于压力之下；或者不愿意把它硬塞给明天。总之，不愿意在上班时间内，解决尚未完成的工作。

延长销售时间不是办法。销售人员所做的事情决定于他的效率，而且进一步说，甚至还关系着他的健康。效率是销售人员必须考虑的重要问题，因为一个没有效率的销售人员，一定不会产生业绩。没有业绩，也就失去了管理者的重视。甚至可以说，业绩的高与低是考评员工的最重要方面。

无论事先多么小心，每个销售人员都会遇到销售进度问题。当跟不上进度时，该怎么办？急躁、抱怨……其后果只能降低客户心中的地位。与其这样，不如找出解决这些问题的方法，巩固自己的地位。

总之，正确掌握处理低效的方法，才能证实销售的强效能力，才能实现超级销售业绩。

做时间的主人

每个销售人员都拥有足够的时间，关键是要善加利用。一个销售人员如果不能有效利用有限的时间，就会被时间俘虏，成为时间的弱者。一旦在时间面前成为弱者，他将永远是一个弱者。因为放弃时间的人，同样也会被时间放弃。

怎样才能激发自己开始去做呢？马色林卡克斯曾仔细研究过一些人怎样开始去做一件事：一般人做事情通常经过三个阶段：默想如何去做这件事；默想何时可以完成这件事；默想……所以，不要再默想了，立即安排时间。

聪明人要学会抓住重点。如果认为同时进行几项有难度的事情是能力的体现的话，那可能要失望了。这样做的一个很可能的结果是哪一件事情都没有处理好，而且给自己造成了巨大的心理压力。克服拖沓，请从现在开始，立即付诸行动！

（一）做好时间计划

将每一天分解成几个部分，做好时间计划，让拥有的每一时刻都去做富有成效的事情，这样才能充分有效地利用每一天。

给自己制订一份切实可行的日程表，并且严格按照日程表来执行，是一个销售人员的基本素质。出门办事之前要尽量通过电话与办事单位进行交流，沟通情况，交换信息。打电话前要有所准备，列好要问的几大问题，通话时要直奔主题。脚踏出房间的最后一秒，审视一下自己要带的全部物件，看是否有遗漏。要学会限制时间，不仅是给自己，也是给别人。该离开时就要坚定不移地告诉对方：他的时间或许很充裕，但自己的时间绝对不是。避免在高峰期乘车、购物、进餐，可以节省许多时间。

不做"一分钱智慧几小时愚蠢"的事。为省一元钱而苦等非空调车，为省两毛钱而排半小时队等，都是极不划算的。要有经营时间的概念，随时算算时间的成本。

（二）把握80/20原则

应该把精力用在最见成效的地方，所谓"好钢用在刀刃上"。

美国企业家威廉·穆尔在为格利登公司销售油漆时，头一个月仅挣了160美元。他仔细分析了自己的销售图表，发现他的80%收益来自20%的客户，但是他却对所有的客户花费了同样的时间。于是，他要求把他最不活跃的36个客户重新分派给其他销售人员，而自己则把精力集中到最有希望的客户上。不久，他一个月就赚到了1 000美元。

穆尔从未放弃这一原则，这使他最终成为了凯利-穆尔油漆公司的主席。

（三）利用路上的时间

有时不是访问时间决定效率的问题，反而是用在路上的时间——上班路上的时间、从公司到达现场的时间以及往来客户之间的时间——影响了活动的效率。

上、下班时间，路上交通非常拥挤，这是有目共睹的事实，所以应尽量避免在此时去访问客户，如果非去不可，最好是绕道而行，如此才不至于在路上浪费太多的时间。

某一天的早晨销售人员要去拜访两位客户，一个在城东，一个在城西，在这当中浪费在路上的时间就很可惜了。所以聪明的销售人员都善于安排自己的路线，尽量把在同一区域的客户集中在同一个时间段来拜访。

如果每天上班在路上需要30分钟，一周上班5天，50个星期总共花在上班路上的时间是250小时，等于每年花掉超过6个星期每天8小时的工作日。整整6个星期！

（四）提高拜访效率

注意，销售人员的时间计划表上的所有事项并非同样重要，不应对它们一视同仁。如果在开始进行表上的工作时，却未按照事情的轻重缓急来处理，就会导致成效不明显。标出急需处理事项的方法是：制成两张表格，一张是短期计划表，另一张是长期优先顺序表。然后按照重要的程度，在事项旁边加上标记，比如a、b、c。在确定了应该做哪几件事之后，必须按它们的轻重缓急开始行动。

（五）劳逸结合

从生理学观点来看，人的身体是一个整体，各个部位所以能和谐地运动，全靠中枢神经系统的调节。神经细胞活动时，消耗神经细胞内的物质，当它处于抑制状态时，能通过生化使细胞更生恢复，消化血液中带来的养分。如果兴奋状态持续下去，兴奋的物质得不到补偿，神经细胞就会死亡。

因此神经细胞的工作能力具有一定的限度，有一个临界强度值。如果工作持续太久，超过了这个临界强度值，就会出现效率曲线的下滑。这时就应用其他的行为方式，加以适当调节，才能保证工作的持久性和效率。因此，劳逸结合，适当休息显得十分重要。不能把休息仅仅理解为睡眠，休息还包括文娱体育活动、散步、旅游等有益身心的活动，锻炼身体是积极的休息。

（六）利用最佳时间

一个人在一天24小时中，精力各不相同，而不同的人又有差别。有的人早晨精力好，有的人可能晚上精力好，有的人凌晨起床后半小时最容易激发创新意识；有的人喜欢把重大问题放在早饭后考虑；有的人擅长于连续思索，思绪高潮往往在连续思索开始后一小时左右出现。据统计，大约50%以上的人，其能动性在一昼夜之内有显著变化。其中17%的人早晨能动性最高，33%的人在晚间能动性最高。我们把销售效率最高、能动性最强的那段时间称为最佳时间。猎豹懂得在能动性最高，也就是在最佳时间中追逐猎物。销售人员更应该懂得这一点。

（七）提前休息

在疲劳之前休息片刻，既避免了因过度疲劳导致的超时休息，又可使自己始终保持较好的"竞技状态"，从而大大提高工作效率。搁置的哲学，不要固执于解决不了的问题，可以把问题记下来，让潜意识和时间去解决它们。这就有点像踢足球，左路打不开，就试试右路，总之，尽量不要"钻牛角尖"。这也是很好的时间管理。

另外，拜访的客户数与销售量成一定比例，比例的高低由销售人员的能力来决定。假设这个比例为10%，那么一天如果拜访100家，就有可能促成10件业务，若只拜访50家，可能只有5件业务。这说明，一定要保证每天的拜访客户的数量。

做充分的准备，对可能发生的情况要有所预见，这样在应对客户时，才能做到游刃有余。不打无准备之仗，这是销售工作中很多人熟知的道理。当销售人员要与客户邀约面谈时，切不要打无准备之仗。因为客户多半是在销售人员的邀约之下，抽时间与销售人员见面或参加组织的聚会的，时间非常宝贵，销售人员的时间也很宝贵，如果打无准备之仗，不仅效果不好，还会白白浪费了时间。

让时间更有价值

作为销售人员而言，首先要明白时间就是金钱。让我们一起来计算一下时间的价值吧。

每个人的寿命有长有短，就按平均寿命，大概为75岁，大约27 500天。当他走出学校，开始工作的时候，就过去20多年的时间了；男的60岁，女的55岁就退休，所以，大有作为的时间，便是中间的30多年，即1万多天的时间。而在这段时间里我们又将有休息、生病、放假等等，剩下来真正工作的日子，只有8 000天，甚至还不到。时间真的很宝贵。

一定要珍惜这不到8 000天的日子，要好好利用生活中的每一分钟。销售人心里都有这样一句话：当减少一分钟的浪费，不就能多用一分钟的时间吗？因此活用时间首先应当自行诊断时间浪费在哪里，并割除浪费时间的不良习惯。现在请回忆自己在过去的一天所做的事情中，有没有下面的事呢？

1.总是把已经计划的事情一拖再拖，比如今天想要约见一个客户，但是今天好像没有时间了，于是明天；明天又不行了，于是后天……

2.闲得无聊的同事来办公室聊天，于是碍于情面，不得不放下手中的工作，硬着头皮，强装笑脸和他聊那些垃圾话题。

3.在那些看起来闲散的时间阅读那些与销售工作没有一点关系，也不能对销售有帮助的报纸杂志或报纸，脑子里面积累了很多娱乐界的小道消息。

4.酷爱睡觉，如果不是还得工作的话，宁愿24小时中有16个小时都待在床上，然后花6小时吃饭。

5.去休息间盛水或者冲咖啡、泡茶的时候，遇到几个同事，于是就在那里小聚，聊些办公室桃色新闻。

6.可以三言两语打完的电话，一定要不停地叮嘱重复，还要再拉拉家常，最后怎么也要10分钟才能搞定。

凡此种种，不要认为生命很漫长，其实一个人真正能够追求成功的时间并不多，所以必须记住，一个要成功的销售人员没有资格浪费时间！事实上，所有的销售人员都没有资格，只是有些人不在乎，可冠军销售人员是在乎的！

一寸光阴一寸金。生活中有许多零碎的时间很不为人注意，其实这些时间虽短，但却可以充分利用起来做一些事情。比如等车的时间可以用来思考下一步的工作，翻翻报纸乃至记几个单词。管理好自己的时间，让时间更有价值是一个销售人员必修的功课。那么，如何管理时间呢？

（一）充分利用等候时间

销售人员访问客户时，也许客户因为恰好有事出去而不在家，这时不可以呆坐在椅子上无所事事，应该好好地利用这一段时间。此时，也不可以将精神松懈下来，必须时刻准备在客户进来时，马上能应答如流的准备。

（二）时间安排不要太紧

在计划时间上重要的一步是不要过分安排自己的事情。如果把一天的时间都安排得满满的，没有一点空闲，那么，一旦出现一种不可预料的危机或机遇该怎么办？是不是日程全部被打乱了。不要设法计划每天的每时每刻，销售人员不能这样做，至少尊重潜在客户的时间。如果对方迟到了，该怎么办？相应地是自己迟到了，又当如何？

日程安排本身不是一种结束，要允许有一定的灵活性，并在计划中体现出来。大多数有经验的销售人员在制定计划时，只安排一天中90%的时间。时间计划新手应从一天的70%的时间开始做起，实践经验会使销售人员很快达到专业的水平。计划就是例行公事，专业的销售人员不会把这件事遗忘，它不是日常的一件琐事，它既是对令人兴奋的一天的总结，也是对更加兴奋的明天的展望。

（三）利用最好的工具

时间计划出来后，就知道了一天的时光该怎样度过了，那么现在开始工作了。相信销售人员应该在工作的地方安排业务。把电话号码、潜在客户的档案、参考材料及其他信息都放在身边，然后安安静静地利用15分钟的时间做个计划，用上时间计划、销售人员的公文包或档案材料，开始组织一天的销售工作。销售人员需要一个最有效的工具，许多是现成的，如手表与时间计划表等。找到一种感到舒服的并且需要使用的计划工具。把计划工具放在容易取得的地方。

（四）抓住闲暇时间学习

毫无疑问，销售人员比起其他工作人员拥有更多的闲暇时间，也许这就是有些人选择这一行当的最初原因。但怎么管理利用自己的闲暇时间，把这些时间变成既有效又快乐，既使工作能力不断得到提高，又能享受闲暇的幸福，并不是一件容易的事。可以明确一个观念，销售人员有权享受闲暇。享受财富与闲暇带来的幸福。在休息日，完全可以跟家人与朋友在一起，无论是去旅游，或者去饭店撮一顿，都是正当行为。但一般地说，销售工作不可能干一辈子，有一天，销售人员会被要求，或者主动要求干点别的事情，以现在的知识储备，要胜任别的工作，恐怕还是会有一些困难，因此，销售人员应该利用闲暇时间进行学习。

有些销售人员并没有时间观念，不懂得如何运用好时间，而让珍贵的时间轻易地从指缝中溜走，这实在是一种相当"奢侈"的行为。因为能否提高营销业绩的关键，就在于是否能够有效地控制时间，所以，销售人员应该不断地发现藏在时间海绵里的另一些时间，养成节约时间的习惯。

第十二章

做好个人管理，不断地挑战自己

个人情绪管理

人非草木，孰能无情，意思是指人都有感情、有情绪、有喜怒哀乐。情绪可分为正向情绪和负向情绪。当人的目标、期望、需求达成时，便会产生高兴、骄傲、放松等情绪，这些相关的情绪就是正向情绪；当人的目标、期望、需求遭受挫折或无法实现时，便会产生嫉妒、失望、愤怒、难过等情绪，这类情绪就称为负向情绪。

人的性格并非是一成不变的，正如牛顿所说："尽管人们把性格看成是先天的，但它仍旧是自我修养的结果。我们不可能生来就固定了某种性格。

可近、可亲、富有魅力的性格是靠自己慢慢培养起来的。"我们可以从富兰克林成功的秘诀得到一些启示。

受美国人尊敬的本杰明·富兰克林不仅是美国的开国功臣之一，还是一位出色的科学家，富兰克林有很强的自我意识和良好的性格。有人曾批评富兰克林主观傲慢，他认真反思后，给自己立下了一条规矩：绝不正面反对别人的意见，也不准自己武断行事。他还给自己提出了具体改正的要求，以克服自己性格中的缺陷。

生活中，我们做的每一件事都蕴含着情绪，情绪影响着工作生活的点点滴滴。销售人员如果把消极的情绪带到工作里来，带进销售工作中，那么，销售过程就会变得非常困难。如果销售中带有负面的情绪，那么销售工作就会变得很艰难。在销售工作中，"拒绝"是常有的事情。拒绝会给销售人员带来悲伤、挫折和失意等负面情绪。如果不能迅速调整情绪，那么就很可能被负面的情绪影响，从而直接导致销售失败。

良好的情绪是人生机体的润滑剂，可以促进生命运动，给人以充沛精力。谁都有体验，人在情绪好时，心情轻松，竞技状态最佳。良好的精神状态可大大提高有用功，减少无用功。因此，要努力使自己热爱事业、热爱工作、热爱生活、乐观豁达、目光远大。尤其是刚刚步入社会、走向生活的青年人，更应学会控制自己的情绪，使自己善于控制因身体、恋爱和婚姻的挫折以及对新环境不适应而引起的情绪不稳，保持最佳的情绪状态，以旺盛的精力，良好的心情，度过充实而有意义的高质量的人生，切莫让忧虑、犹豫和痛苦压倒自己。这种情绪既不能挽回过去，也不能改变将来，只会贻误宝贵的现在，浪费宝贵的时间。那么，怎样才能保持最佳情绪呢？

（一）控制个人情绪

每个人的情绪不会是一成不变的，有时好，有时坏，因此，销售人员必须学会控制情绪，特别是能在最短的时间中，将不良情绪消灭在萌芽状态，要做到这一点，首先要注意用"理智调剂"。心理学家认为，人发脾气，吵嘴打架，往往是感情冲破理智的大门造成的，因此，凡事应该三思而后行。否则容易造成对方不理解，形成突发性矛盾，导致仓促之间失去理智的平衡。万一遇到不讲礼的客户时，首先要善于压"火"，要显示出自己的大方，有气节，不失高尚的人格。其次，要善于"退却"。以退为进的"退却"，是消除"战火"的积极心理因素。

（二）做到"四不"原则

不责备、不逃避、不委曲求全、不遗忘。责备容易导致愤怒、谩骂等激烈情形的发生，使事情扩大化，逃避则滋长了害怕情绪使人变得胆小，委曲求全容易使人沮丧不已，遗忘会给人的心灵留下长久的创伤。

（三）学会自我反省

反省的方式一般有三种：

1.以日记形式回忆一天的销售生活。这是思维自我净化的一个冶炼过程。用这种方法自我冶炼，久而久之，便会塑造出一种善于克己的高尚道德。

2.开卷自珍。即学习一些与个人职业、交往等方面有关的报刊资料、影视录像等。它不仅有助于心境一步步提高，也会丰富知识，洞开视野。

3.面壁。实际上是思维的"新陈代谢"。它比日记形式有更大的空间，可以想象得更多、更广阔。如果将这种方式与日记方式结合并用，亦思亦记，有想有录，净化效果会更佳。

（四）心中要有把尺

指善于学习、仿效他人之长。这不但能使自己与周围的人形成和睦的气氛，有利于最佳心态的培养与稳固，更容易把周围的事情处理好。相对言之，对别人的缺点，除了自己应该警惕之外，应尽量把握好"揭短"的尺，尤其是对那些缺乏涵养道德，自高自傲的客户或同事，"揭短"的最好办法是在不知不觉中感化对方。

（五）合理宣泄情绪

高兴时要将自己满腔的热情焕发出来，例如可以和朋友一起庆祝、游戏，情绪低落时更要把负向情绪宣泄出来，这样不至于积累起来造成心理负担。下面几种方式可供参考：

1.自由表达。找一个安静的地方闭上眼睛。把自己的不满、抑郁统统说出来，可以大声诉说也可低声低语，随心而定；

2.想象。深呼吸，闭上眼睛，发挥自己的想象力，现实不能达成的愿望想象中可以达成，从而减轻自己抑郁的情绪；

3.写在纸上。电影中常有此镜头，主人公将心事写在纸上然后烧掉，其实这是一种不错的方法；

4.调息静心。坐下来深呼吸思考；

5.听音乐。听一段"悲惨"的音乐将压抑的不快引导出来；

6.诉说。向知心朋友唠叨委屈，说出来心情或许会好些；

7.哭泣。痛哭其实是一种有效的减压和心理保护措施。

以上意见可供销售人员参考，现实生活中每个销售人员都有自己的一套方法，希望销售人员重视和善待自己的情绪，为自己的生活增添色彩，做情绪的自由人。戈尔曼认为，在人的成功要素中，智力因素是重要的，但更为重要的是情感因素。人在商界，不可避免会产生种种情绪。成功的销售人员，善于扩大情绪对工作的正面效果，而将负面影响降到最低。

在不断的学习中超越自己

销售是一个不断摸索的过程，销售人员难免在此过程中不断地犯错误。反省，就是认识错误、改正错误的最好方法。反省的过程，就是学习的过程。有没有自我反省的能力，具不具备自我反省的精神，决定了销售人员能不能认识到自己所犯的错误，能不能改正所犯的错误，是否能够不断地学到新东西。

一流的销售人员都是注重学习的高手，通过学习培养自己的能力，让学习成为一种习惯，因为，成功本身是一种思考与行为习惯。成功本身是一种能力的表现，能力是需要培养的，注重学习成长是一种很好的习惯。

有个年轻人来到小河边，看到三个年老的长者在河边垂钓。过了一会儿，一个老者起身，说："我要到对岸去。"于是，老者蜻蜓点水般在水面上飞快地点了几下，就过去了，年轻人很惊讶。过了一会儿，又有个老者也向第一个老者一样过去了，年轻人看呆了。又过了一会儿，第三个老者也起身从水面过去了，这下，年轻人认为自己是遇上了神仙，他决定一定要拜他们为师，于是，他也试图像他们一样蜻蜓点水而过，谁知"扑腾"掉到了水里。三个老者把年轻人救起，问他为什么掉到水里，年轻人把他的想法说了出来。三个老者哈哈大笑："年轻人，我们在这条河上走了几十年了，对河里的每一块石头都非常熟悉，所以，我们可以很轻松的过河。你不熟悉，当然会掉到水里。"

别人成功与失败的经验是最好的老师，如果不愿意学习，就会和这个年轻人一样掉到水里的。成功的销售人员注重学习成长的好习惯。总是能与客户有许多共识，这与销售人员本身的见识和知识分不开。

有了学习的想法，还要付诸行动，主动去接受新的东西与事物，通过学习可以增加生命中更多的可能性，但是如果不学习，就连可能都变成不可能。如果相信并去做了，就能获得生命中很多的结果，就会发现很多原本不可能的事情发生了。所以，销售人员需要放空的学习和训练，解除限制性的训练。

成功本身是一种思考和行为习惯。一流的销售人员都是在不断的通过学习来超越自我，并且，在销售的团队里形成学习的氛围。学习的组织，有利于自我的提升与组织素质的提升。经常学习新的知识，每天学习改进销售的方法，是提高销售技巧的根本保证。

我们经常能看到很多企业招聘销售人员时，第一项要求是本科文凭，学历是很多年轻人做销售的一道不可逾越的门槛。学历真的那么重要吗？学历能等于学力吗？学历只是一个学习层次的证明，它并不代表了学习的力量，学习的能量是巨大的，所以说学历不等于学力。学历已经是过去时了，而学力是一生拥有的。如何把销售做得更好，需要时刻的学习。那销售人员该如何学习呢？

（一）向客户学习

不管客户是谁，在什么场所销售，销售人员都必须满怀信心地面对每一个客户，发挥自身的潜力。应对客户的种种不满，都是学习的机会。这些将使销售人员成为更精明、更杰出、更一流的销售人员，因此，必须虚心而努力地学习，"闭关自守"的销售人员是不会成功的。所以，首先应该向客户学习，从客户的不满和疑问中，从客户的交易习惯和方式中，从客户的言谈举止中，学习有用的技能。

销售人员与客户交谈的话题，要让彼此心情愉快。因此，销售人员应努力学习各种知识。为了了解客户的心理，应该学习与销售有关的心理学；可以从公共关系学中吸取与人交往的知识和技巧；还应该在社会学的范畴内，研究人的行为模式、习惯以及不同年龄反映在性格上的差异等。这样会使自己成为一个知识全面的销售人员，在各种销售场合下，遇到各种不同的客户都能自信、从容、胸有成竹。

为了更好的向客户学习，应该建立起方便聆听客户意见的渠道，当客户购买产品时，客户是支持这个产品的，但当产品出现问题的时候，当然不一定是质量问题，也有可能是一些关于产品的建议，当客户找不到或者很难找到渠道和厂家进行交流时，心中总会有点失落的情绪，就这一点而言建立网络平台是非常明智的做法。

（二）向自己学习

向自己成功的宝贵经验学习，向自己失败的不可多得的教训学习。曾子说："吾日三省吾身"。对一流销售人员来说，问题不是一日三省吾身、四省吾身，而是应该时时刻刻警醒、反省自己，唯有如此，才能时刻保持大脑的清醒，不断地加快成长。销售人员可以将自己所经历的最富代表性的销售事件记录成一个销售案例，对它加以研究。可以经常将已经完成的某个销售事件拿来，在脑子里从前到后过一遍，保留满意的细节，将不满的地方加以修改，使整个销售事件趋向完美；还可以用一个案例作为蓝本，变化各种条件，制定不同的销售策略，这种"纸上谈兵"的方法有时的确能达到意想不到的效果。这就如同参加考试一样，首先应该复习，在复习中把各种可能的情况都尽量考虑到。那样到考试时才能得心应手。而对销售来讲，面对真正的客户就是一场考试，学习各种知识，就是这场考试的复习，复习得好才能考得好。

（三）向同事学习

除了向客户学习，向自己学习，销售人员还必须特别留心观察同事的销售方法和在销售中运用的各种技巧。

应该清楚的知道，不管自己多么精明能干，在商界上，随时都会有人准备取而代之，这些人也许比自己更加精明，更加斗志昂扬，在销售上也可能比自己更有点子。因此必须细心观察，从那里学习到自己没有的技巧、方法、方式，从那里得到重要的启发，改进自己的工作。为了提高成交率，反应必须要敏捷，对于任何问题，都必须了解其要领及重点，必须多方研究和学习。这样获得的知识，更有助于应付客户。

学习的最大好处就是：通过学习别人或自己的经验与知识，可以大幅度地缩短犯错与摸索的时间，更快速地走向成功。一流的销售人员都是注重学习的高手，通过学习培养自己的能力，让学习成为自己的习惯，因为，成功本身是一种习惯。一流的销售人员都是在不断的学习中超越自己。

养成自我管理的好习惯

20世纪初，美国人梅奥提出了人群关系理论。他宣称，人的生产效率主要取决于工作态度以及他与周围人的关系。运用到销售中，就是销售人员应得到尊重、鼓励，应从工作中得到乐趣和满足。这些人性化理念的推行和应用过程中，销售人员的自我管理也得到了推广。必须指出的是，任何自发的自我管理都可能导致混乱。所以，对自我管理进行引导的方向与策略，应当成为企业战略规划的一个新的重要组成部分。自我管理是销售人员快速成长的一种有效途径。

广东有一家年产值1亿元的中型民营企业，已有10年发展历史。公司创始人从创业之初直到现在，在对销售人员管理的态度上一直秉承着仁和、宽容、尊重和帮助其进步发展的哲学价值观。这种价值理念在功利主义和机会主义备受欢迎的今天，确实是一种珍贵的思想资源。虽然公司会在某个局部付出牺牲和代价，但这种牺牲和代价与公司从销售人员那里获得的人性的回报比较起来，就显得微乎其微。

广东的这家企业之所以能发展得顺利，与对引导员工的自我管理是分不开的。作为一名一流的销售人员，必须学会自我管理，管理好自己的生活、时间与资源分配等。这样，在生活中才可能养成良好的习惯，做销售才可能成功。学会自我管理的销售人员，就能自我发现问题，自我解决问题，还可以自发组织团队。每个销售人员还有自己的权限，在自我管理的范围之内，快速成长。在工作中，时间是宝贵的，竞争是激烈的，有时候企业可能无法为销售人员提供更多支持，此时自我管理就成了做出好的成绩、快速成长的有效武器。

自我管理的范畴大致包括：销售人员对企业组织"引导方式"的认同程度，对一定的文化价值体系的理解和兴趣程度，羞耻感、自律感、自我约束力以及自我激励能力，工作中所表现出的主动性和能动性，对所承担工作和达到组织所设定目标的自信心，克服困难与战胜挫折的勇气，对同事的尊敬和在工作中体现出的协作精神等。

西门子公司有一个口号叫做"自己培养自己"，反映出西门子公司在销售人员管理上的深刻见解。和世界上所有的顶级公司一样，西门子公司把员工的全面职业培训与继续教育列入了公司战略发展规划，并认真地加以实施。他们还把注意力放在了激发销售人员的学习愿望、营造环境让销售人员承担责任并在创造性的工作中体会到成就感，同时引导销售人员不断地进行自我激励以便能和公司共同成长。这种理念的前提就是，经过挑选的销售人员绝大部分都是一流的，而且，公司也正是因为有了这些一流的销售人员而获得业绩和其他利益的增长。一流的销售人员在自我管理需要做到：

（一）准备充分

准备充分是任何事情都需要的，包括从资料收集到心理状态、从销售人员对自己的态度，以及与他人的关系。这样，当销售人员需要时，就会积极地给予帮助。必要的事前准备，也有助于提高工作效率。如果文件摆放得井井有条，销售人员就可以在几分钟内迅速查找到所需信息。以避免不能轻易地找到所需物品而放慢、甚至中断工作。销售人员最好把便条固定地放在某个地方，或收集在标有日期的日记簿里，以便能迅速地找到。必须熟知可能遇到的所有组织程序。如果确有合理的程序，就要找到它。如果没有，那么就该制定一个。另外，足够的睡眠与合理而健康的日常饮食，是保持良好身体状况的必要准备。把握时间灵活度，快速判断什么时候需要寻求更多的帮助，这样会使销售人员按时赶到。

（二）赋予公司文化内涵

曾经在一家商场看到墙上写着："销售人员手册：第一条，客户永远是对的。第二条，请参照第一条执行。"触动很大。后来又有机会看到这家商场的《销售人员手册》全文，发现它的用语很有文学性、很人性化，很少有机械的、刻板的规程性语调，感到颇受启发。国外公司的规章制度，是每个销售人员都必须遵守的，它是一个有效的管理框架，使每个销售人员在框架内进步。而国内的企业的规章制度，一般是一个摆设，只是虚设一下，并没有产生实际的意义。销售人员也很少遵守，主要是销售人员没有在心理上认同它，企业也没有认真执行。如果能让每个人都赋予它内涵，那么它不仅能执行，还能对销售人员的自我管理起到非常大的作用。

在日常管理活动中，要不断对自我的价值观进行引导，平时对自己的生活习惯、人生观、价值取向进行调整。还可以制定一些必需的规程和制度，有许多禁止和不允许，或者还有一些不主张、不赞同等。

有人曾说过这样的话：不要在错误中摸索，现在的发展速度已经不允许这样做，第一次就应该把事情做对。"第一次就把事情做对"，这个概念也许令人疑惑：怎么可能第一次就把事情做对呢？不是允许失败吗？不是允许一定的误差吗？不是允许合理的消耗吗？看一下丰田公司的全面质量管理与生产方式。原来，第一次就把事情做对不仅是可能的，而且是必须的。想想看，整条流水线上，每一个零配件生产出来之后马上就被送去组装，因为没有库存，任何一个环节出了质量问题，都会导致全线停产。所以必须百分之百地"第一次"就把事情做对。"第一次就把事情做对"就是公司的文化内涵。

所有的销售人员都少不了管理，对于销售主管来说更是如此。要管理别人，管理一个不断变化的队伍，首先是要从自我管理开始。关于自我管理，美国一流的销售人员总结了一个有效的方法，设定一分钟目标，给予一分钟赞赏，应用一分钟责备。此三点统称为一分钟自我管理，不妨一试，很有效的。

第十三章

蓄势待发，向着更高的目标奔跑

从容面对压力

在成功之前，人们都要经历一段刻骨铭心的心路历程，其中压力是不可避免的。一谈到压力，似乎心情就会很沉重。其实，压力的存在，有消极的一面，更有其积极的一面。看事情应该一分为二辩证地看，例如，当销售人员让一个愤怒的客户变得安静下来，帮客户解决问题，让客户满意，最后客户充满感谢地跟销售人员说再见时，不仅压力会在顷刻间化为乌有，而且还会产生一种成就感和自豪感，让自己在以后的工作中表现得更加自信。

"随时把自己看成是一个在湖中翻了船的人！"一个资深的销售人员

说："如果你能保持镇静，你就可以游到岸边，至少在浮鼍时有人会来救你。如果你失去冷静，你就将被淹死。"刚开始做销售的时候，真有点像突然沉溺在湖中央的人。如果能保持镇静，生存的机会就较大，否则就很可能溺死。想做销售的人，都应该把这警句牢记在心里，这样，就会养成心情轻松的习惯，而获得不少的帮助，也有办法应付销售中的任何情况。

实际上，一定的压力无论对人的生活和工作都是有好处的。但过多的压力会损害健康，即"压力杀人"，是一种"看不见的疾病"。压力对情绪的影响：容易激动、发怒，意志消沉，严重的可能会患上神经衰弱，智力功能降低，甚至有自杀行为等。压力对行为的影响：在工作中粗心大意，对批评过敏，难以集中精力，缺勤率高，工作态度恶劣，人际关系变坏等。所以，当销售人员有压力时，应采取积极措施，释放压力，建议大家可以从下面几个方面进行尝试：

（一）宽容为美

宽容是销售人员应该具备的品德素养，销售人员碰到的客户可能是蛮不讲理的、故意捣乱的，或者是恶意骚扰的，对待这样的客户只有宽容，宽容能将坚冰融化。销售工作的目的主要是为客户服务，为客户解决问题。所以在工作时不要逞一时之强与客户争辩，最后即使胜了辩论却输了生意，这不是失去了做生意的意义吗？

（二）保持镇定

一流的销售人员面对突发的问题，并不会手忙脚乱，就像一个够格的橄榄球员一样，当传球的时候，球意外地落到他的手中，他并不胆寒或惊慌，他能灵敏地反应，有办法掌握或对付新情况，他会紧抱着球跑过去，或者警觉而放松地转个方向，以免对手扑过来。大多数的销售人员，只有经过多次经验，才能养成这种习惯。

不管在任何场合，如果能够保持从容不迫顺应自然的态度，任何事情都将应付自如。一些伟大的人物都是一些"镇静"的高手，面对突然变故，仍然镇定自若。因为他们懂得，不能慌，慌则无法应付。如果他们慌了，周围的人更没有主见。因此要有意地放慢节奏，并在心里默念："不要慌！千万不要慌！"动作与语言的暗示会使人慢慢镇静。大脑会慢慢恢复正常的思考，以应付周围突发的事件。

（三）自我控制

有些来投诉的客户情绪可能很激动，出言不逊，说出一些不太好听的话，甚至有些销售人员特别是女销售人员会被骂哭，这种情况在销售行业是非常普遍的。因此，一个职业化的销售人员，要有很良好的心理素质，能够控制情绪。要不断地告诫自己，客户骂的不是自己，因为自己只是一个销售人员，客户只不过是对产品不满意，是对公司的服务有意见，而不要把客户的辱骂，或者一些不太恰当的语言理解成为对个人的人身攻击。要完全站在客户的立场上为客户着想，假如是自己，自己也会生气，采取过激的行动，这样，就能够理解客户，从而保持一种很平和的心态。

任何人、任何工作都有压力，没有压力的生活是不可想象的。人毕竟不是生活在真空里，婴儿一出生便生活在地球的大气压力下，因此压力可以说是生活中必不可少的一部分。

销售人员必备的应对技能与素质

销售人员的工作比较具体，往往又比较艰巨，至少表面上看，无多少定则可循，想做一些规律性的归纳总结并不太容易。还是先讲一则故事吧。

小晴和卢梦差不多同时受雇于一家超市，开始时大家都一样，从最底层干起。可不久小晴受到总经理的青睐，一再被提升，从领班直到部门经理。卢梦却像被人遗忘了一般，还在最底层混。终于有一天卢梦忍无可忍，向总经理提出辞呈，并痛斥总经理用人不公平。

总经理耐心地听着，他了解这个小伙子，工作肯吃苦，但似乎缺少了点什么，缺什么呢？他忽然有了个主意。

"卢梦，"总经理说，"请您马上到集市上去，看看今天有什么卖的。"卢梦很快从集市回来说，"刚才集市上只有一个农民拉了车苹果卖。"

"一车大约有多少袋，多少斤？"总经理问。

卢梦又跑去，回来说有10袋。

"价格多少？"卢梦再次跑到集上。

总经理望着跑得气喘吁吁的他说："请休息一会吧，你可以看看小晴是怎么做的。"说完叫来小晴对他说："小晴，请你马上到集市上去，看看今天有什么卖的。"

小晴很快从集市回来了，汇报说到现在为止只有一个农民在卖苹果，有10袋，价格适中，质量很好，他带回几个让经理看。这个农民过一会儿还将弄几筐西红柿上市，据他看价格还公道，可以进一些货。这种价格的西红柿总经理可能会要，所以他不仅带回了几个西红柿作样品，而且还把那个农民也带来了，他现在正在外面等回话呢。

小晴由于比卢梦多想了几步，于是在工作上取得了成功。

从这一则故事中不难发现，销售人员必须要"多走一步"、"多想一步"。要成为一名一流的销售人员，要具备以下技能：

（一）沟通能力

众所周知，人是社会各元素中最活跃的部分，任何企业行为和社会活动都是由人来参与、靠人来完成的。做销售工作也是一样，要求销售人员必须懂得如何与人打交道。必须学会与客户沟通，如果一个连自己的意思都无法表述清楚的销售人员肯定无法做好销售。

（二）智力能力

这里所指的智力能力，一方面是文化专业知识，另一方面是指领会能力与快速处理信息的能力。这点比较容易理解，根据所销售的产品的不同，对销售人员的文化知识要求也是不一样。比如对于一个只上过中学的销售人员来说，让他去从事高科技产品的销售，自然是有相当的难度。

（三）适应能力

销售人员不可能一直在一个区域工作，如果到了一个陌生的市场，没有良好的快速适应市场的能力肯定不行。从另一个角度来看，销售人员或许最初销售的是公司的一种产品，随着公司的不断发展或者可能跳槽到另外的公司，就会出现新的产品或者新的销售思路，这也要求销售人员能快速适应，并且成功开拓自己所负责的市场。

（四）分析能力

销售人员不但要能够从以往经验中认识问题并且能从中总结出解决问题的分析框架。对于市场上的繁杂的信息，销售人员必须也能够透过各种表象，验证各种判断，对各种信息进行综合分析，分析利弊得失并能迅速找到解决方案。

（五）应变能力

孙子兵法云："兵无常势，水无常形，能因敌变化而取胜者，谓之神。"市场的变化瞬息万变，自己原有的或别人曾经成功的销售经验固然可以起到作用，但是毕竟不是灵丹妙药。在销售的过程中，因为竞争对手经常会改变销售策略，所以还需要注意时刻观察对手各种变化以便做出相应的调整，做到活学活用，随机应变。

（六）发现能力

销售人员开展工作，不是简单的用手、用脚、用嘴。善于发现问题点、机会点，评判当时的情况、局势，从对话、观察中发现问题并构造相关应对措施，本身就是一个问题。

（七）经验很重要

做销售，除了必备的市场、营销、相关技术理论和尽可能全面的社会、心理知识外，其操作上理论性不是很强，但实战经验很重要。"师傅带徒弟"往往能发挥十分大的作用，只要善于借鉴与消化，从一流的销售人员身上可以学到很多东西。具体的技能是建立在综合素质基础上的，因此销售人员要不断提高自己的素质。

"把产品推销出去之前是先要把自己推销出去"，销售人员行为对外往往代表公司形象，其为人处世、与人交往协调，举手投足之间所反映的个人素质和留给客户的印象是非常重要的。个人素质包括知识素质、能力素质、思想素质、心理素质、身体素质等。

1.知识素质。市场知识、营销理论、企业、相关产品和技术知识、客户、行业等相关知识和资料是必须的；历史、人文、社会等知识积累得越多越好，所以我们强调：销售人员必须读书。

2.能力素质。发现问题和分析问题的能力、交往沟通能力、灵活创新能力、决断能力等，都需要在日常工作中培养和加强。

3.思想素质。不讲大道理，作为销售人员，品行、人格、职业道德、态度的重要性和影响是显而易见的。

4.心理素质。承受压力、遭受白眼都需要极强的心理承受能力，一个心理健康的人起码具有强烈的感染性。把自信、自强、公正、快乐带给客户，本身就是一个受欢迎的销售人员。

5.身体素质。业务活动很多时候就像打仗，没有硬朗的身板可不行。当今市场已经进入了买方市场，对于现代公司来讲，销售队伍是促进公司不断发展、占领市场、扩大市场份额和提高企业和产品获利能力的关键因素之一。拥有优秀的销售人员队伍，能够快速打开市场，发现获取竞争优势和利润的机会。

销售是一项看似简单而又复杂的工作，销售人员正是这项工作中的组织者与实践者。销售工作做的好坏与销售人员的水平和能力息息相关，一流的销售人员不但要能做出销量，更要能通过自己的努力与各种资源的合理利用做出公司有影响力的品牌，做出自己的品牌与影响来，销售人员可以说是具备多方面能力的全方位人才，正是有了千千万万个敬业爱岗的销售人员，各个公司才能不断地发展壮大。

第四篇　借熊的力量完胜销售巅峰

【熊的提示】 销售礼仪，销售话术，销售技巧，成交策略，货款回收，销售的根本目的就是把产品卖出去。而要想达到这一目的，销售人员就要提升自身的礼仪修养，加强与客户的沟通，总结销售的各种技巧和策略，将这些步骤做到无懈可击，才有助于提高无敌销售力。

我是超能力量派——熊。

虽然我的外表憨厚老实，动作缓慢，看起来比较笨拙。但其实我是很聪明的，只不过这种聪明被憨厚的外表掩盖了而已。因为我熟知"第一印象"的重要性，人们都喜欢忠厚、老实的人，我的这一假象得到了许多人的喜欢和信任。实际上，我在捕捉猎物的时候是非常凶残的，力气非常大，一旦抓住机会，我常常是直击要害，一招致命，绝不给对方喘息的机会。

为什么销售人员要具备熊的力量？

熊具备超常的力量。在销售过程中，最重要的就是结果：完成销售目标。完成销售目标不是简单的事情，要学会发力，给客户和对手足够的震撼，才能获得订单。销售人员借用熊的力量来强大自身，通过自身的销售技能和业务实力促成每一笔订单，提高销售水平和销售业绩。而做到这些，只有狠下功夫提升自己，完善自己，像熊一样外柔而内刚，在销售环节中才能无往而不利。

第十四章

销售礼仪是打开销售局面的敲门砖

重要的第一印象

销售人员每天的工作便是去接触一些新的客户。因此，营造好第一印象是非常重要的。因为初次见面时，客户接受了销售人员然后才能接受产品。如果客户不接受销售人员，纵使销售人员有最好的产品，也是无济于事。这就好比是夫妇关系，有很多夫妇，非常恩爱且互相了解，过着幸福的生活，而且夫唱妇随，如果突然向他们提出一个问题，要他们各自形容自己的配偶，无论他们互相是如何熟悉，在他们脑海中的影子，往往还是第一次会面时的形象。因为第一印象永远不能改变和磨灭。一个好的印象，好像通行证一般，令日后的工作更顺利和方便；反之，要改变第一次给人的坏印象，日后要加倍努力，才可改变。那么，销售人员怎样才可以为自己塑造一个令人难忘的第一印象呢？

（一）表现自信

要想从事销售这一行，就必须要自信。相信自己的能力与才干，便会产生一种自然的力量与信心。有了信心，个人的形象便自然地显得积极、进取、努力和上进。又因为有了信心的关系，便可抛开一切得失的牵挂，没有了过急的心情，面部的表情便显得自然而温和。于是，自大与自卑的气焰便可减少了。此外，切勿随便模仿别人的动作和形态。

（二）遵守约会时间

见客户的时候，不能稍迟，最好提前5分钟到，既定的约会时间到了，一定要离去，除非客户允许多作逗留，一方面要尊重客户的时间，另一方面又可显示出自己的时间有限。商界人士最忌的便是遇上了一个采用"缠"字诀的销售人员，如果养成了这个不知进退的坏习惯，将会很快被排斥。

乔先生想买一台电脑，和一位销售人员约好下午2点半在销售人员的办公室面谈。乔先生是准点到达的，而那位销售人员却在半小时之后才趾高气扬地走了进来。

"对不起，我来晚了。"他说，"我能为你做点什么？"

"你知道，如果你是到我的办公室做销售，即使迟到了，我也不会生气，因为我完全可以利用这段时间干我自己的事。但是，我上你这儿来照顾你的生意，你却迟到了，这是不能原谅的。"乔先生直言不讳地说。

"我很抱歉，但你知道我正在街对面的餐馆吃午饭，那儿的服务实在太慢了。"

"我不能接受你的道歉。"乔先生说，"既然你和客户约好了时间，当你意识到可能迟到时，应该抛开午餐前来赴约。是我，你的客户，而不是你的胃口应该得到优先考虑。"

尽管那种电脑的价格极具竞争性，也毫无办法促成交易，因为销售人员的迟到激怒了客户。更可悲的是，这位销售人员竟然根本想不通为什么会失去这笔生意。

有些时候，需要作出明确的决定，方可建立一个好的形象。例如到了客户的办公室，发觉客户的工作太忙，未能即时接见，秘书小姐往往招呼稍候片刻。但千万要记着，切勿滞留过久。一旦等得太久，就会遭到秘书小姐的轻视，而且信心受到无限的摧残。

（三）主动打招呼

一个恰到好处的问候，会给客户留下一个良好的印象。在问候客户时，要注意根据客户的身份、年龄等特征使用不同的称呼。另外，在向客户打招呼时，必须注意和客户在一起的其他人，必须同时一一问候。因为这些人往往是客户的亲属、朋友、同学或同事。让客户感觉到销售人员的修养。

（四）一定要微笑

微笑是一项无坚不摧的重要的武器。微笑不但令人温暖，又可缓解初次见面的紧张心情。除了微笑之外，我们的态度要友善、热情和诚恳，和人交往，要保持一种不卑不亢的态度，切勿因别人太成功而将自己的头和腰弯得太低。

（五）营造良好的谈话氛围

销售人员要采取主动，要求谈论正题。在倾谈之前，最好能避免一种敌对的阵势，例如和客户相隔着办公桌对话之类。如果要营造一个合作的、有商量的气氛，销售人员最好能招呼客户坐在身边，又或移近客户，并排而坐。既然销售人员的要求普通而合理，客户亦乐得顺从。而且，这类小小的要求可产生一种令人听从的效果。

（六）最好不要吸烟

在销售过程中，销售人员尽量不要吸烟。这是因为，其一，吸烟有害身体健康；其二，在销售过程中，尤其是在面谈中吸烟，容易分散客户的注意力。其三，不吸烟的客户对吸烟者会产生厌恶情绪。如果知道客户会吸烟，也应该注意吸烟方面的礼节。接近客户时，可以先递上一支烟。如果客户先拿出烟来招待，销售人员应赶紧取出烟递给客户说："先抽我的。"如果来不及递烟，应起身双手接烟并致谢。不会吸烟的销售人员可婉言谢绝。应注意吸烟的烟灰要抖在烟灰缸里，不可乱扔烟灰。当正式面谈开始时，应立即灭掉香烟，倾听客户讲话。如果客户不吸烟，销售人员最好也不要吸烟。

（七）酒量由客户决定

吃饭的时候喝不喝酒、喝什么酒都应该由客户决定，顺从客户的意思。中国的礼仪比较喜欢谦虚，客户也一样，在喝酒的时候肯定会谦虚地说够了。这个时候销售人员如果不劝酒，显得小气，没有诚意，但是劝酒也要有个度，适可而止。如果客户比较郑重其事地表示"不能再喝了"，就该停止劝酒。

一般销售人员最大的毛病，并非不懂怎样说，而是说得太多了，令客户反感。必须依照一个原则，那就是多听少说。因为我们有两只耳朵，但是只有一张嘴巴。所以听与说的比例，也是以此为准则。除了说得太多之外，销售人员又时常犯批评与反驳客户的坏习惯。如果想在这行业中生存，销售人员一定要戒除以上的多言、批评与反驳的毛病。

怎样才可培养出一个给客户好的印象来呢？方法很简单，多练习便成了。说话练习的方法，可以对着镜子练习，或与妻子和同事练习，互相扮演不同的角色来演练，准备功夫做足了，说话便自然和流利。最好的学习方法，便是自己找出缺点来，试试将一切见客户的过程记录下来，让自己看看还有哪些比较欠缺的地方，再努力提高自己。

打造销售人员的良好形象

销售人员所从事的工作是与人打交道的工作，特别是要经常与陌生人打交道。由于人本能的防卫心理，加上社会上对销售人员还存在许多误解和偏见，因此使销售人员在一些人的眼中成为最不受欢迎的人。不少销售人员好不容易与客户见了面，但还没有谈到实质问题就被客户拒绝了。所以，成功的销售不仅要求销售人员有深厚的知识功底，而且要有良好的外部形象。因为销售人员在客户面前首先要销售自己，良好的外部形象是留给客户良好印象的主要方面。当新的一天开始时，所有销售人员应牢记"客户就是上帝""宾客至上、服务第一"等服务理念、服务口号。销售人员在进行销售工作之前要注意做好以下工作：

（一）树立良好的形象

要注意销售人员的仪表，不要看起来像霜打的茄子似的。男销售人员应该显得文雅而有朝气，女销售人员可以化淡妆，这是一种对自己和别人的尊重。特别要提醒的是，男销售人员不准在营业时间吸烟，叼着香烟和客户说话，甚至把烟雾喷到客户脸上。女销售人员既使在空闲的时候，也不要在柜台前面化妆、打扮。要在客户了解商品，并要求为之提供服务，或接待过程中与客户交换目光时适当的微笑。不能一个客户也没有，或客户距离甚远时，销售人员就暗自发笑，甚至傻兮兮的样子，很可能会吓跑客户。

1.树立良好的风度。风度是销售人员的外部形象与内在素质相结合的外在表现。一个具备良好风度的销售人员，除了具备较好的身高、相貌以外，还要有得体的衣着、服饰及形体动作。特别是销售人员与客户初次见面，应该面带微笑、衣着整齐、干净得体、仪表优雅大方，自信、诚实、热情，这样才能赢得客户的好感和信任。

当有客户过来，离销售人员一米以内时，销售人员应当面带微笑地说一声"欢迎光临"或"您好！欢迎光临！"在接待客户时，销售人员热情总比不热情好，对客户服务不热情，甚至冷言冷语、恶语伤人，会让客户不寒而栗。这就要求销售人员在为客户接待并服务的整个过程中，都应表现得礼貌、热情、耐心、得体、周到，使客户的购物达到舒心而愉快的效果。但如果热情过了头，同样也会令人生疑感到不舒服，直接影响客户的购买欲。

当销售人员把商品递交客户时，应用双手，并轻拿轻放。万一客户主动动手帮忙，要记得道谢。还要准确无误地解答客户的各种问题。解答要热情，声音要轻柔，答复要具体。解答客户的提问，应面对客户，文明解答。不能低头不理，或者含糊其辞、心不在焉，边回答边干其他事情。要礼貌答对，不能冲撞客户。有些客户挑选商品时会不时发问或者反复问一个问题，有时几位客户会同时发问，让人不知听谁的好，销售人员应有充分的耐心，沉得住气，详细地解答。

在接待多位客户时，不要以年龄、性别、服饰、相貌来取人。不管是老人还是孩子，同性或异性，哪怕相貌平平，或者穿着一般，必须一视同仁、平等对待。因为在这里他们都是消费者，都是上帝，都有可能带来潜在的消费群，必须做到笑迎天下客。

热情送客户，俗话说"买卖不成情义在"，无论客户挑拣半天分文未花，还是高高兴兴满载而归，都要说一声"欢迎再来"、"再见"或"您慢走"。

2.具有良好的语言习惯。语言是销售人员与客户进行交流的媒介，对销售的成功与否起着重要的作用。所以，销售人员要充分运用语言艺术去说服客户，在声音的大小、语速的快慢、语言语气的表达上进行深入的研究，养成良好的语言习惯。在国外，许多销售人员曾反复对准镜子练习访问客户时的语言及表情，这正说明了养成良好的语言习惯的重要性。

3.语言富有幽默感。幽默的谈吐是缓和营销气氛，打破僵局，摆脱困境，引起客户好感的重要方法。幽默能使销售人员增添超凡脱俗的魅力。所以，一个合格的销售人员应该具有幽默感。一切浅薄、粗俗的谈话都将损害销售人员的形象。

（二）保持干净的卫生环境

这里的卫生环境包括个人的卫生和店铺的卫生。对个人来说，先要搞好个人卫生，使自己看起来干净、利索。对于整个店面或所负责的货架、柜台，要定期进行擦洗清洁。如果是刚做完或者是正在做清洁工作，可以在相应醒目的位置上立上诸如"小心地滑！"之类的警示牌，让营业厅处处体现客户至上的经营理念。

要热情主动迎客，微笑服务。客户进店后，销售人员应以亲切的目光相迎接，欢迎客户的光临。对客户要始终保持微笑，以微笑接待客户，会使客户感到温暖，产生宾至如归的感觉。微笑是打动人心最美好的语言，这就要求销售人员当有客户光顾自己的"责任区"时，应当使客户感受到对他的热情欢迎，并以此使客户对销售人员产生良好印象。缺少微笑的销售人员，必将缺少客户的光临。不管有没有客户，都不允许销售人员坐着、趴着或靠着、倚着。这些休息时的动作，很难给客户留下好的印象。

　　千万记住要给客户创造一个安静的购物空间，要求商家与销售人员都要积极致力于将客户在购物过程之中所受到的打扰少到零的程度。让客户逛得自在、选得自由、买得舒心，购物时得到一种精神上的享受。

　　销售人员的工作是一项具有挑战性和开创性的工作，良好的个人形象当然能够促成订单的签订，但是仅靠好的外部条件也难以胜任，况且，外部条件的不足可以通过销售人员自身的学习、实践和修养来弥补。

（三）得体的着装

　　得体的着装不仅可以使销售人员显得更加美丽，还可以体现出一个现代文明人良好的修养和独到的品位。不管是男销售人员还是女销售人员，都要有效地推销自己，进而成功地销售产品。所以，掌握一定的着装技能是非常有必要的。

　　女销售人员的穿衣经：

　　（1）保持衣服平整。皱巴巴的衣服会给人邋遢的感觉，而平整的衣服会显得精神焕发，所以应保持衣服熨烫平整。购买服装时，要多选择一些不易皱的衣料。这样才能给客户留下美好的第一印象。

　　（2）袜子以透明近似肤色为好。夏天，可以选择浅色或近似肤色的袜子；冬天，服装颜色偏深，袜子的颜色也可适当加深。另外，值得提醒女销售人员的是，不管是夏天，还是冬天，在皮包内一定要放一双备用丝袜，以便当丝袜被弄脏或破损时可以及时更换，避免出现尴尬场面。

　　（3）饰品不宜过多。巧妙地佩戴饰品能够起到画龙点睛的作用，给女销售人员增添无穷的魅力。但是佩戴的饰品过多，则会分散客户的注意力。佩戴饰品时，应尽量选择同一色系。佩戴首饰最关键的就是要与整体服饰搭配协调起来，让饰品点缀服饰。

　　男销售人员穿衣经：

　　与女销售人员不同的是，男销售人员与客户见面时可以穿有领T恤和西裤，使自己显得随和而亲切，如果是去客户的办公室，则一般要求穿西装，打领带，因为这样会显得庄重而正式。西装穿着会显得神采奕奕、气质高雅，内涵丰富。男销售人员穿西服时，一定要注意搭配。

　　（1）西装单色为主且要简洁。选择西装，在款式上应该简洁，注重服装的质料、剪裁和手工。在色彩选择上，以单色为宜，建议至少要有一套深蓝色的西装。因为深蓝色显示出高雅、理性、稳重；灰色比较中庸、平和、显得庄重、得体而气度不凡；咖啡色是一种自然而朴素的色彩，显得亲切而别具一格；深藏青色比较大方、稳重，也是较为常见的一种色调，比较适合黄皮肤的中国人。

（2）领带要起到画龙点睛的作用。领带除了颜色必须与自己的西装和衬衫协调之外，还要求干净、平整不起皱。领带长度要合适，打好的领带尖应恰好触及皮带扣，领带的宽度应该与西装翻领的宽度和谐。

（3）衬衫要协调与符合自己的特点。领型、款式都要与外套和领带协调，色彩上注意和个人特点相符合。纯白色和天蓝色衬衫一般是必备的，注意领口和袖口要干净。

（4）袜子宁长勿短，要与西服协调。以坐下后不露出小腿为宜。袜子颜色要和西装协调，深色袜子比较稳妥，因为浅色袜子只能配浅色西装，不宜配深色西装。

（5）鞋子要干净与光亮。鞋的款式也直接影响到男士的整体形象。在颜色方面，建议选择黑色或深棕色的皮鞋，因为这两种颜色的皮鞋是不变的经典，浅色皮鞋只可配浅色西装，如果配深色西装会给人头重脚轻的感觉。无论穿什么鞋，都要注意保持鞋子的光亮及干净，光洁的皮鞋会给人以专业、整齐的感觉。

（四）恰当的妆容

男女销售人员因为性别的不同，在化妆技巧上也有不同。

女销售人员重在雅。女销售人员在仪容上还要体现出雅来。古语说："形诸于外而神于内。"雅是一种由内至外散发出的高雅气质。具体来说，女销售人员可以在修饰仪容时，参照以下几方面：

（1）妆容衬托气质。

女销售人员特别该注意，化妆应该和自己的气质相近，这样才能更好地表现出自己的"神"和内在的"雅"来。

（2）亮丽而不俗气。

销售日用化妆品的女销售人员不妨把自己装扮得亮丽一些，显得青春时尚。令自己显得神采飞扬，以此来感染客户。但要把握一个度，过度就会显得俗气。

（3）时尚兼个性。

时尚也是一种美丽，这个是大多数人对美所达成的一种共识。女销售人员要有敏锐的时尚触觉，并从中捕捉适合自己个性的因素，而不要轻易受潮流所左右，因为潮流不一定适合每一个人。因此女销售人员的妆容应该展现出既时尚又和谐自然的美感，这才是雅的体现。

另外，女销售人员化妆要把握以下原则：

时间原则。白天是工作的时间，宜化淡妆，这样会显得清雅大方；夜晚因为光线的原因，可适当加重妆容。

场合原则。在与顾客面谈时，宜化淡妆，这样既庄重又不至于分散客户的注意力；参加正式的社交活动，可以化晚宴妆以配合灯光的效果，同时可以打扮得隆重一些来配合妆容。

地点原则。在自己家里，如果要会客的话，还是应该适当化妆以显示对客人的尊重。

男销售人员重在"洁"。男销售人员在日常工作与生活中不必化妆，但需要保持整洁的仪容。在现代社会，男性美容已经呈现出大众化的趋势。由于生理和活动量大，男性皮肤比较粗、毛孔大，表皮容易角质化，同时汗液和油脂分泌量也较多，会使灰尘和污垢积聚，堵塞毛孔，引起细菌感染，皮肤发炎。因此，男销售人员更应该注意"面子问题"。如果注意以下几方面，就能让销售人员信心倍增，并以最佳的仪态面对客户。

（1）整体整洁舒适。

整体整洁舒适是指胡须、头发等对外观有影响的因素。男性留胡须或长发要根据自己的性格及外形条件决定。无论是否留胡须，都应保持干净，力求将整洁大方的仪容展现给客户，而不要总让人有"沧桑感"；如果留长发，请注意保持干净整洁。

（2）干净、大方。

由于男性皮脂分泌较多，汗腺也较发达，容易产生异味，故应该更加注意讲究卫生，勤洗脸、洗发、洗澡、剪指甲、换衣服，随时保持身体干净卫生，对于吸烟族的销售人员来说，要避免烟味太浓。

（3）学会自我保健。

男销售人员平常也应使用基本的护肤品，特别是在容易引起皮肤干燥的秋冬季节。只有当皮肤光洁、嘴唇滋润时，在销售护肤品时才能给客户信心。因此，男销售人员要学会自我保健。

无论是男销售人员还是女销售人员，培养气质、加强自身修养都是形象好的重要部分。高雅的气质源于内在的涵养。内外结合，相得益彰，才会显得气质高雅、魅力无穷。

接递名片的礼仪

名片是一个人身份的象征，在销售中经常使用，而且至关重要。一个优秀的销售人员，应该重视名片，学会恰当使用名片。

小杨是新华公司总务，有一次负责采购一批价值约500万元的办公设备，本来已决定向振华办公用品公司购买了。一天，振华办公用品公司的销售人员打来电话说要来拜访。小杨心想，对方来时，就可以在订单上盖章了。不料对方提前来访，原来对方打听到新华公司职工宿舍大楼即将落成，希望职工宿舍需要的设备也能向他们公司购买，所以带来一大堆资料，摆满了桌子。当时因正好有事，便让秘书请对方等一下。对方等了一会儿，不耐烦地收起资料说："我改天再来打扰吧！"就在对方收拾资料准备离去时不小心把他的名片丢在地上，一不小心踩了一脚，而且就这样抱着资料头也不回地走了。这种失态给他的销售带来不利的影响，于是，小杨立刻决定向别的厂家订购。

仅仅是因为一个小小的失误，500万元的业务就这样泡汤了。从这个事例中我们可以看到，在销售过程中，正确使用名片是多么重要。正确使用名片应注意：

（一）接受名片要礼貌

在接受客户递出的名片时，销售人员切忌采用如下方法：

（1）漫不经心地往口袋中一塞；

（2）拿在手中玩弄；

（3）放置于下身裤兜里；

（4）让名片遗失在桌上或地上。

这个看似小小的失误，很可能会让销售人员失去与这个客户做生意的机会。名片代表的是客户的形象。对名片的不敬和轻视，就是对客户的蔑视，销售人员一定要牢记这一点。

销售人员必须礼貌地接名片，其基本原则是：双手都空着的时候，必须双手去接；接过对方的名片后，一定要专心地看一遍，客户回赠名片时同样要双手接回名片，并同时将名片大声朗读一遍，不容易念的姓名一定要向对方问清楚，但不要直接问这个字怎么念或想当然的乱念，这样会让客户很反感的。销售人员可以重复一下对方的姓名，不会的字做一个明显停顿，示意对方，通常对方都不会介意重复一次的；即使客户没有赠送您名片，您也要将他报出的名字重复一遍并记牢他。读完名片后要将其小心地放到名片夹里或放到上衣的口袋，这是对客户应有的尊重与礼貌。假如同时有几个客户在场，就必须记清客户和名片的位置，绝对不可以张冠李戴，念错名字，因为如此将会使客户们对销售人员及所营销的产品大打折扣。

（二）递出名片不要太随意

递送名片时，应该以审慎的态度，恭敬礼貌地递给对方。销售人员切忌采用如下方法递名片：捏住名片的一角递出去或用食指和中指夹着名片递给对方。这两种递法容易将尖利的地方朝向对方，是极不符合礼节的，客户会很反感的。另外，递名片应该递到对方手中，不要将名片放在桌子上。正确的递法应是：呈递名片时要身体前倾，头略低向客户，手指并拢，将名片放在掌上，用大拇指夹住名片左右两端，恭敬地送到对方胸前；或食指弯曲与大拇指夹住名片左右两端奉上。名片上的名字反向对己，使客户能够清楚地念出名字，同时要大声报出自己的名字，然后中肯地说："以后请您多多关照。"大大方方地报出名字能使客户的设防心理降低，加之名片又是身份的标志，用以保证客户随时都能找得到，这才是递送名片的最基本礼貌。这样客户才会产生一定的信任感，而愿意继续交往。

（三）保持名片交换的良好态度

出示名片时应严肃认真，不能采取随随便便的态度。初次交往时客户会凭销售人员出示名片时的态度来衡量其人品，判断是否值得交往。外出时，销售人员应事先将名片放在易于取出的地方，在适当时机顺手掏出，恭敬地递给对方，并客气地说："这是我的名片，请以后多加联系。"这必然留给对方一个较好的印象。

（四）妥善保存客户的名片

保存名片时，必须把别人和自己的名片分开来放，因为如果错把别人的名片递送给对方，将是一件非常失礼的事情，而且也会造成尴尬的场面。名片保管要注意：

（1）名片夹也许会使用比较久，所以请购买品质好一些的；

（2）不要将名片放在车票夹、小笔记本里面，取用的时候很不方便也不体面；

（3）名片放在西装上衣口袋比较好。

名片虽然交换了，但要让客户留住名片也是有方法，优秀的销售人员会使用特别的方式让客户留住名片。

戴尔中国区市场总监阚孝全说他去见客户的时候常常讲这样一句话："你不买戴尔的产品没有关系，不过我的名片请你保存好放在桌面上，如果别的厂商过来洽谈时看到我的名片一定会比较紧张，这样你就可以拿到一个比较优惠的折扣了。"

名片看起来是一个很小的东西，但是否尊重客户却在这里表现得淋漓尽致。名片的使用可以促成销售，也会影响销售，要成为一名优秀的销售人员，这样起码的商务礼仪是必须熟练掌握的。

握手的艺术

握手原来是指交战双方为了向对方表示自己已经放下手中的武器，决意言归于好的表示。当今，握手已成为人们进行交往不可忽视的身体语言之一。销售人员在销售活动中，为了增进与客户间的友谊，必然要经常拜访客户，在与客户见面时，握手是必不可少的礼节之一。

做事情要讲究分寸，握手也要讲究艺术。一般来说，当客户来访时，销售人员应该先伸手表示欢迎，在客户告辞时，则应该等客户先伸手，如果销售人员先伸手了那就有下逐客令的嫌疑。如果客户是位女士，一定要让女士先伸手，切不可抢先。要是为了表示自己的热情、真挚，与人握手时使劲用力，其实是很不稳妥的。这样不仅会弄疼对方，还会显得销售人员很粗鲁。而与之相反，有的女士为了表明自己的清高和自己不是那种轻浮的人，又往往只是伸出手，用指尖与人相握，这样的做法让人觉得冷漠、敷衍。所以正确的握手是用手掌和手指不轻不重地握住对方的手，然后再稍稍用力上下晃动即可。

握手的时候，不能戴手套。在一些特殊的场合女士是被允许带着手套和别人握手的，但是要知道如果摘下手套，更不失身份。一般情况下，只可以用右手握手，除非右手受伤或其他的原因实在不能用来握手，才可以用左手。握手时，持久不能太长，三四秒足已，关系密切时可稍长一些。不要一牵着别人的手就没完没了的问长问短，尤其是在异性之间，更不能够这样。双手握手看起来是很热情、友好，但是不可以滥用。

握手时出手快常表示握手出自真诚、友好，乐意交往，重视发展双方的关系；握手时出手慢常表示握手缺乏诚意、信心不足，无进一步深交的愿望。

握手时，如果是销售人员先伸手，那么自然大方地把手伸给对方就可以了。为了表示对客户的尊重，所以在与之相握的时候，掌心应该向上。要记住，掌心向下的握手方式，会给人一种傲慢、盛气凌人、粗鲁的感觉。

销售人员在与客户握手时应该注意以下问题：握手的时候，不要心不在焉，左顾右盼，或者一边跟人握手，一边又与其他人打招呼；一定要以诚恳、柔和的眼神正视别人的双眼，以示诚意。但一定要避免下面几种错误的握手方式：

1.击剑式握手。在与客户握手的时候，很突然地把一只僵硬、挺直的手臂伸过去，而且手心向下。

2.手扣手式握手。双手握手，在西方被称为"政治家的握手"。这种方式表现得非常热情，但不适合初次见面的客户或者是异性之间。

3.死鱼式握手。伸出的手软弱无力，任客户握着，仿佛一条死鱼。

4.虎钳式握手。在握手的时候，用拇指和食指像老虎钳一样，紧紧攥握对方手的四指关节处，这种方式很不令人喜欢。

最后要提醒的是，如果销售人员与同事一起与客户洽谈，在多人相互握手的时候，千万不要交叉握手，在西方人看来这样做是不吉利，在东方人看来，也显得不够稳重，销售人员应该等别人握手结束之后，再与对方握手。

电话销售礼仪

电话是销售人员常用的销售工具。通过电话可进行市场调研、客户约见、销售面谈等。电话不仅传递销售人员的声音，也传递销售人员的情绪、态度和风度。虽然电话是通过声音交流，是客户看不见的销售人员，但销售人员的情绪、语气和姿态都能通过声音的变化传达给客户，电话是与客户沟通交流的有效途径，接听电话是需要讲究礼仪的。

孙娇是一家贸易公司的秘书，恰好在她忙得不可开交时，接到一个客户打来的电话，孙娇在听了客户一番长长的问题后，只作了简单的回答就挂了电话。客户还没有说再见，就听到孙娇这边"咔嚓"一声挂了电话，一下子就愣住了，他并没有想到孙娇会在他之前挂断电话，心里十分不快地嘟哝了一句："这么急，赶杀场啊！"

后来这个客户与孙娇的上司一起聊天时，说到了孙娇挂电话的事，她的上司好像受到了侮辱一般，回来就把孙娇训了一顿。

因接听电话而失去重要客户是得不偿失的。因此，接每个电话都要将客户视为自己的朋友、态度恳切、言语中听，使客户乐于交谈。接听电话时，应注意倾听客户的谈话，这不仅是对他人的尊重，也体现出销售人员的修养和气质。同时，适当地给予回应，让客户感到有耐心、有兴趣听他讲话，这无疑会使客户信任销售人员，客户的信任对销售工作是很有利的。

有时一些客户图省力，方便，用电话与业务部门直接联系，有的定货，有的是了解公司或产品，或者是电话投诉。而有些销售人员，在这方面就相当欠缺。往往在接听电话时，还没等到客户说"再见"，就重重地挂上电话，虽然这只是一个很小的细节，但却是一个十分不礼貌的行为。电话接听者在接听时一定要注意，绝对不能一问三不知，或敷衍了事推诿客户，更不能用不耐烦的口气态度来对待每一位打过电话的客户。电话营销要注意以下几点：

（一）自报家门

电话接通后，接电话者要自报家门。如："您好！我很高兴为您服务"或"您好！这里是某某管理公司业务部"。绝对不能抓起话就问"喂，你找谁呀；你是谁呀？"这样不仅浪费时间还很不礼貌，让公司的形象在客户心中大打折扣。

（二）带有喜悦的心情接电话

打电话时销售人员要保持良好的心情，这样即使客户看不见销售人员，但是从欢快的语调中也会被感染，给客户留下极佳的印象，由于面部表情会影响声音的变化，所以即使在电话中，销售人员也要抱着"客户看着我"的心态去应对。

（三）清晰明朗的声音

打电话过程中绝对不能吸烟、喝茶、吃零食，即使是懒散的姿势，客户也能够"听"得出来。如果销售人员打电话的时候，弯着腰躺在椅子上，客户听销售人员的声音就是懒散的，无精打采的，若坐姿端正，所发出的声音也会亲切悦耳，充满活力。因此打电话时，即使看不见客户，也要当作客户就在眼前，尽可能注意自己的姿势。

（四）三声之内接电话

我们都知道电话若长时间无人接电话，或让打电话的人久等是很不礼貌的。做销售也是一样的道理。而有一些公司，桌上往往会有两三部电话，销售人员听到电话铃声，应准确迅速地拿起听筒，最好在三声之内接听。即便电话离自己很远，听到电话铃声后，销售人员应该用最快的速度拿起听筒，这样的态度是每个销售人员都应该拥有的，这样的习惯是每个业务员都应该养成的。如果电话铃响了五声才拿起话筒，应该先向客户道歉，若电话响了许久，接起电话只是"喂"了一声，客户会十分不满，会给客户留下恶劣的印象。

（五）了解来电话的目的

上班时间打来的电话几乎都与工作有关，公司的每个电话都十分重要，不可敷衍，即使客户要找的销售人员不在，切忌只说"不在"就把电话挂了。接电话时也要尽可能问清楚些，避免误事。接电话者首先应了解客户来电的目的，如自己无法处理，也应认真记录下来，委婉地探求客户来电目的，就可不误事而且赢得客户的好感。

如果需要客户等待，接电话者必须说："对不起，请您稍等一下。"之后要说出让他等候的理由，以免因等候而焦急。再次接听电话时必须向客户道歉："对不起让您久等了。"如果让客户等待时间较长，接听人应告知理由，并请客户先挂掉电话待处理完后再拨电话过去。

如果客户语音太小，接电话者可直接说："对不起！请您声音大一点好吗？我听不太清楚您讲话。"绝不能大声喊："喂，大声点。"

如果遇找人的电话，应迅速把电话转给被找者，如果被找者不在，应对客户说："对不起现在出去了，我是××，如果方便的话，可不可以让我帮你转达呢？"也可以请客户留下电话号码，等被找人回来，立即通知他给客户回电话。

（六）挂电话前要有礼貌

要结束电话交谈时，一般应当由打电话的一方提出，然后彼此客气地道别，业务人员一定要记住给客户致谢，"感谢您用这么长时间听我介绍，希望能给你带来满意，谢谢！再见。"业务员才能轻轻挂下电话，以示对客户的尊重。不可只管自己讲完就挂断电话。某些情况下即使是销售人员主动打的电话，若客户比销售人员的职位高、年龄大，销售人员也应该让客户先挂电话，然后自己再挂断。

挂断客户的电话后，有许多的业务员会立即从嘴里跳出几个对客户不雅的词汇，来放松自己的压力，其实，这是最糟糕的一个坏习惯。作为一个专业的电话销售人员来讲，这是绝对不允许的。

不管销售人员手头有多少工作需要尽快处理，也不可在接听电话时表现出不耐烦，不可粗鲁地挂断电话，这会让客户感到销售人员不懂礼貌，素质太低，对销售人员产生坏印象。弄不好还会影响销售人员与客户之间的沟通与交流，尤其是接听客户抱怨销售人员的工作或公司产品情况的电话时更要耐心、专心地倾听。在电话交谈时态度冷冰冰，急于为自己或为公司争辩，不能平心静气地听客户说话，甚至不耐烦地挂断电话，这些做法不但不能解决问题，反而会进一步把矛盾激化，使得问题更难解决。遇到类似情况，销售人员首先得耐心听客户把话说完，然后再分析问题到底出在哪里，最后再平心静气地与客户商量解决办法，这样不但留住了客户，而且还给客户留下了好的印象。

随着科学技术的发展与人们生活水平的提高，电话的普及率越来越高，人类已经离不开电话，销售工作更离不开电话，每天要接、打大量的电话。看起来打电话很容易，对着话筒同客户交谈，觉得和当面交谈一样简单，其实不然，打电话大有讲究，可以说是一门学问、一门艺术。销售人员一定要掌握接打电话的一些技巧与方法，让电话帮助销售人员更好的销售。

诚信是销售的法宝

诚信简单的理解就是诚实、讲信用，做到不欺瞒、不蒙骗别人。华盛顿用小斧头砍倒了他父亲的一颗樱桃树。父亲见心爱的树被砍，非常气愤，扬言要给那个砍树的一顿教训。而华盛顿在盛怒的父亲面前毫无隐瞒地承认了错误。父亲被感动了，称华盛顿的诚实比所有樱桃树都宝贵得多，这就是诚信。

在做销售时，一定要给客户真诚的印象，要不然销售就会困难重重，真诚老实是绝对必要的，千万别说谎，即使只说了一次，也可能使销售人员的信誉扫地。正如《伊索寓言》的作者所说："说过谎了，即使以后你说真话，人们也不会相信。"如果自始至终保持真诚的话，离成交的到来就会越来越近。

世界上最伟大的销售人员乔·吉拉德说："任何一个头脑清醒的人都不会卖给客户一辆六汽缸的车，而告诉对方他买的车有八个汽缸。客户只要一掀开车盖，数数配电线，你就死定了。"因此，销售的第一原则就是诚实，即古人早已教诲过的经商之道"童叟无欺"。客户希望自己的购买决策是正确的，希望从交易中得到好处，害怕蒙受损失。客户在觉察到销售人员说谎、故弄玄虚时，出于对自己利益的保护，反而不敢相信销售人员所销售的产品，这是很常见的。

真诚是销售的第一步。简单地说，真诚意味着销售人员必须重视客户，相信自己产品的质量。

日本美津浓公司是一家专门生产销售体育用品的公司。他们在生产的每一件运动装口袋里都附上一张说明，内容是运动装虽然用了最好的染料，染色技术也是一流的，但时间长了仍不可避免地要出现褪色，并向客户致歉。美津浓公司这种坦诚的做法赢得了客户的信赖，其产品的销售量在日本一直名列榜首。

美国吉列公司以生产销售吉列刀片而闻名于世。他们在广告词中坦诚地向客户介绍，吉列刀片最大的特点是锋利耐用，但缺点是容易生锈，唯有用后擦干保存，方能避免刀片生锈。吉列公司的坦诚宣传也博得了客户的信任，人们争相购买这一揭短产品。

销售人员必须坦率地告知客户产品的优缺点。乔治·亚当斯就这样说道："最聪明最优秀的销售人员总是诚实地对待客户，坦言其所有规章，告诉对方各种优劣点。"在介绍产品时，销售人员有义务让客户对产品形成一个客观的认识。这也就意味着销售人员必须客观地描述产品——既不夸大优点，也不粉饰其缺点。而在具体的销售过程中，有很多销售人员怕失去客户，在介绍产品中只讲优点，不讲缺点，这是错误的。因为，首先一个产品不可能没有缺点，回避缺点的做法只会引起客户的怀疑，认为销售人员在撒谎。

销售人员与客户打交道时，首先向客户销售的是销售人员的人品，最主要的是向客户销售诚实。现代销售的理念是说服销售而不是欺骗销售。一是一、二是二。说实话往往对销售人员有好处，即使是当时欺骗了客户，促成了销售，事后客户依然可以查证的。

一个脸上长有粉刺的销售小姐，在她向客户销售化妆品时，有的客户看到她脸上的粉刺，因而对其产品的功效产生了怀疑。这位小姐也看出了客户的迟疑，便镇定自若地说："这种化妆品对粉刺也有很好的效果，我以前满脸都是，自从用了一盒之后，现在已经少多了。"

正是由于这位销售小姐的真诚与坦率才巧妙地化被动为主动，变不利为有利，现身说法，赢得了客户的信任，从而增加了销售额。所以，一个一流的销售人员不仅要有良好的外部条件，而且要有良好的知识修养与业务能力。因为销售在某种意义上就是销售自我，就是要在众目睽睽的舞台上发挥自如，博得每一个客户的好感。然而，谁也不能确切地告诉销售人员讨人喜欢是怎么回事，不过那些讨人喜欢者所禀赋的某些品质是可以解释清楚的，即乐观豁达、充满自信、谈吐幽默、谙熟交际、以诚待人等。

当然，即使是一个老实人，他也会对虚假的恭维产生反感。赞美别人固然好，但过分赞美只能适得其反，别人不仅不会相信，还会把销售人员一眼看透。不管销售人员说的奉承话多么娓娓动听，客户也能意识到销售人员实际上是一个骗子。因为客户比我们想象的要聪明得多。记住，客户本来就可能对销售人员心存戒心，所以千万别犯傻，让客户加重疑虑与反感，不要忘了，首要的任务是销售产品，客户的时间是宝贵的，他不会有兴趣听销售人员说那些有预谋的恭维话，因为客户与销售人员见面的目的是坐下来谈生意，是看销售人员能够提供什么样的服务。这里提供两条建议能给人留下真诚的第一印象：

（一）不要戴太阳镜

老实说，就算销售人员是站在沙漠的中央销售土地，也必须用眼睛和客户交流，而太阳墨镜显然做不到这一点。这一点要牢记。

（二）正视客户的眼睛

当与客户说话的时候，销售人员一定要正视客户的眼睛，而当聆听的时候，销售人员也得看着客户。否则，客户会把心不在焉的销售人员理解为不诚实、心里有鬼。有许多老实的销售人员因为羞怯而不敢直视客户的眼睛，但是客户绝不会相信一个销售人员会害羞。因此，销售人员必须学会眼神交流法，不管它有多难。

同样重要的是，销售人员要真诚，而不要贪婪。虽说一次成功的销售可能赚更多的钱，但很可能毁掉销售人员的信誉，那样会失去更多的机会。销售人员需要的是长期的、多次的合作，而合作只有在双方都感到满意的时候才称得上是好的合作。同时，千万别因为一次交易的微薄利益得罪客户而失去大量潜在的客户，当销售人员予人好处的时候，影响就会像滚雪球一样越来越大，声誉也会相应得到提高。

遵守诺言

作为一名销售人员，遵守诺言是相当重要的。毕竟技巧和经验能慢慢积累，但一旦失去了信誉，合作的前提条件就没了，也就谈不上成功签单了。让我们先看看遵守诺言与不守诺言的区别吧。

春秋战国时，周幽王有个宠妃叫褒姒，为博取她的一笑，周幽王下令在都城附近20多座烽火台上点起烽火——烽火是边关报警的信号，只有在外敌入侵需召诸侯来救援的时候才能点燃。结果诸侯们见到烽火，率领兵将们匆匆赶到，才发现这是君王为博褒姒一笑的花招。诸侯们愤然离去。褒姒看到平日威仪赫赫的诸侯们手足无措的样子，终于开心一笑。五年后，酉夷太戎大举攻周，幽王烽火再燃而诸侯未到——谁也不愿再上第二次当了，结果幽王被逼自刎而褒姒也被俘虏。

而在"烽火戏诸侯"的地方，400年以后，却曾发生过商鞅"立木为信"的故事。秦国的宰相商鞅在秦孝公的支持下主持变法。为了树立威信，推进改革，商鞅下令在都城南门外立一根三丈长的木头，并当众许下诺言：谁能把这根木头搬到北门，赏金十两。围观的人不相信如此轻而易举的事能得到如此高的赏赐，结果没人肯出手一试。于是，商鞅将赏金提高到50金。重赏之下必有勇夫，终于有一个年轻人站起将木头扛到了北门。商鞅立即赏了他五十金。

一个帝王无信，戏玩"烽火戏诸侯"的游戏；一个"立木取信"，一诺千金。结果后者变法成功，国强势壮；前者自取其辱，身死国亡。可见，诚信对一个国家的兴衰存亡都起着非常重要的作用。其实，在商业中，很多人也在运用遵守诺言的魅力。

李红去了一家饭店想吃酸菜鱼，但是那里的老板却不让她吃。原来那个老板说她一个人吃不完，起码多带一个人来。后来李红就把同事带上，一起去吃一大盆的酸菜鱼。

其实那间食店真的很小，大概只能坐十个人左右，门口还摆着煮菜的小摊子，确实是那种很窄的小食店。可是有5、6人在吃东西。坐下一问，想吃酸菜鱼要等上起码半个小时。因为要赶时间，所以这次又吃不了了，李红决定下次一定要来吃上一顿。

过了一个星期，李红与她两个同事一起，再去吃酸菜鱼。刚到，那老板骑单车走了，去买配料了，今天也要等20分钟，因为前面有一个外卖，一个在店里等着。最后，李红与同事吃到了酸菜鱼。

并不是那里的酸菜鱼特别好吃，只是那里的老板有他非常独特的经营方式。那老板一开始就非常坦诚地告诉李红，她一个人是吃不完的，事实上也确实如此，不是只让她付钱吃就算了，这就引发李红再去吃第二次。第二次老板明确说出了等待的时间，不会浪费时间，是对客户负责任。那小店的生意能不好吗？

有的时候，就是最专业的销售人员也不可能回答客户所有的问题。遇到这种情形，销售人员可以直率地说："对不起，我现在还无法回答您，但我回去后会马上查找答案，很快就给您回电话。"记住，要是销售人员总是这样解释，那就说明销售人员并没有准备充分。不过，这种坦率的回答倒是体现了销售人员的诚恳。

有的时候，要是没有现货的话，要如实地告诉客户，因为没有存货，他要的货可能晚一些时候才能到。要知道大多数人都有小孩子心理，当对孩子说春节不得不推迟几天时，小孩子会愿意耐心等候。同样，当客户要的货比销售人员承诺的日子提前到达的时候，在客户的眼里，销售人员就成了可敬的英雄——最重要的是，客户们相信销售人员说话算数。

销售人员要让客户觉得自己诚实可信，重要的一点是遵守诺言。销售人员常常通过向客户许诺来打消客户的顾虑，如许诺承担质量风险，保证商品优质，保证赔偿客户的损失；答应在购买时间、数量、价格、交货期、服务等方面给客户提供优惠。销售人员在不妨碍销售工作的前提下，不要做过多的承诺，同时要考虑自己的诺言是否符合公司的方针政策，不开空头支票，销售人员一旦许下诺言，就要不折不扣地去完成诺言。

第十五章

用超强沟通力和说服力征服客户

销售人员会说话才能有大客户

一流的销售人员都有良好的语言表达能力，在介绍产品时清晰、简洁、明了、准确适度、入情入理、亲切优美，能打动客户，激发起客户的购买热情，形成良好的销售气氛，从而达到销售的目的。

产品要好看才能好卖，销售人员要会说才能有大客户。销售人员更要有一张会唱歌的嘴，要巧妙地利于语言魅力与客户打交道。

美国的新泽西与宾夕法尼亚是相邻的两个州，为了降低机动车的保险支出，两个州都制定了相应的法律。制定法律的目的是，假如驾车的人放弃对某些交通事件的起诉权，就可以少交纳一些保险费。但两个州法律的表达方式却截然不同。

其中，宾州的规定是：要拥有所有交通事件的起诉权，除非另外声明。

新泽西州的规定是：要自动放弃某些交通事件的起诉权，除非另外声明。

在新泽西州，有80%的人选择有限起诉权，而宾州只有25%的人做同样的选择。

为什么出现这样的结果？仔细研究一下，这两种说法的意思是一样的。但是结果截然不同。一个是假定拥有完全的起诉权，可以声明只要求有限起诉权，那样可以少交钱。另外一个说法是：假定现在拥有的就是有限起诉权，有权获得完全起诉权，但需要声明才能获取，并且需要交钱。比较而言，人们更倾向于选择不交钱的那一种方案。

所以说，会说话是一门艺术，同一个意思，表达方式不同，结果就不同。作为销售人员一定要明白这个道理，然后才能运用。虽说人们要买的产品是为了实用，但外观、造型、包装，并非不重要。在现代商业竞争日益激烈的情况下，后者更日显重要。只有看起来让客户舒服的产品，才能刺激客户的购买欲。古时候，有个卖珠人，为了好看和方便，给珠配了一个雅致的盒子，这样很快便将珠子卖掉了。有趣的是，买珠子的人把盒子留下，而将珠子拿来还给原来的卖珠人了。这便是买椟还珠的寓言。可见外观、装潢的作用了。装潢好了，还要看销售人员的嘴巴。能把要说的做到比唱的还好听，这样客户才愿意买。

一家钟表店，出售一块造型过时的手表，这种手表在已多年不生产了。有一天恰巧来了一对夫妻，丈夫给妻子买表。这妻子眼睛近视，需要手表时针和分针都很粗大，且颜色与表面反差要大，刚好这块过时的手表符合这些特点，只是造型太丑了些。丈夫否定了这只表，刚要走，卖表人拉住了他，对他说："这块手表外形的确有点过时，但你妻子又看不到，而时针分针粗大对你妻子却很合适，你错过了这个店，还买不到呢！"丈夫觉得卖表人说得有理，便买了这块手表。很显然，如果不是这个卖表人会说话，这个生意肯定泡汤了。

销售人员能言善辩，说话中听，是销售人员的一种素质要求。销售人员主要的工作是为了销售产品，可是客户被得罪了，他肯定不会买销售人员销售的产品。所以，只要不欺骗客户，会说话就是一门艺术，能让不顺耳的话顺耳，不满意的客户满意。打个比方说，一位妇女身材很胖，她要买一双高跟鞋。如果直接告诉她：你这么胖，还穿高跟鞋！她听了肯定会生气。可是假如巧妙地这样说：你的脚比较丰满，中跟鞋会更稳当。她不一定会拒绝。同样一个事实，同样一个意思，她听起来就舒服多了。

很多销售人员简单地认为好的语言表达能力就是滔滔不绝，事实上远非如此。判断销售人员是否具有好的语言表达能力，要从他所使用的语言的说服力上分析。销售的核心是说服，说服力的强弱是衡量销售人员水平的标准之一。很多时候滔滔不绝不但不能说服客户，还有可能引起客户的反感，真正的说服需要技巧。那些真正具有说服力的销售人员并非都能口若悬河，只要掌握方法，一个木讷、呆板甚至说话结巴的销售人员都能够具有超强的说服力。

要想成为具有说服力的一流销售人员，应该避免消极的语言，给客户积极的感受。具有说服力与感染力的语言，首先必须是积极。很多销售人员不太注意这一点，所以在销售过程中总得不到客户的热烈响应，一位机器设备销售人员在回答客户有关产品性能方面的问题时是这样回答的："胡总，您说的问题确实存在，这对您的使用不会造成很大的影响。"后来那次销售砸了。几天后，另一位销售同样机器的销售人员也来拜访胡总，面对同样的问题，这位销售人员是这样回答的："胡总，我保证您今后几年都会因为购买了我们的产品而高兴的！易于操作、功率强劲一直都是这款机器的特点！"最后这位销售人员成功了。因为前一位使用了消极的语言所以失败了，而后一位使用了积极的语言则取得了成功。

不管面对的是怎样的客户，也不管所处的环境如何，如果有积极的词汇可以选择，那么就要完全避免不必要的消极词汇出现。销售人员要说"这种产品真的不错！"而不要说"它绝对不会出差错"；要说"我们能为您提供更加全面周到的服务"而不要说"和我们合作您就不必再担心合作伙伴不能履约为您带来的损失"。

总的来说，销售人员说话，一是要准确、得体、热情；二是要善于以褒代贬；三是要委婉文雅有礼貌；四是要简洁、中肯、客观。这就是销售人员要掌握的语言能力。

用巧妙的开场白拉近客户关系

在销售谈话过程中，尤其是在双方出现意见分歧的时候，销售人员很容易说出一些不恰当的词或句子，这会使原本就存在的矛盾变得更激烈。所以，不管客户犯了怎样大的错误，都不要在语言上向其发出挑战，即使觉得客户是在挑衅，也不要在语言上迎战，不管是哪种情况，都可以使用更好的、更恰当的方式证明客户的正确，维护客户的尊严。实际销售中，有的销售人员在这方面做的不近人意，在谈话开场白里经常使用的一些不恰当的语言。

"对不起，打扰您了……"

"我不会耽误您太长时间的……"

"我想占用您一点儿时间，和您谈谈……"

这些表达方式是那些性格软弱的销售人员经常使用的，他们用这样的话目的是不惹客户生气，事实上，销售人员越是贬低自己，越会令客户不满意。因为没有人喜欢在一个并不重要的人身上浪费时间，每个人都喜欢和重要的人打交道，而且与重要人士交谈的时间越长，他们就会越高兴。所以，任何时候都不要贬低自己。在语言上占据主动。

销售人员在语言表达上不能太软弱。另外，还不能经常说些"带刺"的话，一般有以下几种情况：

1. "安先生，您拒绝了我的预约，虽然如此，但我还是来了。"以及"安先生，您拒绝了我的预约。我想我能消除我们之间存在的误会。也正是因为这样，所以我才来找您。""虽然如此"在所有"带刺"的词汇中是最为明显的。其实，在大多数情况下，我们可用"因此"这个词来代替，这样比较好接受一点。

2. "您可能误解了我的意思！"如果销售人员发现客户误解了所说的话，不要强行打断客户，为自己辩解。此时，销售人员要保持冷静，并从客户的话中找出客户误解的关键点，然后调整自己的思路，重新组织语言，针对客户误解的重点，重申自己的意思，这样才能说服客户。

3. "安先生，您的这种想法是错误的。我可以向您证明另一种想法的正确性！"任何时候都不要批评或否定客户，这是对客户的不尊重。销售人员的任务是销售，不是为客户纠错。如果客户的错误想法阻碍销售的进行，销售人员也没必要扮演真理的化身，直截了当地指出客户的错误。在这种情况下，先承认客户合理的一面，再委婉地提出自己的观点，这样更有助于客户接受。

4. "我能理解您的想法，安先生！但是我们能不能再考虑一下几个其他的因素？"这种语言明显是在指责客户考虑问题不周全。

在销售的过程中，销售人员要尽量避免出现以上四种情况。

另外，销售人员也经常会遭遇尴尬，比如叫错客户的名字，在会面时忘记了一个重要的名字或重要事实，在进行销售拜访时，碰洒咖啡或者茶水，在销售会面后发现午饭吃的菠菜沾在牙上……无疑这些都有可能使销售功亏一篑。

在遭遇这些尴尬时，该怎么办呢？一流的销售人员认为，只要运用机智的语言，就可轻松化解这些尴尬。并能拉近客户关系。一位一流的销售人员朱丽娅认为，面对尴尬，最好的办法就是尽可能使声音和语调保持自然和平静。

在一次产品推介会上，朱丽娅出丑了。她那天穿了一件过长的连衣裙，裙裾一直垂到地面。就在她后退一步打算靠近黑板时，她的脚踩住了她的裙子，结果当众摔倒在演讲台上。观众起初还不知发生了什么事，接下来就有几个人跑上台来搀扶她。当她站起身时，并没有惊惶失措，而是继续用平静的声音介绍产品。会场只经过了很短一段时间的不安很快就安静下来，就像什么也没有发生过一样。

当然，适当的幽默也是打破尴尬的绝好方法。

琼在进行销售拜访时摔倒了。当时她站在门边与客户握手说再见，当她准备后退一步迈出客户家门时，脚被门边的什么东西绊了一下，她开始向下倒。出于绝望，她抓住了客户的肩膀寻求支撑，客户也很配合地拉起了她。当她站稳时，她微笑着对站在旁边看的客户小女儿说："我和你爸爸配合的这段吉普赛舞很经典，不是吗？"所有的人都开怀大笑，尴尬也就在顷刻间消释了。

不管销售人员做了怎样充分的准备，也不能完全排除尴尬发生的可能性，一旦尴尬发生，销售人员就必须能够应对，用机智的语言将尴尬对销售的影响降到最低限度，这样才有助于销售。因此可以说，机智的语言可以化解尴尬，机智的语言可以帮助销售。

把握主动权说服客户

销售人员在与客户交谈时，一定要把握好主动权。主动权在销售中具有至关重要的作用，销售人员只有将主动权牢牢掌握在手中，才能扮演好引导者的角色，才能让销售顺利进行。如果失去主动权，销售人员就会被客户牵着鼻子走，这样是很难做好销售的。那么销售人员该如何把握沟通的主动权呢？

（一）少说多问

提问往往比陈述更有利于帮客户理清思路，使客户积极主动地说服自己，从而尽快作出购买决定，并采取行动。显然，这大大提高了销售成功的概率。

经过两个多月的奔波，珍尼终于找到了一所能令她的客户马汶先生完全满意的房子。在他们看房子的那一天，她的客户表现出了难以掩饰的惊喜。不论是房子的建筑风格还是结构格局，甚至车库和泳池都受到了马汶先生的热烈赞扬。他兴奋地说，"所有的这一切都完美无缺，它简直太漂亮了。我真想立刻就拥有它。"

珍尼很高兴，她知道事情已经成功了一半。于是她看着马汶先生说："只要你愿意在这张纸上签上你的名字，你就可以拥有它了。不过在你签单之前，我觉得必须告诉你一件事情，这栋房子价格比你想出的房款要高出五万元。"

听了这番话后，马汶先生脸上笑容渐渐消失了，他的表情变得平静，并陷入了思考。珍尼觉察到了这一变化，于是她问了一个问题："马汶先生，你说过你打算在这座城市定居，我想你肯定会在这里住上20年吧？"

"事实上，我打算在这儿住更长的时间。"

"那你觉得这儿的周边设施以及交通状况怎样？它们会使这座房子的价值以每年1%的速度增长吗？"

"这当然太有可能了。这里发达的公路网和即将启动的市建工程很有可能使它在短期内价值翻番。"

"那么请再回答我一个问题。你现在每年要拿出多少钱来支付公寓租金？"

"大约8万元左右。"

"那你愿意以年租金5万元的价格租下这座漂亮的房子吗？而且更为诱人的是，当到了年底你就可以拥有这座房子，享受它为你带来的年1%的价值增长，并在它的相伴下幸福快乐地生活30年。你觉得这个计划怎么样？"

马汶先生听后，二话没说就在珍尼拿出的订单上签上了自己的名字。

珍尼通过询问了解到客户的顾虑所在，并进行针对地说服，使客户心甘情愿的多掏5万元购买房子。这个故事给我们很好的启示：最有说服力的语言表达方式不是陈述，而是提问。提问不但比陈述更有利于销售人员了解导致客户犹豫不决的真正原因并有针对性地加以说服，而且更有利于传达销售人员对自己产品的信赖，从而影响对方。合适的提问往往可以将销售过程向前推进。

（二）多用主动句

与被动句相比，主动句属于对销售有利的语言。其实，如果销售人员以主动句表达自己的观点，往往比被动句更能取得好的结果。比如，"目前，我们正在积极地准备新项目的开发"往往比"目前，新的项目正在积极的筹划中"更利于接受，"我们科研所目前正在针对这几种可能性做研究"所表达的意义往往比"这几种可能性目前属于我们科研所的研究范围之内"听起来更舒服。所以，在销售的过程中，销售人员要尽量使用主动句，记住，语言上的微小差距往往带来销售结果上的巨大不同。

（三）避免夸夸其谈

令谈话主动权失去的往往不是销售人员主动意识的丧失，而是销售人员在谈话中所说的"空话"和"语言垃圾"。很多时候，在这些销售人员大谈特谈根本无法实现的空话时，客户的一个出乎意料的问题就使销售人员交出主动权了。所谓的夸夸其谈就是语言中没有任何含义的废话部分。它足以使销售人员精心安排的销售拜访功亏一篑。来看看下面的语言，哪些能让人产生好感呢？

A："如果您没有其他的问题了，我建议您现在马上就做决定！"

B："如果您没有其他的问题了，您应当迅速决定购买了！"

C："您还考虑什么呢？我们已经就所有的问题都考虑过了。"

D："不要犹豫了，您最好现在就买下。错过了，就没有这样好的机会了。"

E："请拿着这支笔在订单上签上您的名字。我想你已经了解了这个产品。"

显然，大家会对销售人员A抱有好感，因为他是真正在说服而不是在逼迫。避免逼迫式的语言并不困难，只要在所说的话中加入"我想"、"建议"、"我认为"、"我提议"等字眼，就可以了。此外，销售人员还要注意，在自己的动作表情中要竭力避免焦躁、着急，要显得谦逊、自持。不要步步紧逼，要尽可能为客户营造轻松活跃的气氛。当然，在回答客户有关产品专业知识方面的问题是，要显得信心十足，这样才能维护自己的专业形象。永远都不要使用"带刺"的句子。

说服客户，不是逼迫客户。这是很明显的道理，但仍然有销售人员把二者混淆在一起。他们认为，如果销售人员显得挑战性十足，客户就能"就范"，购买产品了。事实上并非如此。不管是语言还是行动上的逼迫，都不会给客户带来好的感受，都不能说服客户，相反只会引起客户的反感。与挑战性十足的语言比起来，客户更容易接受一种委婉的、柔和的语言。

不该说的话不要说

经常看到在销售中，往往因一句话而毁了一笔业务的现象，如果能避免失言，销售人员的业绩肯定会百尺竿头，更进一步。销售人员的话说得恰到好处，可以使客户心情舒畅，增强其购买欲望。

小娟是一名服装销售人员，一天，一位穿着一件旧外套的客户走进了店门。看着他身上的破旧外套，小娟就想卖给他一件新外套。小娟心里在想："这人怎么还穿这种破衣服？这还是好几年以前流行的款式，他居然穿了这么多年，这衣服早该当抹布用了。"

当然，小娟心里可以这样想，但嘴上却不能这样说，如果实话实说，那肯定会离销售成功越来越远。如果是一名汽车销售人员，当客户问，他那辆旧车可以折合多少钱时，销售人员心里想的也许是："这辆破车还能值几个钱？"这可能是大实话，那辆车也许确确实实就是一辆不值钱的破车，它的轮胎也许已经磨损得不像样了，它烧起汽油来也许比柴油引擎还要多，车里的气味也许很难闻，总而言之，它就是一辆破车，但这种大实话销售人员绝对不能说。因为这是客户的车，客户可能很爱这辆汽车，毕竟开了这么多年，多少总会有点感情。即便不喜欢这辆车，但也只有客户自己有资格来批评这辆车。如果销售人员先开口说这辆汽车如何如何的糟糕，这无疑是在侮辱汽车的主人，不知不觉中已经伤害了客户的自尊心。这样，还能向客户销售吗？想想这些，销售人员还敢批评客户用过的东西吗？

佐藤的车已经用了十几年了，最近有不少销售人员向他销售各式车子，他们总是说："您这破车三天两头就得修理，修理费太多了……"或者说："您的车太破了，开这样的破车很容易出车祸的……"佐藤却执意不买。

有一天，一位中年销售人员又向佐藤销售，他说："您的车还可以再用几年，换了新车太可惜。不过，这辆车能够行驶12万英里，您开车的技术的确高人一筹。"这句话使佐藤觉得很开心，他立刻买下了一辆新车。

有时，客户会说自己的东西不好，比如说："这辆车太破，想买辆新车。"这时销售人员也不能跟着附和："你这车确实够破了，早该换辆新车。"特别是在谈及孩子时，当客户说他的孩子太淘气时，销售人员若顺着客户的话说，"是够淘气的"，那销售人员就休想让客户买产品了，销售人员可以说："聪明的孩子都淘气。"所以，在通常情况下，销售人员在与客户沟通时，不能说以下的话：

（一）直接批评客户

这是许多销售人员的通病，尤其是刚从事销售这一行的，有时讲话不经过大脑，脱口而出伤了客户，自己还不觉得。虽然销售人员是无心去批评指责，只是想打一个圆场、有一个开场白，而在客户听起来，感觉就不太舒服了。人人都喜欢听好话，人人都希望得到别人的肯定，不然，怎么会有"赞美与鼓励让白痴变天才，批评与抱怨让天才变白痴"这一句话呢，在这个世界上，又有谁愿意受人批评？销售人员从事销售，每天都是与人打交道，赞美性话语应多说，但也要注意适量，否则，让人有种虚伪造作、缺乏真诚之感。

（二）攻击性语言

我们可以经常看到这样的场面，同行业里的销售人员带有攻击性色彩的话语攻击竞争对手，甚至有的销售人员把对手说得一钱不值，致使整个行业形象在人们心目中不理想。多数的销售人员在说出这些攻击性话题时，缺乏理性思考，却不知，无论是对人、对事的攻击词句，都会造成客户的反感。作为销售人员应尽量杜绝，最好是做到闭口不谈，对销售会有好处的。

（三）过度吹嘘

不要吹嘘产品的功能！这一不实的行为，客户在日后的使用中，终究会清楚销售人员所说的话是真是假。不能因为要达到销售业绩，就夸大产品的功能与价值，这势必会埋下一颗"定时炸弹"，一旦纠纷产生，后果就很难圆场。有些销售人员确实会这样做，明明是69岁时的保单现金值，却说成是65岁；某种耳疾的治愈率只有72%，但却被说成92%。让我们看看下面的故事，更能深刻体会到过度吹嘘对销售来说只是有百害而无一利。

有一位医生，近几年来一直都使用某家药厂的药。突然有一天，这位医生完全不再使用该厂研制的药了。因为有一位销售人员到他的诊所丢下一瓶药丸说："这个是所有气喘病人的特效药。"医生很生气地说："他还真有胆量对着我说这种瞎话，我的一些病人已使用过，一点都无效！"

有好事者问他："是不是真的完全都无效？"

"那倒不是如此，就解除症状而言，它是蛮有功效的，但是气喘是无法根治的，有太多的因素会使它发作，心理受到影响也可能是发作的因素之一。"

"你希望那位销售人员怎么说呢？"好事者问他。

如果他对我说："肖医生，根据大规模在病人不知情的情况下所作的实验显示，这种药物对80%的气喘患者都能有效减轻症状。"我就会阅读那份报告，并增加处方量。老实说，那还算是不错的产品，但为什么他要向我过度吹嘘呢？

任何一个产品，都存在着好的一面，同样，也存在不足的一面，作为一名销售人员，理应站在客观的角度，清晰地与客户分析产品的优与劣，帮助客户"货比三家"，唯有知己知彼才能让客户心服口服地接受产品。给销售人员的忠告是：任何的欺骗与夸大其辞的谎言是销售的天敌，它会致使销售人员的事业无法长久。

（四）个人隐私

与客户打交道，主要是要把握客户的需求，而不是一张口就大谈特谈隐私问题，这也是销售人员常犯的一个错误。有些销售人员可能会说，我说我自己的隐私问题，这样总可以吧。就算只谈自己的隐私问题，不去谈论客户，试问销售人员推心置腹地把自己的婚姻、性生活、财务等情况和盘托出，能对销售产生实质性的帮助吗？

（五）不雅之言

每个人都希望与有涵养、有层次的人在一起，相反，不愿与那些"粗口成章"的人交往。同样，在销售中，不雅之言，对销售产品，必将带来负面影响。诸如，在销售寿险时，最好回避"死亡"、"没命了"，诸如此类的词藻。不雅之言，对于个人形象会大打折扣，它也是销售过程中必须避免的话语。

实话不实说并不是要销售人员不讲实话，也不是要销售人员以次充好去欺骗客户，它只限于销售商品以外的东西，对于产品的优缺点销售人员必须实话实说。

四"要"四"不要"

在销售谈判中，经常看到销售双方为了达到预计的目标而采用心理战术。心理战是以折磨对手的心理为目的，类似于"不战而屈人之兵"。这种诡计通过让销售人员的心里不舒服，从而把销售人员弄垮，使销售人员潜意识里希望尽快达成销售协议，并由此做出退让。销售人员要摆脱这种圈套，必须做到四"要"和四"不要"。

四要：

（一）要突出优势

对对方立场、观点有初步的认知后，销售人员再将自己在此次谈判事项中所占有的优、劣势及对方的优、劣势，进行严密周详的列举，尤其要将我方优势，不管大小新旧，应全盘列出，以作为谈判人员的谈判筹码。而我方劣势，当然也要注意，以免仓促迎敌，被对方攻得体无完肤。

（二）要界清底线

通常，谈判时，双方都带攻击性，磨刀霍霍，跃跃欲试。双方只想到可以"获得多少"，却常常忽略要"付出多少"，忽略了谈判过程中我方要让步多少，方可皆大欢喜。所以，在谈判前，务必要把对方的底线界清：可让什么？要让多少？如何让？何时让？先理清，做到心中有数。否则，若对方咄咄逼人，我方束手无策任由对方宰割，那就在谈判桌上失去主动。

（三）要有耐心

冲动是魔鬼，在销售中更是如此。所以在谈判中要时刻默念"戒急戒躁"，尤其在剑拔弩张、激烈火爆之际，更要遵行。因为，谈判中经常有打持久战的，谈三四个钟头，连上厕所的时间都没有，此时谈得已久，毫无建树，"心理"正急；而不能解放，"生理"更急，两急之下，就会失掉方寸，胡乱对应。所以，谈判前要把"耐心"带足，做充分准备。

（四）要随机应变

战场状况，瞬息万变，谈判桌上也需随机应变。虽说诸葛亮神机妙算，但人算不如天算，总有考虑欠周到处。谈判时，如果出现对手突有神来一笔，超出我方假设状况，我方人员一定要会随机应变，见招拆招。实在无法招架，手忙脚乱时，先施缓兵之计，再图谋对策，以免当机立"断"——断了自己的后路。

四"不要"：

（一）不要在有压力的情况下销售

在销售谈判中，对于一些很平常的问题，例如销售谈判在自己熟悉的地方或是在对方熟悉的地方举行，销售人员应该保持警觉。在对方的地盘或势力范围内销售，有时候于对方有利，对方比较容易对付销售人员；但有时候又反而对销售人员有利，因为这或许会使对方感到安适，更加乐意接受销售人员的建议，而且一旦有必要，销售人员也很容易离开谈判桌。如果销售人员已经允许对方选择销售的地点或环境，那销售人员一定得意识到自己会受何种心理影响。问问自己是不是感到紧张，如是，应探究一下原因。如果室内太吵，温度太高或太低等，或没有可以私下跟自己一方的人协商的场所，那么销售人员就必须意识到，这是为了促使自己让步与迅速做决定而刻意安排的环境。

如果销售人员发现不利于自己的销售环境，切勿犹豫，应尽快说出来。

销售人员可以建议调换座位，休息一会儿，或是干脆休会，改个时间与地点再谈。在任何情况下，销售人员都要确认问题之所在，并将它提出来，然后根据客观和原则，与对方交涉安排新的销售环境。

（二）不要讨论主观性的问题

在商言商，与销售没有什么关系的话题，销售人员最好不要参与议论，比如政治、宗教等涉及主观意识，无论说是对是错，这对于销售都没有什么实质意义。

一些刚从事销售的人员，涉及这个行业时间不长，经验不足，在与客户的交往过程中，难免无法有主控客户话题的能力，往往是跟随客户一起去议论一些主观性的议题，最后意见便产生分歧，有的尽管在某些问题上争得面红脖子粗，而取得"占上风"的优势，但争完之后，一笔业务就这么告吹，想想对这种主观性的议题争论，有什么意义呢？然而，一流的销售人员，在处理这类主观性的议题中，起先会随着客户的观点，一起展开一些议论，但争论中适时立马将话题引向销售的产品上来。总之，与销售无关的东西，应全部放下，特别是主观性的议题，作为销售人员应尽量杜绝，最好是做到避而不谈，对销售会有好处的。

（三）不要被黑白脸迷惑

有一种施加心理压力的方法是玩弄"白脸与黑脸的把戏"。这种方法常常出现在香港的警匪影片中。一般是两个警察来审讯嫌疑犯，第一位警察威胁要对嫌疑犯提出许多罪行的控诉，把他置于强烈的灯光下凶猛地逼问。当这位粗暴的警察离去后，另一位"好警察"进来，关掉强烈的灯光，给嫌疑犯递上一根香烟，同时对前面那位粗暴的警察的行为道歉，并说他很想制止刚才那位警察的粗暴行为，但除非嫌疑犯跟他合作，否则就无能为力。结果嫌疑犯就把一切都抖出来了。在销售中，同样也会出现这种技巧。

同一方的两人也会扮演争吵的角色。其中一位态度强硬："这批书值5 000元，少一分钱我也不干！"而他的同伴则表现出有点难过和尴尬，最后插嘴说："小王，你似乎有点不近情理，这些书虽然没有用过多少次，但毕竟是两年前的旧书了。"接着，他会转过头来很亲切地向对方说："你愿意付4 800元吗？"这个让步并不大，但听起来好像他是在帮对方的忙似的。

"白脸与黑脸的把戏"是一种心理操纵的技巧。只要销售人员能识破它，就不会上当。当那个"好人"讨好自己替自己说话时，销售人员只需用问过"坏人"的问题去问他："我很感激你的美意，但我想知道你为何认为那是一个合理的价格？你依据的原则是什么？你如果能使我相信4800元是个公道的价格，我还是愿意按这个价钱买下来的。"

（四）不要被威胁吓住

威胁是销售中最常见的销售技巧之一。威胁似乎很容易，只需说几句话，如果它起作用的话，就不必当真采取行动了。可是，威胁也会导致对方的反威胁，会扰乱销售过程，甚至会危及双方关系。

威胁就是施加压力。施加压力常常会导致适得其反的结果。它不会使对方更容易做决定，而会使之更难做决定。威胁会使一个工会、一家公司或一个政府更紧密地团结起来，以抵抗外来的压力。这时，问题就从"我们应该做这项决定吗"转变为"我们应该屈服于外界压力吗"？

一流的销售人员很少会诉诸威胁。他们不需要这样做，因为还有其他方法可以传递同样的信息。把对方所作所为将会产生的后果列出来，似乎比较适宜。销售人员应该列出那些不受意志左右的后果，而不要列出能施加影响的事项。

为了使对方的威胁失效，有时候可以干扰其传达威胁的过程，可以故意不理会对方的威胁，只将它视为未经授权的、匆忙说出的或与之不相干的信息，也可以使对方传达这种危险负有风险，对付心理战的办法，首先是坚强自己的神经！

怎样与客户进行谈判

人在接受崭新的事物或观念时，都需要一段时间去适应。双方在开始交易的时候，往往都怀着一种或多或少的一些不太实际的想法，抱着各种的假定以及错误的观念，同时也希望能顺利地实现自己预定的目标。可是，在讨价还价的过程却常常令双方突然地醒悟过来：买方所希望的价格竟然成了不可能的事，卖方所期望的迅速达成交易竟也成了泡影。所以说，在销售中谈判是非常重要的，在此介绍几种谈判方法，在销售的过程中是非常实用的。

（一）适当让步法

令客户满足的能力便是权利的来源。每个让步都能给客户带来某些好处，相对地，每个让步都要花掉某些成本。人所需要的满足并不像表面上那么简单。在还没有让步以前，要先想想将如何做。要满足对方哪一方面的需要？以下便在让步时可以做的选择：

1.时间的选择。让步的时间可以挪前或者延后，以满足客户的要求。选择的要诀在于让客户没有犹豫不决的余地，能够马上就接受。

2.好处的选择。让步可以同时给予某个部门、某个第三者或者谈判者本人某些好处。

3.人的选择。让步的内容可以使客户满足或者增加客户满足的程度。人可以从讨论中的问题、与问题有关的事情、或不相关的其他人那里得到满足或增加满足的程度。

（二）旁敲侧击法

每次谈判都有两种方式来交换意见，一个是在谈判时直接把意见提出来讨论，另外一个则是在场外，以间接的方法与对方互通信息。间接交流的存在是因为有实际的需要。一个谈判者可能一方面必须装出决不妥协的姿态给对方看，而另一方面，又必须在对方认为合理的情况下和对方达成交易，以达成协定。不管是客户还是销售人员都会有这种双重压力的困扰。这也就是谈判双方之所以建立间接谈判关系的最直接原因。所以间接的沟通方式，可以帮助谈判双方在不碍情面的情形下，偷偷地放弃原先的目标。而某些偏差了的目标也可以借半正式或非正式的沟通方式来加以修正。以下所列的方式足以用来补偿正式会谈的不足：

在正式谈判之外之前，另外再秘密地讨论；

请个第三者做中间人；

以跌价调价来探测对方的意见，或者故意放出这种谣言；

组成委员会来研究和分析；

故意遗失备忘录、便条和与有关文件，让对方拾取而加以研究；

通过报纸、刊物或广播的媒介作用，传达信息。

（三）抗干扰法

有些客户常故意借着叫喊怒骂来达到目的。他们从经验中得知，大部分的销售人员都难于抵抗这种战术。被他们骚扰过的销售人员人每当想到要和这种可厌的人打交道，就会不由自主地畏缩不前，所以往往就不战而降了。尤其是那些大嗓门的客户更善于使用这种战术来赢得胜利，达到目的，他们或许比其他的正常人能够有更多的收获。其实，这只是一种色厉内荏的表现，唯有感到情势不妙的人才会大喊大叫，他们只是想借着这种方法来威迫对方销售人员屈服而已。大多数人在日常工作中，都免不了和这种人客户打交道，应该怎样对付呢？

首先，销售人员不要被客户唬住，只要能保持合理的态度，不理会对方的叫骂，用事实而不是用感情来商谈，同时表现出冷静、沉着、威严的风度和与坚定的立场，大嗓门将会很快就没声音了。大嗓门的客户从小就惯于轻易赢得胜利，销售人员可以采用不受他干扰而破坏他情绪的手段来对付，使他之无法得逞，否则，这次受损的人便是自己了。

（四）限定期限法

销售人员由经验中得知，某些最后的期限能够促使客户决定是否购买。以下强调期限的8种方法，可促使原本无心购买的客户决定购买。

1.8月1日价格就要上涨了。

2.存货不多，欲购从速。

3.如果再不惠顾，我们就要关门了。或者是结束在即，大甩卖，不要错过良机。

4.大拍卖将于9月31日截止。

5.唯有立刻订货，才能确保买到你所需要的产品。

6.如果你不在10月1日以前给我们订单，我们将无法在11月1日以前交货。

7.有艘货轮将在本日下午两点开船，你要不要马上购货，赶上这班船呢？

8.如果我们明天收不到货款，这产品就无法为你保留了。

（五）置之死地而后生法

有时候，销售人员有必要提出一个客户必须拒绝的要求，为什么要这样呢？有很多理由。这个建议或要求和以后的建议或要求相形衬托之下，会使后来的建议显得更易为客户所满意，使客户更容易接受或更多考虑的机会。但它们有时也会阻碍商谈的进行，使谈判破裂或延期作出决定。提一些令人无法接受的建议，向客户显示自己是如何独立，如何不受牵制。提出一个客户必须拒绝的要求，这种提议的魔力在于它能引出一连串的谈判，因为当人们相信不可能完成交易时，就会坦白地和对方交谈，这才是显露出真正的动机和目标的时候，因为当一个人满怀信心的时候，是不可能且没有理由削弱对方的议价力量的。

（六）最后通牒法

这是谈判时经常使用的一种战略。在某些情况下，"接受这个价格，否则就算了"还是蛮管用的。当不想与对方继续交易时，避免由于对某个客户减价，而导致对所有的客户减价；当对方无法负担失去这项交易后的损失时；当所有的客户都已习惯于付出这个价钱时；当已经将价格降得无法再降的时候。销售人员不妨使用最后通牒法。"接受这价格，否则就算了"。

有些摩托车手常为了考验或表现自己的勇气，高速且笔直地冲向其他车辆，结果总会有人闪开以避免碰撞。谈判时也有相同的情形，当对方下了最后通牒的时候，就得面对对立的"最后出价"了，这将使自己处于进退两难的境地。不过，幸运的是，商谈里总会有一条折衷之路可行，可以装作没有听到，继续说自己的等待对方首先提出折衷的办法。

销售活动往往要经过一个较复杂的谈判过程，要顺利完成这一过程达成交易，必须运用一些技巧。

（一）不要作"假设"自缚

在谈判中，由于信息不全不得不做各种假设。但永远不要迷信假设，那些假设可能是对的，也可能是错的，有些时候，假设会愚弄自己的。因为我们常常自以为了解了事情的全部真相，但其实不然，假设可能会引导我们走入错误的方向，也可能会使买方高价买入。事实上也许只要低价就可以买到的东西、产品，或诱使卖方将产品低价卖出。所以，参加谈判时，若不先将自己的各项假设重新检验一番，就会碰壁。必须尽最大的努力去评估对方可能要做的事情，以及他所愿意冒险的程度。

（二）投石问路

投石问路的技巧可获得更多的、通常不易获得的信息资料。以下是一些方法：

1.假如我们自己供给工具呢？

2.假如我们提供技术援助呢？

3.假如我买下全部的产品呢？

4.假如我们让你在淡季接下这项订单呢？

5.假如我们签订一年的合约呢？

6.假如我们将保证金减少或增加呢？

7.假如我们改变一下合约的型态呢？

8.假如我们改变一下规格，就像这个样子呢？

9.假如我们要分期付款呢？

任何一种方法都能得到回应，也能进一步了解对方的商业习惯和与动机。

（三）有效的提问

有效的提问可以启发心智，引导客户与销售人员更加积极地参加谈判。怎样才能提出一个好的问题呢？可以参考下述建议：

1.不要提出带有敌意的问题；

2.不要用法官的态度来询问客户；

3.不要随便提出问题，必须伺机而动；

4.不要提出指责对方客户不诚心的问题；

5.要有勇气询问客户的业务状况；

6.不要故意提出一些问题，表示自己有多么地聪明；

7.在对方客户还没有答复完毕以前，不要提出新的问题；

8.要有勇气提出对方客户可能回避的问题；

9.要预先准备好自己的问题；

10.提出某些已经知道答案的问题，以此了解对方客户诚实程度。

（四）安全的回答

要回答好对方客户的提问，基本的原则就是做好准备。考虑的时间越多，所答的答案就越好。回答问题之前，要给自己一些思考的时间。在不完全了解之前，千万不要贸然回答，要知道有些问题并不值得回答，有时候回答整个问题，不如只回答问题的某一部分。逃避问题的方法是：

1.王顾左右而言他。

2.让对方阐明他自己的问题。

3.倘若有人打岔，就姑且让他打扰一下。

4.以资料不全或不记得为借口，暂时拖延。

在谈判时，针对问题的答案并不一定就是最好的回答。它们可能是愚蠢的回答，所以不要在这上面花费工夫。回答问题的要诀在于是知道该说什么与不该说什么，而不必考虑回答的是对还是错。

（五）善于说服对方

谈判开始时，要先讨论容易解决的问题，然后再讨论容易引起争论的、深层次的问题。如果能把正在争执的深层次的问题和已经解决的问题连成一气，就较有希望达成协议。双方彼此期望值与双方谈判的结果有着密不可分的关系。伺机传递信息给对方，影响对方的意见，进而影响谈判的结果。

假如同时有两个信息要传给对方，其中一个是较得人心的；另外一条则较不合人意，该时原则是先讲第一项。强调双方处境的相同要比强调彼此处境的差异好，更能使对方了解和接受。强调合作中有利于对方的条件，能使合约协议较易签订。先透露一个使对方好奇而感到有兴趣的消息，然后再设法满足他的需要。当然信息千万不能带有威胁性，说出一个问题的两面，比单说出一面更有效。等讨论赞成和与反对意见后，再提出自己的意见。

从心理学角度来看，人们通常对听到的情况，比较容易记得头尾部分，中间部分则不易记住，所以要在开头和结尾上下功夫。当对方不了解所讨论的问题时，结尾比开头更能给听者深刻印象。

（六）削弱反对意见的办法

在与客户谈判之前，先写下自己产品和与其他竞争产品的优点和缺点。记下一切所能想到的，可能被客户挑剔的产品缺点或服务不周之处。

事先尽量提出反对的意见。同时在客户尚未提出意见前，先练习怎样来回答客户的这些反对意见。

当客户提出某项反对意见时，要在回答之前，了解问题的症结。当了解问题症结后，权衡一下，看看问题是否容易对付。若是容易应付的反对意见，便可以利用现有证据来加以反驳。利用反问来回答对方，诱导客户回答"是"。不要同意客户的反对意见，这样会加强客户的坚持。

破解被拒绝心理

没有人喜欢被拒绝，拒绝会让人痛苦、难过，但现实中又无法避免拒绝，尤其是对销售人员来说，被拒绝是家常便饭。遭到拒绝后，经常会产生一些心理障碍，影响以后的工作。因此，我们有必要破解被拒绝的心理，以便更好的做好销售工作。要想成为一流的销售人员，必须克服达成交易时的各种心理障碍。常见的心理障碍有以下几种：

（一）客户拒绝该怎么办

这样的销售人员往往对客户了解还不够，或者选择交易的时机还不成熟。其实，即使真的提出交易的要求被拒绝了，销售人员也要以一份坦然的心态来勇于面对眼前被拒绝的现实。做销售成败是很正常的，有成功就有失败。销售人员要学会坦然面对。

（二）我会不会欺骗客户

这是一种常见的错位心理，错误地把销售人员放在了客户的一边。应把着眼点放在公司的利益上，不要仅以销售的眼光与价值观来评判产品，而且要从客户的角度上衡量销售的产品。

（三）主动地提出交易是不是在乞讨

这也是一种错位的心理。销售人员要正确地看待自己与客户之间的关系。销售人员向客户销售产品，获得了金钱；但客户从销售人员那里获得了产品与售后服务，能给客户带来许多实实在在的利益，提高了工作效率，双方完全是互利互惠的友好合作关系。主动提出交易，只是给客户提供一个机会，不是乞讨。

（四）如果被拒绝，领导会小看我吗

有的销售人员因害怕提出交易会遭到客户的拒绝，从而失去领导的重视。但是应该明白，拖延着不提出交易虽然不会遭到拒绝，但也永远得不到订单。那就永远也做不了一名合格的销售人员。

（五）客户会喜欢同行的其他产品吗

这种心理同样也反映了销售人员对产品缺乏自信。同时，也往往容易为销售失败找到很好的借口：即使交易最终没有达成，那也是产品本身的错，而不是自己销售工作的失误。这样的心理实际上恰好反映了销售人员不负责任的工作态度。

（六）我们的产品有问题吗

这是一种复杂的心理障碍，混合了几个方面的因素。其中包括对自己产品缺乏应有的信心，面对交易时的错位与害怕被拒绝的心理。销售人员应该明白，客户之所以决定达成交易，是因为客户已经对产品有了相当的了解，认为产品符合需求，客户也许本来就没有期望产品会十全十美。达成交易是与客户进行的最后一步，也是非常重要的一步。销售人员如果缺乏达成交易的技巧，很容易使交易以失败告终。在恰当的时候主动地提出交易是一个很重要的技巧。

如果销售人员能真诚、主动地提出交易，成交率将大大增加。销售人员之所以不能真诚、主动地提出交易，往往是因为存在着比较严重的心理障碍。有的害怕被拒绝，自己会有受挫的感觉；有的担心自己主动提出交易，会给人以乞讨的印象；还有的甚至觉得同行其他的产品更适合客户等。

成功的关键在于一种积极的心态。每个人都有鞭策自己的神秘力量。在大多数人裹足不前的情况下，积极心态的人总选择勇往直前，不退缩。这种人最适合做销售，因为这种人具有高度的乐观，坚定的信念，自发向前的上进心。他们会轻易且自然地克服可能遭受的多次白眼或无情拒绝，因此他们的业绩总是遥遥领先，令人钦羡。

有一位钻研积极心态，帮助成千上万的销售人员获得更高成就的天才权威，在著作中讨论到应付拒绝的篇章中指出："人们是拒绝销售人员提供的产品或服务，不是拒绝销售人员。"

这意味着我们越是肯定自己，具有顽强的信念，将自己看成是一位有价值的创造者，让客户觉得物超所值，帮助他们在情感上获得更大的满足感，越能成为专业成功的销售人员，同时销售人员越对产品信心十足，越会在内心产生一股巨大的力量，快速增强积极心态，更加重视自己，重视对方。要坦然、勇敢地面对拒绝，这是销售成功的金钥匙。

不论客户拒绝率有多少，总有人生意兴隆，有人惨淡经营，生意是靠争取的，毕竟天上掉馅饼的事发生概率实在太小了。拥有积极心态的销售商常能建立无限的自信与坚韧的意志，唯有以自信、意志去面对客户拒绝，以专业化的策略，恰当的口才，才能得到巨额的订单、优厚的奖金、幸福的生活。

销售人员应该自始至终保持高度的自信，不论客户用什么言辞拒绝或反驳，都要对自己说：我一定能让他心服口服，一定可以满载而归。当然如果能把处理反对意见称为是一种乐事、一种自我挑战，以平心静气的心态接纳它们，定会产生意想不到的神奇效果。追求成功的心态，可以使销售人员的处理方法与讲话技巧威力加倍。一定要注意培养！

做销售的朋友请牢记："销售是从被拒绝开始的！"只有被拒绝了才会激发人的更大斗志与激情，才会更加深刻体会到销售的意义与快乐，才会更加深刻体会成功的喜悦、幸福的滋味。

客户真的不需要吗

皮耶勃特摩根勋爵被誉为"历史上最精明的商人之一"，他曾经说过："人们办事，一般可以解释为两个目的，一个是为了听起来好听，另一个才是表达真实想法。"所以销售人员一定要认真分析客户的心理活动，一句简单得不能再简单的日常用语"除……之外"。千万不要小看了这句话，它的价值远远比想象的要大得多。

　　肖华一直把一家地毯厂当成商业保险的目标。他打电话和厂长预约，这件事肖华曾和他谈过。肖华在预约的时间来到厂长办公室，但肖华见到厂长时，他的脸上只是一片冷漠。

　　肖华坐下来之后，他说："我想你是为了那笔商业保险生意而来的。"

　　肖华轻轻地点了点头。

　　他马上斩钉截铁地说："对不起，我不买保险。"

　　"能否告诉我原因吗？"

　　他说："工厂不景气，负债累累，而且每年的保险支出达1~2万元。"

　　"是的。"

　　"为了摆脱逆境，我们决定慎用每一分钱，直到盈利为止。"

　　肖华迅速地思索了几秒钟，问："一定还有其他原因，我不相信您不买保险仅仅是因为支付不起那些钱。"

　　"的确还有其他的原因。"他露出了微笑。

　　"您能告诉我吗？"

　　"我有两个儿子，刚刚大学毕业，现在都在厂里工作，和其他工人一样每天从早晨9点忙到下午5点，他们很喜欢这份工作。我不想把过多的利润让给保险公司，否则一旦我去世了，我的两个儿子就有面临危机的可能。"

　　表面上看，厂长的第一个原因合情合理，而实际上第二个原因才是真正的原因，了解到这个情况，就为进一步销售保险提供了机会。肖华决定为他制定一份保险方案，给予他两个儿子极大的利益。结果对方对这份方案表现出浓厚的兴趣。

　　据有关统计，大概60%客户拒绝的理由并不是拒绝销售的真正理由，只有38%的客户说出不购买的真正理由。为什么会这样？为什么大多数人总是力图打造出一副诚实形象，但面对销售人员却原形毕露了呢？为了寻找原因，肖华花费了非常多的时间。

　　也许有人会询问肖华是如何知道真正原因的？厂长的第一个理由符合逻辑和情理，没有怀疑的必要，完全可以相信他。但考虑到以往销售记录所反映出的现象，肖华猜想一定还有其他的原因。

孙貌第一次去拜访一个重要的客户，他等了一会儿，见客户还是不说话，最后忍不住说："我的一个朋友说您打算买人寿保险，不知道我有没有给您介绍一下保险的机会。"

"你说什么？又是保险！"他的声音大得几乎整栋办公楼的人都能听见，"算上你，他们已经送来5个推销员了，我猜想他们一定是在拿我开玩笑！"

杨总裁依然用很大的声音喊道："我只向他们说我决不会买任何一种保险，因为我不相信自己会有意外。"

孙貌说："作为一个非常成功的商人，您不买保险的理由一定非常充分，但不知我能否了解一些？"

杨总裁听完，不再发怒，放低了声音说："当然，你们如果听不到原因是不会死心的。我现在赚的钱已经足够了，即使我发生了意外，我妻子和女儿也不会为以后的生活担忧。"

孙貌迅速地思考了一下问："杨总裁，但我知道您还有拒绝买保险的其他原因。"

杨总裁问："这是唯一的原因，难道还不够充分吗？"

"如果您是债务人，为了免除去世后的烦恼，您是否还坚持保险对您没有一点用处吗？"

"我会重新进行考虑的。"杨总裁想应付一下。

"假设您现在不幸发生意外，政府会抵押您的不动产，而且您的妻儿在得到遗产之前还必须向政府缴纳一大笔遗产税。"

"总裁先生，我从您这里离开之前，我想了解清楚，到底是什么原因使您不再支持我们公司。站在您的立场上，我想您一定有非常充分的理由与我们公司终止合作，更会指出我们公司到底做错了什么，您能告诉我们究竟错在哪里了吗？"

"我不是已经告诉你了吗？由于另外一家公司提供了更优惠的条件，所以我们才和它合作的，而且我已经决定不再更换合作伙伴了。"

"总裁先生，我不相信这个解释是最终的原因，您一定还有其他的原因？如果您对我们公司有什么要求，请直接告诉我。如果满足不了您的要求，也就不会因为您不给我们机会而耿耿于怀了。假如真的是公司错了，恳请您给我们一个改正的机会。这样，您的要求得到了满足，我们公司也会对您的支持而感激不尽。"

"好吧，我告诉你。你们公司在没有事先通知的情况下就终止提供特殊优惠条件，我对这种做法实在难以接受。"

就这样，在孙貌的一再追问下，终于找到了公司失去客户的真实理由。在销售工作中，有些客户为了掩盖拒绝的真实原因，经常会用一些虚假信息做托词，常常遇到一些客户如下说辞：

"让我考虑考虑再说吧！""我要稍微考虑一下，两三天之后你再打电话吧。"等等。

在这种情况下，新的业务员往往暗自窃喜，认为生意已基本上大功告成，至少有70%~80%的把握。几天以后再去联系时，却听到客户说"不买了"或"对不起，经过一番考虑，我不想要了"，使销售人员惊讶不已。

出现这种情况大多数是因为销售人员经验不足，把客户的客套话当成购买意向，这就大错特错了。俗话说："趁热打铁"。做销售也是同样的道理。如果客户说"让我考虑一下"，则表示有拒绝购买的意思，或是在交谈中无意间说出来的，在此反对意见刚萌生的时候，销售人员就应该对症下药，把客户的顾虑打消掉，否则时间一长，谈判就将处于被动了。

有时客户不是真的不需要，而是销售人员的做法不到位。所以，了解客户不购买的真正意图是决定下一步销售计划的关键，它将直接决定销售人员该采取哪种应对措施。

客户说"不"的类型

有人说，做销售是一种锻炼意志最好的方法，因为做销售的人经常会被客户拒绝甚至是扫地出门。被拒绝的时候，一定要擦亮眼睛，善于察言观色，洞察客户的心理活动。通过观察了解客户为什么说"不"，客户拒绝的情况有很多种，一定要细心揣摩。

（一）不需要说"不"

需求是创造出来的。客户因不需要而拒绝时，有可能是因为他没有意识到自己的需要。作为销售的首要任务就是让客户认识到这种需要，并把这种需求强化，而不是拿自己没有需求的观点来说服自己。当然，客户不购买的一个重要原因可能是他们真不需要产品。所以销售人员一定要凭借敏锐的观察力，或通过提出一些问题让客户回答，了解客户的需要之所在，以便真正满足他的需要。

（二）没有钱（或钱不够）说"不"

一般来讲金钱的多少将直接影响客户的购买力，所以碰到自称没钱的客户，理论上讲还是有希望的。解决的办法主要是摸清他的真实想法：是真的没钱？还是目前钱不够？还是对产品质量有顾虑？多站在客户的角度想想，才能多促成一笔生意的成功。

（三）没时间说"不"

这是最常见的也是最没办法的一种拒绝方法，令销售人员产生无比的挫折感。三天两头联系，一句"无时间"就把销售人员打入冷宫。有些销售人员会在这时候选择放弃，认为客户无诚意。但反过来想想，已经付出了这么多，为何就不再多坚持一会儿。显然，敢于这样说话的客户是有一定决定权的人，若一开始就被他的气势压倒，在随后的工作中将始终会有难以摆脱的心理障碍。应对这样的客户，就应该单刀直入，直奔主题而去。如果能在开始的几分钟引起他的兴趣，就还有希望。当然如果客户正在忙，或正在闹市区，接听电话也不大方便的话，就没有必要再浪费时间，明智的选择是留下资料和联系方式，另约时间。

（四）反复考虑说"不"

资料和样品已经给客户看了，演示了。眼看马上就能成交了，但到最后客户依然会说再考虑考虑时，销售人员一定要跟紧客户，以免到手的机会又拱手让人了。在这时，销售人员尤其要注意的是不要出于礼貌说："那你再考虑考虑吧。"一定要约好和客户下次见面的机会。否则最后"考虑"结果一般是几天后再去时得到的答复是"不好意思，我们已经选择了别家产品了"，或者是眼睁睁看着客户在别的柜台买了竞争对手的产品扬长而去。

（五）嫌贵说"不"

有关资料统计过，国外只有5%的客户在选择产品时候仅仅考虑价格，而有95%的客户是把产品质量摆在首位的。国内的消费习惯随着生活水平的提高，人们对产品质量也越来越看重了。所以从这个角度来看，嫌产品贵肯定只是表面现象。自古就有"一分钱一分货"之说，客户之所以这么讲，肯定是认为产品不值这么多钱，这个评估仅仅是他心理的评估。如果客户不能充分认识到产品带来的价值，他当然有理由认为产品根本不值这个价钱，永远嫌贵那就是很自然的事情了，所以销售人员一定要在产品的价值上下功夫，让客户对产品的价值有全面的了解。

（六）防卫型说"不"

有这样一个调查问题："在进行销售访问时，你是怎样被拒绝的？"根据调查的结果，可以得出以下结论：

客户没有明确的拒绝理由，占70.9%，这说明有7成的客户只是想随便找个借口搪塞销售人员。这种拒绝的本质是拒绝"销售"这一行为，我们把它称为防卫型拒绝，如果能够很好的利用这70.9%的客户资源，必将会带来可观的收入。

（七）不信任型说"不"

不信任型拒绝不是拒绝销售行为的本身，而是拒绝销售行为人——销售人员。人们通常认为，销售的关键取决于产品的优劣程度。这虽然有一定的道理，但不能一概而论。有时即使是好的产品，在不同的销售人员身上的业绩却大不相同，原因是什么呢？大量的证据表明，在其他因素相同的情况下，客户更愿意从自己所信任的销售人员那儿购买。因此，要想成为一个成功的销售人员，必须在如何获得客户的尊重和信任方面多动脑筋。

（八）无帮助型说"不"

在客户尚未认识到商品的方便和好处之前，销售人员如果试图去达成交易，那几乎是不可能的。在很多情况下，客户是由于没有足够的理由说"是"才说"不"的。因为谁也不愿意随随便便地贸然购买而被人看作傻瓜。在这种情况下，客户缺少的诚心实意的帮助。销售人员应该帮助客户认识到产品的价值，发现自己的最大利益，好让他有充分的理由放心购买。

（九）不急需型说"不"

这是客户利用拖延购买而进行的一种拒绝。一般情况下，当客户提出推迟购买时间，表明他是有购买意愿的，但这种意愿还不是很强烈。尚未达到促使他立即采取购买行动的程度。对付这种拒绝的最好办法是，让客户意识到立即购买带来的利益和延误购买将会造成的损失。

上面我们看到的这些似乎是正当的抵制，而实际上只是一些借口而已。一定不能把借口当作真正的拒绝理由，也不要非常直接地告诉客户，说他是在寻找借口或者不愿意做出明确的回答。在这种情况下，要取得这家客户的订货，要硬着头皮挤进去。当然，这是极困难的。然而，这又是必须的。

当正题谈不下去时，我们不妨运用迂回战术，闲聊一番，聊到双方都眉开眼笑时，机会也就来了。

9招让客户从"不"说"是"

在战场上有两种人是必败无疑的。一种是天真的乐观主义者，他们满怀杀敌热情，奔赴战场，硬冲蛮打，全然不知敌人的底细，结果不是深陷敌人的圈套，便是惨遭敌人的明枪或暗箭；还有一种是胆小怕死的懦夫，一听到枪炮声便像老鼠一样躲藏，一看见敌人便闭上眼睛，畏缩不前甚至后退，一旦被敌人发现便是死路一条，这是战场上的规律。在战场上要想获胜，就必须勇敢、坚强。商场如战场，想成功，就应该从如何接受拒绝开始，从怎样处理说"不"的客户做起。

（一）反问法

当客户反对意见不明确时，销售人员可以运用反问法澄清，确认问题的内容，再进行诉求，这个方法可以让销售人员对客户的见解看法了解得更具体，更详尽，更真实。运用反问法在客户答复销售人员的问题后，主控权就由销售人员掌握了，此时抓紧时间，赶快把问题引导到销售诉求上。

（二）不抵抗法

销售人员应该学会运用不抵抗法，不抵抗法就是不要像吵架一样地和客户争论，除非是必须据理力争以证明客户是错误的。即使是争论也不要让客户感到"很卑贱"，或有羞辱感，更不要激怒了对方，尤其不要在销售人员业务范围以外的问题上激怒了对方。销售人员在语言运用上也要注意，多顺从客户的意思。可以这样说："您说的确实是一个不错的主意。"让客户觉得自己的想法能够得到别人的认同，产生一种自豪和优越感。

（三）倾听法

与客户谈判取得成功很重要的一点是学会倾听，多让别人说话。在异议处理时相当管用，敞开心扉，专注倾听，甚至鼓励客户把真实的想法都表达出来。利用倾听技巧，销售人员可以不着痕迹地引导对方积极地采纳自己的意见，接纳自己的观点，脸部应表现出尊敬、惊喜、欣赏等真诚表情，让客户心里很舒服，感到很受尊重。这种倾听法很快就会变成销售魅力的一部分。只要能够熟练把握倾听技巧，销售人员将在处理反对意见中更得心应手。

（四）冷处理法

销售人员不需要深究客户的每一个拒绝，因为很多拒绝可能只是借口，未必就是真正的反对意见。借口有时会随着洽谈的进行而逐渐消失。如果反驳这些借口，反而激发客户辩护的激情，这样一来，借口可能越来越大，变成真正的反对意见，最后到了难以收拾的地步，也使谈话的中心偏离了正确的轨道。如果轻描淡写，借口反而会变得软弱无力。

销售人员应善于辨别客户的异议和托词。异议是客户在参与销售活动过程中有针对性地提出的反对意见，而托词只是搪塞销售人员的一种办法、借口。对于托词，要么不去理睬，要么就试图找出真正的动机，以便对症下药。

（五）转化法

看待客户的拒绝应该一分为二，不能仅把拒绝看成是交易障碍，其实拒绝也给达成交易带来了机会。一般情况下，销售人员把客户不买单的理由转化为应该购买的理由的可能性是存在的。例如，客户的反对意见是"我们人口少，那么大的冰箱对我们来说是一种浪费"。而销售人员答道："您提出的问题确实有一定道理。但正是因为人口少，才应该购买大一点的冰箱，人口少的家庭逢年过节常常有许多吃不了的食物，容易造成食物白白浪费掉，还不如买台大点的冰箱，虽然一次性花钱多些，但和减少浪费相比，还是划算的。"销售人员巧妙地应用转化法的说服方式，把不买的理由转化成应该买的理由，既没有回避客户的拒绝，又没有直接正面去反驳，因而有利于形成洽谈气氛，较容易说服客户，做成生意。

（六）补偿法

任何一种产品不可能在价格、质量、功能等诸多方面，都比其竞争对手的产品有绝对的优势。客户对产品提出的反对意见，有时有正确的一面。如果销售人员一味强调自己产品的优越性，可能容易造成客户的反感；如果用能引起客户满足的因素予以强调，以此来削弱引起不满足因素的影响，往往能排除客户的异议。

（七）比较法

当客户对产品功能、效果提出反对意见时，销售人员可以运用富兰克林平衡表，来进行比较给他看。尽量写上全部的优点，并列下客户提出的缺点，只要优点远胜过缺点，经常很快就能说服客户买下它。

（八）证据法

人们对事情的看法，首先是相信自己的判断，而最不轻易相信的是销售人员。客户总是倾向于认为销售人员是"王婆卖瓜，自卖自夸"。因此，对付客户的反对意见，运用强有力的证据比运用空洞的说服更有效。权威机关对产品提供的证明文件，其他客户使用后寄来的感谢信，不同品牌之间的比较材料，如优质奖状、名牌产品等，都是说服客户的有力证据。充分运用这些证据会让客户感到，销售人员是可依赖的，也才能掌握商谈的主动权，使洽谈按自己的意图进行下去。

（九）承认法

本法又称先是后非法。对客户的问题轻描淡写地同意，以维护其自尊，然后再根据事实状况进行有利的诉求，这种方法运用得相当多。

只要与客户说上几句话，就能很准确地对他做出评价。销售人员要很好地研究所面临的对象，直至引起对方的兴趣，改变对方的思想，消除他对任何销售者、特别是对销售人员的天生的偏见。在这种情况下，相遇的两种人之间有一种天生的屏障，要打破这种屏障，在很大程度上取决于销售人员、销售人员的谈话、销售人员展示的人性。要展示自己最好的、有吸引力的、受欢迎的、崇高的一面，无论销售人员能不能逐步地引导客户，都要把他的抵制变成漠不关心，把漠不关心变成兴趣，再把兴趣变成期望拥有所销售的商品。这时，成交已经是水到渠成，关键看销售人员怎么出招了。

第十六章

百战百胜的无敌销售技巧和策略

欲擒故纵销售法

欲擒故纵中的"擒"和"纵"，是一对矛盾的统一体。在军事斗争中，"擒"是目的，"纵"是方法。古人有"穷寇莫追"的说法。事实上，不是不追，而是看怎样去追。把敌人逼急了，他也会"狗急跳墙"，集中全力拼命地做最后的反扑。不如暂时放敌人一步，使敌人丧失警惕性，斗志松懈，然后再伺机而动，歼灭敌人。"欲擒故纵"被历代军事家运用得惟妙惟肖。

三国时期，诸葛亮七擒七放孟获，就是军事史上一个"欲擒故纵"经典的战例。蜀汉建立之后，定下北伐大计。当时西南少数民族头领孟获率十万大军侵犯蜀国。诸葛亮为了解决北伐的后顾之忧，决定亲自率兵平息。蜀军主力到达泸水（今金沙江）附近，诱敌出战，事先在山谷中埋下伏兵，孟获被诱入伏击圈内，兵败被擒。

按常理来说，擒拿头领孟获的目的已经达到，敌军一时也不会有很强战斗力了，乘胜追击，自可大破敌军。但是诸葛亮考虑到孟获在西南夷中威望很高，影响也很大，如果让他心悦诚服，主动请降，就能使蜀国后方真正稳定。不然的话，南方各个部落仍不会停止侵扰，后方难以安定。诸葛亮决定对孟获采取"攻心"战，于是有了第一次释放孟获。孟获回营，拖走所有船只，据守沪水南岸，阻止蜀军再次渡河。诸葛亮乘敌不备，从敌人不设防的下流偷渡过河，并袭击了孟获的粮仓。孟获暴怒，要严惩将士，激起将士的反抗，于是相约降蜀，趁孟获不备，将孟获绑赴蜀营。诸葛亮见孟获仍不服，第二次释放。以后孟获又施了许多计策，都被诸葛亮识破，最后一次，诸葛亮火烧孟获的藤甲兵，第七次生擒孟获。终于感动了孟获，他真诚地感谢诸葛亮七次不杀之恩，誓不再反。

在生活中，我们也经常运用欲擒故纵的计谋。

一个刚退休的老人回到老家——在一个小城买了一座房住了下来，想在那儿安静地度过自己的晚年，写些回忆录。

刚开始的一个月里，一切都很好。安静的环境对老人的精神和写作很有益。但有一天，三个小男孩子放学后开始来这里玩。他们把几只破垃圾桶踢来踢去，玩得不亦乐乎。老人实在受不了这些噪音，于是出去劝阻孩子们。"你们玩得真开心，"他说，"我很喜欢看你们年轻人踢桶玩。如果你们每天来玩，我给你们三人每人二块钱。"

三个小男孩很高兴，更加起劲地表演他们的足下功夫。第二天，老人忧愁地说："由于物价上涨，从明天起，我只能给你们一元钱。"

小男孩们很不开心，但还是答应了这个条件。每天下午放学后，继续去进行表演。第五天后，老人愁眉苦脸地对他们说："最近我的养老金老拿不到，我只能每天给三毛钱了。"

"三毛钱？"其中一个小孩脸色发青说，"我们才不会为了区区三毛钱浪费宝贵时间为你表演呢，不干了。"从此以后，老人又过上了安宁的日子。

欲擒故纵主要利用人们对事物的态度，是越朦胧越想寻求其清晰的心理。如果能把谜面说得扑朔迷离，人们就越想寻求谜底，破解谜面。胃口吊得越高，消化得就越好。在销售行业里，也有经典的运用欲擒故纵来销售的故事。

一个销售人员在兜售一种炊具。他敲了李先生家的门，他的妻子开门请销售人员进去。李太太说："我先生和隔壁的赵先生正在后院，不过，我和赵太太愿意看看你的炊具。"

销售人员说："请你们的丈夫也到屋里来吧！我保证，他们也会喜欢我介绍的产品。"于是，两位太太"硬逼"着他们的丈夫也进来了。销售人员做了一次极其认真的烹调表演。他用他所要销售的那套炊具温火煮苹果，然后又用李太太家的炊具以传统的方法煮，两种方法煮成的苹果区别非常明显，给两对夫妇留下了深刻的印象。但是男人们总是会装出一副毫无兴趣的样子。

这个时候一般销售人员，看到两位主妇有买的意思，一定会趁热打铁，鼓动她们买，如果这样做的话，还真不一定能销售出去，因为越是容易得到的东西，人们往往觉得它没有什么珍贵的，而得不到的才是好东西。这个聪明的销售人员深知人们的这种心理，于是将样品放回盒里，对两对夫妇说："多谢你们让我做了这次表演，我实在希望能够在今天向你们提供炊具，但我今天只带了样品，也许你们将来才想买它吧。"说着，销售人员起身准备离去。这时两位丈夫立刻对那套炊具表现出极大的兴趣，他们都站了起来，想要知道什么时候能买得到。

李先生说："现在能向你购买吗？我现在确实有点喜欢那套炊具了。"

赵先生也说道："是啊，你现在能提供货品吗？"

销售人员真诚地说："两位，实在抱歉，我今天确实只带了样品，而且什么时候发货，我也无法知道确切的日期。不过请你们放心，等发货时，我一定会记得告诉你们。"

李先生坚持说："唷，也许你会把我们忘了，谁知道呀？"

这时，销售人员感到时机已到，于是销售人员说："噢，为保险起见——你们最好还是付订金买一套吧。一旦公司能发货就给你们运来。这一般要等一个月，甚至可能要两个月。"

两位丈夫赶紧掏钱付了订金。大约一个月以后，商品送到了他们家。

人的天性似乎总是想要得到难以得到的东西。在这里，销售人员只是利用了顾客的这个天性，运用了一点儿销售心理学而已。欲擒故纵法是一种很有效的销售方法。

以静制动销售法

"静"与"动"是一对反义词。"静"则泰山崩于前面色不变，"动"这里则指敌之动向、攻击。在对方压境之时，不动声色，不暴露自己的意图与战力，使对方之攻势一时难以发挥，渐渐衰弱，士气低落，这些都是"静"发挥的无形战力。以这种无形战力制服对方的嚣张气焰，使我方变被动为主动。

古时候，有一个国王非常喜欢公鸡，他的门下有位专门驯鸡的小伙子。一天，有人从外地送来一只很强壮的斗鸡给国王，国王很高兴地将它交给了小伙子。

过了几天，国王便问道："几天前交给你的斗鸡，你将它训练得怎样了？可以上场比斗了吗？"

小伙子说："还不行，因为这只鸡血气方刚，斗志高昂。还不宜上场。"

再过几天，急性的国王又问同样的问题。小伙子回答说："还不能上场。因为这只鸡看到其他鸡的影子，就会冲动，所以还不能上场"。

221

又过了几天，国王还以同样的口吻问小伙子。"可以了！"小伙子掩饰不住喜悦的心情说道，"因为我已把它驯养得心无旁鹜。当它看到其他斗鸡，听到它们的声音时，一动也不动，它的心已不受外物影响，就像木鸡一样，现在可以上场了！"

于是，国王向其他竞技者宣战。他推出那只经小伙子训练过的公鸡去参加战斗。只见它一上场就稳稳站立，毫无摆动，即使其他斗鸡在它身边百般挑逗，它仍然无动于衷。对方被吓得自然后退，没有一只鸡敢向它挑战。

这位小伙子训练公鸡时运用了以静制动的战略。在销售中也同样适用。回盘，是商务销售的一个重要内容，用通俗的话说，就是针对对方的要价而进行讨价还价。纵观商务销售的回盘诸策略中，除了述、答、问、辩等"动"的策略外，还有静止不动口又得以前移的策略也是十分有效的。

在销售中，一些销售者为了显示自己实力的气势，在销售一开始就表现得来势凶猛，气焰嚣张，企图从一开始报盘就使对方处于被动地位，迫使对方接受其高要求。而且，有些销售者确实智力过人，语言表达流利而精彩。此时，如果以硬碰硬，由于对方来势凶猛，气势正旺，则很难把其嚣张气焰打下去。那么这就有必要运用"你凶我静，静观其变"的策略，使其"一鼓作气，再而衰，三而竭"，以平等的地位重新进行销售。

我国某外贸公司与美国某工业集团进行一项贸易合作销售。美方财大气粗，执意要求将销售地点定在美国。我方代表看出其中必有文章，便同意了美方的要求，看其究竟要怎样。果然，销售一开始，美方销售人员就没把中方放在眼里，作为卖方主动报盘，陈述情况，其气势汹汹，滔滔不绝。整整一个上午，美方代表喊叫了三个多小时，并配合有力的图表数据，精心配置计算机显影在大屏幕上打出深奥难懂的图像，以证明他们的要价是非常合理的。

当报盘结束后，美方销售人员带着满意的笑容，满怀自信地转向我方代表，问了声："就介绍到这儿吧，你们认为怎么样？"而此时，我方代表一直一声未吭，只是静静地坐在椅子上，从谈判开始到此时，几位中方代表只说了几句话，那就是："对不起，我们对你方的介绍不太明白。""我们希望你们能再一次详尽地介绍一遍。"连续三个小时的长篇大论，有谁愿意继续讲下去，而且好像没人听，美方终于"再而衰"了。眼看快到中午了，美方代表有气无力地说："好了，我是不会再讲一遍了，下午我们重新开始谈吧。"

下午的情况，可能谁也想不到，中方代表突施奇袭，美方只好节节败退了。

从这一例可以看出，在对方表现出较强优势时，不要惧怕，也没有必要以硬碰硬，不妨让他充分表演，而销售人员完全可以靠平静消耗他的体力，待其气势已尽，销售人员就可以从容不迫地发起反攻了。

以静制动这一策略在销售领域稍稍变通，演化成"静施缓兵计"也是十分有效的。静施缓兵计是指为了使销售对方进退两难而静止不动，对销售对方的观点既不赞成也不反对，让对方摸不到己方的虚实，使其处于左右为难之际，而己方则静观其变，以静制动，以缓制动。这种策略的具体做法是：在对方要价很高但态度又坚决的情况下，请其等待己方的答案，或者以各种借口来拖延会谈时间。这样拖延一段时间后，对方可能已信心大减，而在这一期间准备了充足的销售材料，足以和对方讨价还价。

静观其变、以静制动这一策略要求销售者要不急不躁，沉稳自信，大胆设想。除此之外还需：

第一，认真仔细倾听对方发言；

第二，注意对方的仪态姿势、言谈举止；

第三，不要因轻视对方而抢话、急于反驳、放弃听对方的发言。

第四，对对方的谈话去粗取精、去伪存真，既抓住重点，又收到良好效果；

第五，认真观察对方每一个细微动作，以便准确把握对方的行为与思想；

销售工作不仅是语言交流，也是行为交流。在商务谈判中，销售者总是运用一系列的动作来配合自己的谈话。所以，销售人员不仅要听其言，还要观其行，通过观察对方的言谈举止，捕捉其内心活动的蛛丝马迹；也可以从对方的姿态神情中探究其心理因素。运用看的技巧，不仅可以判断对方的思想变化，决定本方对策，同时还可以有目的地运用语言传达信息，使销售向有利于自己的方向发展，并进而寻找对方破绽，攻击要害。这就是在销售领域中运用以静制动的关键。

以退为进销售法

有人为了功名富贵，总是不顾一切的向前争取。追求功名富贵没有什么不对，但有的时候一不小心遇到险坑，跌下去就会粉身碎骨。这样值得吗？如果这时候懂得以退为进，转个弯、绕个路，世界还是一样会有其他更宽广的空间，这正是古人所云："退一步，海阔天空。"

《史记·滑稽列传》中记载着一则以退为进的论辩故事。

楚庄王十分钟爱一匹马，但这匹马因过于养尊处优，太肥胖而死了。庄王命令全体大臣为死马致哀，并要用一棺一椁装殓，按大夫的礼节举行葬礼。百官纷纷劝阻，庄王大动肝火，下令谁再劝阻，定判死罪。

宫中有个叫优孟的人，进宫嚎啕大哭。庄王问为什么，优孟说："这匹马是大王最心爱的马，以楚国之大，什么东西弄不到！现在却只以大夫的葬礼来办丧事，实在太轻慢了！我请求用群王的礼仪来埋葬。"

楚庄王一听甚为高兴，便问："依你之见，怎么个埋葬法呢？"

优孟说："最好以雕琢的白玉作棺材，以精美的梓木做外椁。还要建造一座祠庙，放上牌位，追封它为万户侯。这样天下的人就知道，大王是轻贱人而重马了。"

楚庄王一听，如梦初醒，说："我的错竟到了这种地步！"

优孟说服楚庄王，不是直言相阻，而是以退为进，先消降了庄王的对抗情绪和排斥心理，最后取得论辩的胜利。

由此可见，以退为进的交谈方式，是一种有效的交谈策略。它表面是退缩，实质是进攻。后退是为了更好的进。就像拉弓箭一样，先把弓箭向后拦，目的是为了把箭射出去。

有时候谈判中的一方，不太敢用退出来要挟对方，生怕谈崩了弄得鸡飞蛋打。所以，谈判老手都会不择手段地揣摸对方的真实意图，摸清了底牌，就掌握了谈判的主动权，这时再以什么方式取胜，便是技术问题了。暂时离开谈判桌，也就是说，以退要挟达到进的目的，就是常用的一种。

美国一家大航空公司要建航空站，要求电力公司优惠电价，遭到拒绝，谈判陷入僵局。航空公司佯装退却，放弃电价要求，声称自己要建发电厂。对电力公司来说，失去供电机会，就意味着失去了一单大生意。所以，航空公司离开谈判桌的做法使电力公司慌了手脚，忙请人从中说情，表示愿意以优惠的价格供电。航空公司则乘胜追击，将价格一压再压，而电力公司除了被动接受外无招可施。

所以，千万不要画地为牢，误以为因为这是谈判，就非得谈不可。其实，离开谈判桌，并不是销售人员不想做成这笔交易，有时候，这反倒是成交的一种有效手段。

优秀的销售人员不是努力达成交易而是暂时撤退。以退为进也不失为一种好的销售术。不成熟的销售人员有时会不顾一切地达成交易，而懂技巧的销售人员则是暂时放弃，等时机成熟时再达成交易。这需要判断，而且需要判断以外更多的东西。它需要销售人员在交易达到一定的时候时，敢于放弃唾手可得的一切利益，将它放在一边；又要有在几天后再把生意拉回来的自信。所以，以退为进是最成熟的销售技巧。

罗伯特是一家公司的高级副总裁，他在与当时最富有的亨特做生意时就运用先撤退，再使其成交的销售技巧。

很久以前在金银市场上亨特的名字就曾一再被提及。具有天使般容貌的亨特成立了一个公共事务组织，叫做"事务广场"，它的使命是：反映时政焦点。罗伯特成立的是一家印刷公司，还与亨特做了几笔交易。

具有传奇色彩的亨特是个冷静、谦虚的人，不喜欢公共场合。他总是用一个平淡无奇的纸袋装午餐饭盒，驾驶一辆已有3年历史的标致车，穿很平常的衣服。

然而，那时这位每月收入4万美元的人很明显地感到困惑：很多人并不知道"事务广场"，于是罗伯特找到了销售契机。罗伯特告诉亨特，明天他将给他一个建议。他的主意是：新闻信。

回到办公室，他起草了一份"事务广场新闻"，写了个简短的小故事，估算了一下印刷成本。

第二天，罗伯特把计划交给亨特，"低成本，而且全国数千人都会知道"。罗伯特继续说，"随着循环次数增加，单位成本还会下降。"

亨特全神贯注地听着，即刻便满面怒容。他怒喝罗伯特滚出他的办公室。难道罗伯特暗示了什么过分的野心吗？

罗伯特决定不催促亨特，而让他进行下一步，星期一早晨罗伯特接到了亨特的一个电话。亨特想立刻采用这一方案。后来，"事务广场新闻"成了全国性的杂志——也是一个有利可图的新行业。

罗伯特知道何时需要一个策略性的撤退。他不能不走开，他之所以成功是知道什么时候他必须走开。以退为进是一种追求成功的有利战术。在快速发展的今天，一味埋头苦干，奋勇搏杀也许会陷入思维的陷阱，沉没在泥潭或者迷茫在浓雾中。还不如退出这样的惯性思维，另辟蹊径，也许就能看见成功的曙光！

以退为进是一种销售的有利战术，与朋友或其他人意见不和，发生冲突时，若争得面红耳赤，弄得两败俱伤，不如平心静气，好言商量，退让并不代表懦弱，宽容别人，也是善待自己。明月退出与太阳争辉，才展现出它的恬静与温柔。

借鸡生蛋销售法

在当今这个竞争日益激烈的市场经济时代，想要在商界干出一番成就，在复杂的商战中立于不败之地，仅靠单打独斗是绝对不可能实现的。俗话说："就算身是铁，又能打几颗钉？"应该学会"借鸡生蛋"。

　　某市一家无线电厂，早些年一窝蜂地购置了一条彩电生产线。由于有货无市，企业转产，生产线便成了废物，成为该厂一大心病，丢弃可惜，放着又浪费资金。广州的岳某得知后，一拍胸膛，财大气粗地说："我全要了。"

　　岳某的条件是：按原价100万元收购，但先货后款，同时加价利息款20万元，共120万元，一年后一次付清。无线电厂欣喜万分，而私下却替岳某担心，这个包袱如何甩掉呢？殊不知，岳某正在玩空手道呢。其实，俄罗斯有一家彩电生产企业，正在急需添购彩电生产线，但苦于没有资金。但他们有价廉物美的游艇，举世闻名。首先，岳某打算用100万元的彩电生产线换回价值120多万元的豪华游艇，或许更多。之后，利用游艇在湘江上开办旅游观光娱乐项目。因为该市是有名的旅游胜地，人口流量特大，而且，这里还有一个风景宜人的小岛，在此经营旅游娱乐业，管保有赚。其次，岳某有了投资就可以注册开公司，用游艇作为抵押，向银行贷款，用贷来的款项在当地买地建房，或者开办综合旅游服务项目。果然，一年之后，岳某净赚了500万元，支付了无线电厂的120万元，还净余380万元利润。

　　岳某面对无线电厂闲置的彩电生产线一拍胸脯："我全要了"，既去了无线电厂的心病，又满足了俄罗斯的需求，空手一翻，赚了几百万元。这就是一个典型的借鸡生蛋的故事。曾有人这样感叹：吾没有钱！拿什么去和别人竞争？其实，想法就是最好的本钱。

　　温州民间借贷近20年来一直非常活跃，就是民间利息达到3分、4分高利贷的时候也很少出现问题，有人说这是因为温州人信用好，但信用好的深层原因却是温州人能够像变戏法一样钱生钱。而到底怎么样才能够钱生钱，张爱兰的投资理念算是其中的典型代表。

　　张爱兰身材不高，用她自己的话说是其貌不扬。20年前她成为中国最早下岗的一批女工之一。与当时温岭城乡的妇女一样，她试着在家里搞了一个家庭制衣小作坊。从此她每天从早到晚忙碌个不停。1995年，不堪其累的张爱兰放弃了制衣小作坊的生意，开始全身心投入在她看来劳心不劳身的投资生活。十年时间涉足房地产、出租车、轮船等领域。十年，她也见证了温岭民间借贷资金从每个月三四分利息的疯狂到现在仅仅十厘的平静变化。

1995年，温岭出租车拍卖，每辆车包括车、牌照一共35万元。张爱兰跃跃欲试，偷偷从朋友那边借来30来万元买下一辆出租车。当时她算了一笔账，30万元，每个月的利息按1.5分计算，就意味着每个月要还4 500元的利息。而她的出租车每个月租给别人是6 000元，还有1 500元的赚头。不可思议的是，用张爱兰自己的话说，她所有的投资项目，一开始都是用借来的钱进行操作的。比如在2000年前后，房地产还不热，她并不投资住房，而是商业用房。张爱兰的投资逻辑很简单，住房的租金太低了，不够利息；而商铺的租金却高过利息，所以投资商铺肯定不会亏。

因为投资收益跟着利息走，所以张爱兰十年来借了无数钱，但从来没有不按时还过利息和本金，所以她的借贷信誉也就此建立起来。

借鸡生蛋说穿了就是拿别人的钱来做自己的生意。但这里技巧要得当，知道如何移东补西才不会穿帮。对销售人员来说，有很多人想运用这个技巧，但有很多人却失败了。其实这主要看眼光与手腕。失败者的主要教训是在商务运作中把握不住，亏损了。在市场经济条件下，从商业运作的实际情况来看，最好用手上的一把钱去赚另一把钱，有多大本钱做多大生意，或者想做多大的生意就先筹措多少的资金。一元钱创天下，用小钱办大事，这是一种志向与能力的培养。借鸡生蛋的方法可以思考运用，但决不能盲从。

小张今年大学本科毕业，学的是工商管理，本打算找份工作，可是现在社会竞争这么激烈，找份自己满意的工作谈何容易，工资也特别低，在公司干一个月一千块钱都不到，自己也没什么信心做，年轻人每每有种创业的冲动，有天晚上，小张闲着没什么事情做，就专门在网上找创业的点子和投资的小项目，找了几天以后，突然发觉有一种方法不用什么成本就可以赚到钱的项目，几乎是零成本获得客户，只需花费些电费，别的几乎不需要任何支出就能做免费广告。于是尝试做了一个网站，几乎每天的访问量突破1万，效果非常好。

后来小张又试着投放了几个网络电影公司的广告，介绍一个客户，就可以提6~8元。一天基本拉个20个客户是不成问题的，那一天的收入最起码有120元，而一天有1万以上的访问量，只要有1%的客户收入，那就有600~800元了。

会借别人的手帮自己干活，就等于自己在干活。无论是销售人员，还是客户，或者是根本不曾相识的人……只要"会"借，能够使他们心甘情愿地做事，做到"毕其智为己所用"，就一定能够心想事成、"借力生财"。那么，该如何来运用这一招呢？

其一，要主动。借不是靠，不能依赖等待，而是小投入的以少胜多，甚至是无投入的无中生有的谋略，以巧妙的智慧换取财富。

其二，借要建立在对事物发展态势的精辟分析及准确判断的基础之上。

其三，用此招还须熟知心理，迎合其心理而动，从而煽动其欲望。

灵活运用"借鸡生蛋"这一招，不管在财富积累方面，还是在个人经验积累等方面，都会让人受益匪浅。

古为今用销售法

中国是一个古老的文化之邦。许多文化经典名扬四海，经久不衰。如文学上创立了许多脍炙人口的艺术形象，许多地名、事物，也由于名著的流传而为群众所熟悉。我们能否利用"古"那种知名度去经营呢？回答是肯定的。看下面两个成功的典型案例。

提到咸亨酒店，自然会想起鲁迅笔下的孔乙己与阿Q两位名人，想起浙江绍兴。孔乙己曾经在咸亨酒店喝过酒。他还在咸亨酒店里留下了他的名言"窃书不算偷。""多乎哉！不多矣！"凡是上过初中的人都有印象。阿Q

曾在咸亨酒店大闹"革命"。然而谁也没想到，在20世纪80年代的一天，绍兴一家"咸亨"酒店隆重开业了。酒店开业以后宾客如云，恐怕鲁迅也想不到今日有如此繁荣。远近游客频频举杯，极兴之际戴着阿Q式的绍兴帽，倚在门口拍照。不到两年时间，该店的营业额就达30多万元，比同行的大酒店还多一点。

毛泽东的故乡是湖南韶山，是很多游客想去的地方。当游客到韶山参观的时候，发现旁边有一家"毛家饭店"，毛家饭店的菜谱上写着经营的都是毛泽东喜欢吃的湖南特色家乡菜，什么辣椒炒蛋、腊肉炒冬笋等，游客恨不得将毛泽东主席喜欢吃的家乡菜都尝遍，尽管游客或许平时一点辣椒也不敢吃。

古为今用实在是一着高棋。现在的人大概都有一种文化情结或历史情结。通过一种人工设置的模拟文化氛围即能招来大量游客，也能迅速打响名气。前面说的咸亨酒店就是有鲁迅笔下的孔乙己和阿Q才生意火爆的，毛家饭店就是有了毛主席才名扬四海的。这样的故事还有很多。

湖南桃源县的桃花源每天游客如织，海内外游客皆慕名而来。桃花源能如此吸引游客恐怕得益于陶渊明的《桃花源记》。东晋时期，陶渊明描写了人人向往的一个神话般迷人的世外桃源。反映了陶渊明对现实的不满与对未来社会的一种理想状态。桃花源由此而得名。后来文人墨客又大肆渲染桃花源。使桃花源锦上添花，闻名遐迩。桃源人自改革开放后，把一个纯属子虚乌有的"桃源"建成了一个名副其实的桃花源公园。园内按陶渊明当年的描绘所布置。有桃花溪，有一钻进洞去行几步便豁然开朗的农舍、亭楼，风景相当迷人。桃花源公园游客甚多。附近的农民也摆摊设点，为游客供应纪念品、饮料等，收入颇丰。

另外，在北京前门有一家茶馆，这家馆子历史悠久。但现在，它的名声更大了。原因是作家老舍曾以它为背景写了一部话剧叫《茶馆》，深受人们的喜爱。对里面的常四爷、王利发十分熟悉，茶馆经理加强《茶馆》的宣传，人们自然想到当年王利发经营的馆子去喝几杯，感受一下文化氛围。如今茶馆的生意十分红火。

将家喻户晓脍炙人口的艺术形象或知名度颇高的事物作为自己产品的代言人，何愁不产生轰动效益！

避实就虚销售法

在战争中，进攻与防守是经常的事，进攻与防守，是人力物力的较量，更是勇气与智慧的较量。防守，特别是军力强大的防守，可以正面迎击，可以坚壁清野，拖垮敌方，可以诱敌深入，关门打狗，全歼敌方，方法变化多端。兵力空虚时，愿意显示防备虚空的样子，就会使人疑心之中再产生疑心。用这种示弱的方法对付敌人，这是用奇法中的奇法。诸葛亮就是使用这种方法替自己解围的，诸葛亮充分地了解司马懿谨慎多疑的性格特点才敢出此险策。诸葛亮的这种方法被冠名为"空城计"。其实，早在春秋时期，就出现过用空城计的出色战例。

春秋时，公子元亲率兵车600乘，浩浩荡荡，攻打郑国。楚国大军一路连下几城，直逼郑国国都。郑国国力较弱，都城内更是兵力空虚，无法抵挡楚军的进犯。郑国危在旦夕，群臣慌乱，上卿叔詹说："公子元伐郑，实际上是想邀功图名讨好文夫人。他一定急于求成，又特别害怕失败。我有一计，可退楚军。"

郑国按叔詹的计策，在城内作了安排。命令士兵全部埋伏起来，不让敌人看见一兵一卒。令店铺照常开门，百姓往来如常，不准露一丝慌乱之色。放下吊桥，大开城门，摆出完全不设防的样子。公子元赶到城下，也觉得好生奇怪。他率众将到城外高地眺望，见城中确实空虚，但又隐隐约约看到了郑国的旌旗甲士。公子元认为其中有诈，不可贸然进攻，先进城探听虚实，于是按兵不动。

这时，齐国接到郑国的求援信，已联合鲁、宋两国发兵救郑国。公子元闻报，知道三国兵到，楚军定不能胜。他害怕撤退时郑国军队会出城追击，于是下令全军连夜撤走，所有营寨都不拆走，族旗照旧飘扬。

第二天清晨，叔詹登城一望，说道："楚军已经撤走。"众人见敌营旌旗招展，不信已经撤军。叔詹说："如果营中有人，怎会有那样多的飞鸟盘旋上下呢？他也用空城计了。"

这就是中国历史上第一个使用空城计的战例。空城计，是一种心理战术。在己方无力守城的情况下，故意向敌人暴露我城内空虚，就是所谓"虚者虚之"。敌方产生怀疑，更会犹豫不前，就是所谓"疑中生疑"。敌人怕城内有埋伏，怕陷进埋伏圈内。但这是悬而又悬的"险策"。使用此计的关键，是要清楚地了解并掌握敌方将帅的心理状况和性格特征。兵力虚弱，也来个城门大开，街市镇静如常，这就是摆空城计，实际上也是一种赌博。空城，对攻方来说，的确是一道难题，难怪守方总喜欢摆空城计。"空城计"在中国的古代是一种作战策略，其实在现在市场经济条件下，还可以作为一种营销手段。

南方某市的茶叶丰收了，茶农们踊跃地将茶叶交到了茶叶收购处，这使得本来库存量就不小的茶叶公司，更增加了库存，形成了大量积压。如此多的茶叶让公司的销售人员很犯愁，如何设法将茶叶销出去呢？

正在销售人员犯难时，有一澳大利亚商人前来询问。茶叶公司感到这是一个极好的机会，一定要想法既要把茶叶卖出去，同时还想卖个好价钱。为此，做了周密的布置。

在向澳大利亚商人递盘时，我方将其他各种茶叶的价格按当时国际市场的行情逐一报出，唯独将红茶的价格报高了。澳大利亚商人看了报价，当即提出疑问："其他茶叶的价格与国际市场行情相符，为什么红茶的价格要那么高？"

我方代表坦然地说道："红茶报价高是因为今年红茶收购量低，库存量小，加上前来求购的客户比较多，所以价格就只得上涨。中国人有句古话叫'物以稀为贵'，就是这个意思。"澳大利亚商人对我方所讲的话半信半疑，谈判暂时中止了。

　　随后的几天，又有客户前来询盘。我方照旧以同样的理由，同样的价格回复客户：

　　"因红茶收购量小，库存量小，求购的客户很多，所以才会涨价。"又有许多个客户再来询盘时，得到了同样的答复。

　　这是怎么回事？真的像所说的那样吗？若是真的需求量大而库存量小的话，那得快些签订购货合同，否则有可能价格还会提高。澳大利亚商人心中没有底。

　　虽然说他们对红茶报价高心存疑问，想去了解真正的产量与需求量等问题。但他们在此地无法直接去了解这个问题，只能靠间接的途径来通过其他渠道去了解。而其他的途径，就只是向其他客户去询查，可询问的结果，与自己方面的信息是一致的。

　　于是澳大利亚商人赶快与茶叶公司关于购销红茶一事签订了合同，唯恐来迟了而无货可供。价格当然按照我方所报价而没有降低。这样一来，其他客户纷纷仿效，在很短的时间内把积压的红茶销售一空，而且还卖了个好价钱。

　　在上面这个案例中，茶叶公司很快地反用了"空城计"的战术，故意散布假信息，说是"红茶库存量小，需求量大，价格上涨。"并对提供的信息做好周密安排，使客户无法证实信息的真假，难辨真伪，最终不但销出了红茶，而且还卖了个好价。

　　空城计，在某种意义上也可以视做是在无奈情况下的一种赌博。而在现代销售活动中，销售者一个大胆的计划，一种奇异的构思，配以虚张声势的行动，往往能收到意想不到的效果，达到轰动的效应和目的，最终达到"无中生有"的境界。

　　在美国市场上曾出现过一种注册为"芭比"的娃娃，每只售价10美元，相当于70多元人民币。就是这个看似寻常的娃娃，竟弄得许多美国父母哭笑不得，因为这是一种"会吃美金"的玩具。

　　一天，一位父亲将芭比娃娃买下并作为生日礼物赠送给女儿，这位父亲很快就忘了此事。直到有一天晚上，女儿回家对父亲说，芭比需要新衣服。

原来，女儿发现了附在包装盒里的商品供应单，提醒小主人说芭比应当有自己的一些衣服。做父亲的想，让女儿在给娃娃换穿衣服的过程中得到某种锻炼，再花点钱也是值得的，于是，花了45美元买回了"波碧系列装"。

大约过了半个月，女儿又说得到商店的提示，应该让芭比当"空中小姐"了，于是，父亲为了满足女儿不算太过分的虚荣心，又掏钱买了空姐制服，接着又是护士、舞蹈演员的行头。这一下，父亲的钱包里又少了40美元。

然而事情并没有完。有一天，女儿得到商店的提示，说她的芭比喜欢上了英俊的"小伙子"凯恩，不想让芭比"失恋"的女儿央求父亲买回凯恩娃娃。父亲还能说什么呢？于是，父亲又花费11美元让芭比与凯恩成双结对。

这下女儿总该心满意足了。谁知有一天女儿又收到了商品供应单，说她的芭比和凯恩有了爱情的结晶——米琪娃娃。天啦，又冒出了个会吃美金的"第二代"。

这是一个典型的空城计，商家通过大胆的设想，让芭比娃娃不断增值，最终达到销售的目的，为商家赚足了利润。

出奇制胜销售法

商场如战场，买卖似用兵。所有商业经营活动，从表面上看来，似乎只是一种与物品打交道的经营活动，但是，从本质上来说，所有的商业活动实际上都是人与人之间的智力角逐，是一种斗智斗勇的"智力游戏"，是人与人之间的智慧谋略大比拼。

约瑟夫是某电气公司的销售人员。一天，他敲开一家农舍的门。门打开了一条小缝，里根太太探出头来。

一看到约瑟夫，里根太太把门砰地一声关起来。约瑟夫又敲门，她又打开来说："你不要成天往我这来，我对你们的产品不感兴趣。

"里根太太。"约瑟夫说："很抱歉打扰了您，但我们来不是向您推销电器的，我只是要买一些鸡蛋罢了。"

里根太太把门又开大一点，怀疑地瞧了瞧。约瑟夫注意到里根太太那些可爱多明尼克鸡说："我想买一打鲜蛋。"

门又开大了一点。"你怎么知道我的鸡是多明尼克种？"里根太太好奇地问。

"我自己也养鸡，而我必须承认，我从来没见过这么棒的多明尼克鸡。"约瑟夫回答道。

"那你为什么不吃自己的鸡蛋呢？"里根太太仍然有点怀疑。

"因为我的鸡下的是白壳蛋。当然，你知道，做蛋糕的时候，白壳蛋是比不上红壳蛋的，而我妻子以她的蛋糕自豪。"

到这时候，里根太太放心地打开了门，态度也温和多了。同时，约瑟夫四处打量一下，发现这农舍有一间修得很好看的奶牛棚。

"事实上，里根太太，我敢打赌，你养鸡所赚的钱，比你丈夫养乳牛所赚的钱要多。"

这下，里根太太可高兴了！她兴奋地告诉约瑟夫，她真的是比她的丈夫赚钱多。她邀请约瑟夫参观她的鸡棚。参观时，约瑟夫注意到她装了一些各式各样的小机械，于是约瑟夫"诚于嘉许，惠于称赞"，介绍了一些饲料和掌握某种温度的方法，并向她请教了几件事。片刻间，约瑟夫就高兴地在交流一些经验了。

不一会儿，她告诉约瑟夫，附近一些邻居在鸡棚里装设了电器，据说效果极好。她征求约瑟夫的意见，想知道是否真的值得那么干。

两个星期之后，里根太太的那些多明尼克鸡就在电灯的照耀下了。约瑟夫推销了电气设备，她得到了更多的鸡蛋，皆大欢喜。

约瑟夫运用出奇制胜的营销方法成功地把电器销售出去了。在市场中，同样一件商品销售得好坏，与营销者的营销方法和营销智慧有很大关系。

在意大利有一个专售首批新产品的市场即莱尔市场。同样一件产品，价钱都相同，产品在这里却卖得出奇的好。原因是什么？原来这家市场的任何一种新产品都只销售一次，售完为止，不再第二次进货。即使一些商品客户很喜欢，抢上手的喜上眉梢，没抢到手的懊悔不迭，要求市场再一次进货，可得到的却总是让人遗憾的回答："很抱歉，本市场只售首批，卖完便不再进货，即使是抢手货也是如此。"面对这样的回答和做法，许多客户难以理解，在闲谈中，他们已经把这种奇怪的现象，不断地向别人诉说，于是在人们心目中逐渐形成了这样的观念：莱尔市场都是最新的产品，要想购买新产品，必须当机立断。所以每当一件新产品上市，就会出现客户蜂拥抢购的场面。

我国内地也有一些商店，成功地运用了莱尔市场的销售模式，比如专门经销一式一款的衣服或皮包以及其他只有一款的物品。事实上这些东西，质量、款式不见得比其他商场的同类物品好，但因其具有"唯一"性，所以价格要高出同类商品几成甚至几倍。传统中的"酒香不怕巷子深"已经被"酒香也怕巷子深"所取代。出奇制胜的营销产生于先进的营销理念，这种理念具有了独特的价值才会产生独特的效果。因而营销理念绝不是对一些理论名词简单理解，而是出自实践中的深刻体会，是按照特有思路将先进营销观念组合起来，创造出一种全新的营销方式。

山西太原有一家"百元"裤业公司，所有的裤子都卖100元。公司人不多，没有自己的加工厂，将设计好的裤样送到广东深圳一带采购布料并在当地加工，同时定位在城乡部，严格按照一定的标准，包括店面设计、经营方式、服务标准等都有要求，在全国发展了400多家连锁专卖店。

示弱也是一种出奇制胜的营销方式。受自尊心的驱使，人们总是对自己的缺点和短处讳莫如深，不甘示弱。然而，如果对示弱巧妙地加以运用，它会成为赢得成功的有力帮手。示弱在市场竞争中和商品销售中越来越广泛地受到商家的青睐。恰当的"自贬"，有时反会出奇制胜。从形式看，示弱可分为两种。

（一）语言上示弱

主要是通过巧妙的话语示人以弱。根据言语示弱的出发点和表达效果的不同，又可分为防守性言语示弱和攻击性言语示弱两种，前者的目的重在保护自己，为自己套上一层软甲，使自己先立于不败之地，所示之弱又是有目共睹无法回避的缺点或弱点，自己事先表明，可避免给人可乘之机。运用这种方式不可过分强调弱点，否则容易让人思想上转不过弯来。还要注意示弱言语到示强言语的转换，示弱只是手段，示强才是目的。

行为示弱和言语示弱有时是同时发挥作用的。在运用示弱时要故到诚恳巧妙。

好商品也需要勤"吆喝"，还要会"吆喝"，这就需要出奇制胜的营销方法。在加拿大艾德蒙顿闹市区，每当夜幕降临的时候，会忽然传来一阵娇滴滴的喊声："救救我吧！快把我从这里救出去啊……"喊声凄凉哀怨，循声望去，原来是一位美貌绝伦的女郎，被可怜地关在一家商店狭窄的厨窗里。美女的惊叫声自然惊动了行人，橱窗四周顷刻间被围成了人墙。这时美女指着身旁的"运动家"牌过滤嘴香烟，哭着说："先生们，女士们，不把这些香烟卖出去，我是没法出去的。大家帮帮忙，可怜可怜我吧！"美女说得情辞恳切，行人顿生怜爱之意，纷纷掏钱购买香烟。

其实那"美女"不过是一个机器人而已，但商家却利用她进行了新产品"运动家"牌香烟的成功营销。

（二）行为上示弱

这种示弱方式主要表现为有具体明显的示弱行为。从行动上表现自己没有恶意，愿意合作，诚恳谦让，最易消除误解，融洽关系。行为示弱主要利用在没有根本原则性利害冲突的人中间，它要求示弱者有谦虚容人的胸怀，有不计个人得失的品质。其目的是为了维护团结，以利于工作顺利，事业有成。

声东击西销售法

声东击西，典出《太公六韬兵道》："欲其西，袭其东。"意思是造成一种逼真的佯攻假象，达到迷惑敌人、出其不意消灭敌人有生力量的目的。即是忽东忽西，即打即离，制造假象，引诱敌人作出错误判断，然后乘机歼敌的策略。为使敌方的指挥发生混乱，必须采用灵活机动的行动，本不打算进攻甲地，却佯装进攻；本来决定进攻乙地，却不显出任何进攻的迹象。似可为而不为，似不可为而为之，敌方就无法推知己方意图，被假象迷惑，作出错误判断。运用声东击西在商业中也是非常重要的。

胡军生是一塑料编织袋厂厂长，他准备向日本某纺织株式会社购买先进的塑料编织袋生产线，遂当即到进口过类似设备的国营大厂实地考察，了解其性能及运转情况，并确认引进可行。

胡军生与日本株式会社三井先生谈判开始了。日方国际业务部的中国课课长起立发言："我们经销的生产线，由日本最守信誉的3家公司生产，具有20世纪90年代先进水平，全套设备的总价是480万美元。"课长报完价，漠然一笑，摆出一副不容置疑的神气。胡厂长缓缓站起身，大声地说："据我们掌握的情报，你们的设备性能与贵国某某会社提供的产品完全一样，我省某某厂购买的该设备，比贵方开价便宜一半。因此，我提请你重新出示价格。"日方代表听罢，相视而望，首次谈判宣告结束。

第二天日方报出总价380万美元。经过激烈的争论，总价压到了300万美元，这时胡厂长灵机一动，采用孙子兵法"示形于东而攻于西"的策略和另一家西方公司做了洽谈联系。这一小小的动作立即被日商发现，总价立即降至240万美元。这个价格可以说相当不错了。可胡厂长还是不满意。谈判桌上的角逐呈白热化，胡厂长等中方代表与日商又谈了整整一个上午，日方代表震怒了："胡先生，我们几次请示厂东，4次压价，从480万美元降到240

万美元，比原价已降了50%了，可以说做到了仁至义尽，而如今你们还不签字，实在太苛刻，太无诚意了！"他气呼呼地把提包甩在桌上。胡厂长站起："先生，你们的价格，还有先生的态度，我们都是不能接受的！"说完，同样气呼呼地把提包甩在桌上，那提包有意没拉上锁链，经他这一甩，里面那个西方某公司的设备资料与照片撒了一地。日方代表见状大吃一惊，急忙拉住胡厂长满脸赔笑道："胡先生，我的权限已到此为止，请让我请示之后，再商量商量。"胡军生寸步不让，"请转告贵厂东，这样的价格，我们不感兴趣。"说完，抽身便走。日方经过再次请示，宣布最后开价再让4%，为230万美元。胡军生觉得再挤下去不可能了，便慨然与日本代表握手成交。

胡军生高超的谈判艺术与技巧着实令人佩服，将设备售价从480多万美元降低到230多万美元，多么了不起。其奥妙在于胡军生一方面对市场有较全面的了解，另一方面就是在谈判中运用了"声东击西"的谋略，使谈判对手慌了手脚，最终疑惑动摇，败下阵来。

如今，在现代企业的经营管理中，研究、借鉴并适当运用古代兵法，已经是一种非常普遍的现象。20世纪后半期，日本和亚洲"四小龙"把"三十六计"广泛应用于工商业活动，在短时间内取得了令整个世界震惊的经济腾飞。而当全球经济进入到以IT及软件产业为代表的知识经济时代，"声东西击"之谋略更加受到商界的推崇。

在销售中，一般只是谈商品质量、数量和价格等双方交易的主要条件。销售人员不要过早地暴露自己产品价格，要避免过早地同对方讨论价格问题，因为不论销售人员的价格多么合理，只要对方购买这种产品，就要付出一定的代价。不要让客户首先考虑产品的价格，要让他们的注意力引到产品的价值上来，也就是说，谈话应首先集中产品的价值这一问题上，而不是单纯地谈价格；如果一定要谈价格，就要连同价值一并提出。

弗雷德是皮革制品厂的销售经理，公司已经生产即将出售的新产品，这是一种加工成带状的皮革制品。让我们来看看，弗雷德是怎么运用声东击西法把产品销售出去的。

"你认为这产品怎么样呢？"他拜访一个客户问。

"啊，我非常喜欢它，但是我想您现在会告诉我它是非常贵的，我应该为它付出一个荒谬的价格，在您之前，我全听说过了。"客户回答道。

"您是一个有销售经验的人。"弗雷德说，"您和别人一样懂得皮革和兽皮，那您猜想它的成本是多少？"

那人受了赞美，也表现得很高兴："可能是80美分一码吧。"

"您说得对。"弗雷德用惊奇的眼光看着他说："我不知道您是怎样猜到的？"

最后，弗雷德以80美分一码的价格获得了他的订货和随后的重复订货，双方对事情的结果都很满意，弗雷德决不会告诉他公司最初给产品的定价是68美分一码。

从这个故事中我们应该得出这样的结论：在介绍价格的时候，必须让客户看起来价格比较低，同时，销售人员向客户介绍好处的时候，又必须使客户看起来好处比较多。

20世纪末，正当LG与格兰仕为了争取微波炉市场打得不亦乐乎时，在顺德的美的集团，却挟资金、渠道、研发上的优势发难，挺进微波炉市场。上市当年，美的硬是活生生地抢下了微波炉市场9.54%的份额。

对于美的的挑衅，格兰仕岂能坐视不管。格兰仕很快宣言：以20亿元杀入空调市场。虽然美的不是空调霸主，但是美的空调绝对在业内小有名气。无论是谁，当你被一个对手紧盯着时，心有旁骛总是在所难免的。当格兰仕高调宣扬将从美的人才队伍里"挖角"时，格兰仕的意图即可达到。格兰仕空调从未火过，但在它的牵制下，美的微波炉的发展势头严重受制。

格兰仕就是采用了声东击西的战术，限制了美的的发展。声东击西以迷惑为目的，主要在于调度敌人，使对手分神，然后寻机各个击破。试想如果格兰仕认为自己的空调可以迅速召来丰硕利润，而以微波炉骚扰对手，岂不贻笑大方？快速、统一行动，在有限的时间内完成战略部署，造成神出鬼没态势，让对手弄不清真假。等弄清了，该做的事做完了。

作为一位成功的销售人员，先决条件就要弄清客户的目标，并在销售过程中时刻不忘销售的主要目的。在同客户谈判中，却要把自己的目标隐蔽起来，把一些次要的问题渲染成很重要的问题，而让对方多占些便宜，销售人员也表示很勉强地让步。

让老客户与"局外人"为你宣传

美国销售专家乔·吉拉德曾经获得"世界最伟大的销售人员"的荣誉。吉拉德在自传中写道："每一个用户的背后都有250个客户，销售人员若得罪一个客户，也就意味着得罪了250个客户；相反，如果销售人员能够充分发挥自己的才智利用一个客户，他也就得到了250个关系。"这就是乔·吉拉德著名的"250定律"。美国保险销售大王弗兰克·贝格特特别强调了这种方法的有效性，他还有这样的亲身经历。

一个意志消沉的年轻人来向销售大王弗兰克·贝格特请教，他销售寿险已经一年多了。刚开始做得还不错，可当他把寿险销售给一些朋友及大学同学后，就不知该怎样继续了，现在他心灰意冷，准备放弃。

弗兰克·贝格特对他说："年轻人，你只做到事情的一半，回去找跟你买过保险的客户，从每个客户那里至少会得到2个以上的客户。此外，不管面谈结果如何，都可以请拜访过的每个客户给你介绍朋友、亲戚等。"

半年后，他又找到弗兰克·贝格特，他说："贝格特先生，这些日子来我紧紧把握一个原则就是不管面谈结果如何，我一定从每个拜访对象那里至少得到2个介绍名单。我得到500个以上的好名单，比我自己四处去闯所得的要多出许多。今年头半年，我已缴出23.8万元。以我目前持有的保险来推算，今年我的业绩应该会超出150万元！"

有很多销售人员认为，任何人只要肯介绍客户，他就是好的推荐人。从理论上来看这确实没有错，可是唯有本身也是合适客户的人士，才会更具有说服力。强有力的推荐人，对销售人员来说，具有很高的价值。可是通常只有以下两种理由，客户才愿意为销售人员做郑重的推荐：

第一种，推荐人跟销售人员之间有非同一般的友谊，以至于推荐人可以不计后果，而且不管结果会怎样，都愿意鼎力推荐。客户多半来自销售人员个人亲密的亲朋好友，再不就是曾经有恩于他，基于报恩，所以愿意大力相助。

第二种，推荐人有助人为乐的作风。也许是以前的客户、亲戚、朋友或者是一些有社交来往的人——当然不是仅限于这些人。如果他对销售人员有任何的不信任，通过他就不会把销售人员的名字传播开去，为你做出色的产品宣传。

很多销售人员会觉得要人帮忙介绍客户是一件非常难开口的事，因为觉得这对销售人员的名声很不好。其实那是错误的，只要要求别人帮忙的说法适当，不但要求自然，而且寻求客户的技巧也会跟着大有改善。

不仅可以利用客户为自己宣传，还可以利用局外人为自己宣传。在一般情况下，法庭的陪审团很难对律师的辩词给予十分的肯定，所以最终的判决与律师的努力形成不了正比。面对这种情况，辩护律师通常请目击证人到法庭上提供最有利的证词，以增强辩护词的可信度，取得预期效果。不妨将这种方法引入销售当中，"证人"可以让销售人员节省很多精力和脑筋。利用"局外人"销售，会非常快捷而又有效地获得客户的信赖。

有一个公司的董事长打算去加拿大旅游，希望下榻到一家设施高档、服务周到的饭店。一些销售人员听到这条消息如获至宝，纷纷向董事长介绍他们的饭店。结果让他不知如何选择。后来他看到了一封与众不同的信，信中建议他给一些曾下榻过他们饭店的人打电话咨询饭店的情况。

董事长发现名单当中有一个是他认识的，于是给他打电话咨询。这个人对这家饭店大加称赞，并极力向董事长推荐，最后董事长选择了这家饭店。最为关键的是局外人千万不能是胡编乱造出来的。其实每家饭店都有这样的局外人，关键是他们有没有利用，如果不利用，那么只好看着客人被自己的竞争对手抢走。

　　利用"局外人"来销售，是可以非常快捷而又有效地获得客户信赖的一种好方法，节省非常多的精力，它是与竞争对手争夺客户的最好的武器之一。

第十七章

出奇制胜，搞定每一单的成交攻心计

把握客户的成交信号

在销售过程当中，成交时机总是若隐若现，难以把握。一流的销售人员非常清楚，客户购买的时机只有那么一瞬间。其实这种仅此一刻的情形，大约20次销售中才出现一次，另外的19次都会出现许多隐蔽成交契机，所以，成功的关键就是要好好把握这些机会。

心理学上有一个名词叫"心理上的适当瞬间"，在销售工作中也有特定的含义，是指客户与销售人员在思想上完全达到一致的时机，即在某些瞬间买卖方的思想是协调一致的，此时是成交的最好时机。若销售人员不能在这一特定瞬间成交，成交的希望就会落空，再次成交的希望就变得渺茫。

在销售中，对"心理上的适当瞬间"的把握是至关重要的。把握不适当，过早或过晚都会影响交易。"心理上的适当瞬间"到来，必定伴随着许多有特征的变化与信号，善于警觉与感知他人态度变化的销售人员，应该能及时根据这些变化与信号，来判断火候与时机。一般情况下，客户的购买兴趣是逐渐高涨的，且在购买时机成熟时，客户心理活动趋向明朗化，并通过各种方式表露出来，也就是向销售者发出各种成交的信号。

成交信号是客户通过语言、行动、情感表露出来的购买意图信息。有些是有意表示的，有些则是无意流露的，后者更需要销售人员细心观察。客户成交信号可分为语言信号、表情信号和行动信号三种。

（一）语言信号

当客户有购买打算时，从其语言中可以得到判定。例如，当客户说："你们有现货吗？"这就是一种有意表现出来的真正感兴趣的迹象，这表明成交的时机已到；客户询问价格时，说明他兴趣极浓，商讨价格时，更说明他实际上已经要购买。

语言信号的种类很多，有表示欣赏的，有表示询问的，也有表示反对意见的。应当注意的是，反对意见比较复杂，反对意见中，有些是成交的信号，有些则不是，必须具体情况具体分析，既不能都看成是成交信号，也不能无动于衷。只要销售人员有意捕捉和诱发这些语言信号，就可以顺利促成交易。

（二）表情信号

从客户的面部表情可以辨别其购买意向。眼睛注视、嘴角微翘或点头赞许都与客户心理感受有关，均可以视为成交信号，客户的一举一动，都在表明客户的想法。从明显的行为上，也完全可以判断出是急于购买，还是抵制购买。及时发现、理解、利用客户表露出来的成交信号，并不十分困难，其中大部分也能靠常识解决，具体做法：一要靠细心观察与体验，二要靠销售人员的积极诱导。当成交信号发出时，及时捕捉，并迅速提出成交。

从事保险销售的小杨说，他总是利用"以便……"句型来追踪成交契机。他的方法很简单。对客户说话时，每段话都接"以便……"随后详细说明有利于客户的所有专项。

"乔治先生，我们会在市场比较冷清的30天内开个会，以便作好充分准备，等管制一取消，可以立刻与分析师讨论。"

"李女士，我们希望现在就安排这件事，以便分公司能够将业务转交给您。"

运用这个简单有效的"以便……"句型，不单能引导追踪成交契机，还可以不断提醒客户，立即行动最为有利。所以，销售人员现在就可以开始用"以便……"句型，以便提高销售业绩，同时提升自己在公司的地位。

（三）行为信号

行为信号是那些客户在形体语言上提供的线索。这些信号会告诉销售人员，他们在心里已经作了准备购买的决定。购买信号是突然的，销售人员一定要细致观察客户，当客户出现购买信号，表示出购买的意愿时，销售人员就要停止再谈论产品，而准备下一个步骤。

细致观察客户行为，并根据其变化的趋势，采用相应的策略、技巧加以诱导，在成交阶段十分重要。假设销售人员已经将自己的想法用简单有效的方式表达出来，而且详细讲述了产品的优点与便利之处，跟着也询问了核查问题，了解了客户接受想法的程度。在这个过程中，销售人员要始终注意其中的购买信号。有经验的销售人员会有直觉，能感觉到客户什么时候准备购买。当然，许多销售人员很难做到这一点。

现实中，许多销售人员往往是说得太多，以至于失去销售最好的时机。当感觉到客户的友好与购买的兴趣的时候，销售人员的职业习惯很容易错误地以为："客户喜欢听我说的话，如果我告诉他们所有的事情，那么他们就会对我和我的产品印象更深刻。"实际上这是错误的，相反的做法才是对。当客户变得友好，表现出兴趣的时候，是该停止展示的时候，直接问是不是想购买。要想办法确定客户的想法，对于刚刚所说的想法以及是不是准备购买。如果询问了几个核查的问题，客户也准备充分，就应该很容易处理了。

确定客户的想法。销售人员是否会理会客户是不是想听所说的话而不停地展示一个又一个想法？是否碰到过，努力地作完整个产品展示，却只得到客户这样的反应："这些听起来是不错，但是我想再考虑一下。请给我一个名片，我会再联系你的。"

如果确认购买信号，并且给出合理的对策，那就会缩短销售时间。因为在合适的时间，即客户心理上准备作出决定的时候，要求客户购买产品，就节省了很多时间。当然，这样的好处是可以用更短的时间争取更多的销售额，另外也可以有更多的时间去做其他的更重要的事情。

成交策略是对成交方法的原则性规定，是销售人员在促进成交的过程中必须遵守的活动准则。为了更有效地促使客户购买，销售人员必须掌握成交的基本策略。其策略主要有以下几点：

（一）掌握洽谈的主动权

掌握主动权是为了制造成交机会，是有效运用成交策略的必要条件之一。销售人员如果掌握了洽谈的主动权，按照事先所制定的计划开展洽谈，就可以较容易地获得成交的机会，更有效地运用成交策略。

掌握洽谈的主动权，要求销售人员首先在规划洽谈阶段做好充分的准备，制订一个完善的洽谈计划；其次，运用各种方法引导洽谈按既定的轨道前进；再次，不要把掌握主动权理解为操纵与控制客户。销售人员应当鼓励客户表达自己的观点与要求，然后通过对客户的观点、要求做出恰当的反应来掌握主动权。

先提供信息，就是向客户介绍产品的特征和利益，或者向客户说明成交条件。后提出问题则是指就产品或成交条件，询问客户的看法。当客户的观点与销售人员一致时，可以继续后边的介绍或说明，如果不一致，则要重新讨论，直至双方都能接受的价格。

（二）考虑客户的特点

与销售过程的其他环节一样，促进成交的方法也是因人而异，并与客户的需求状况、个人特征相适应。只有这样，成交的方法才能发挥最大效力。对于一些客户来说，直接请求其购买也许是最有效的方法；而对另外一些客户来说，直接请求成交则可能意味着销售人员在施加压力。对于单位的专职采购人员，只需销售人员简明扼要地说一下产品的特征，就能够确定是否应该购买；而对于没有多少产品知识的客户来说，只有在销售人员详细说明产品的特征之后，才能决定是否购买。如果销售人员不考虑特定客户的需求状况、个性特征，成交方法的使用就会有很大的盲目性，也就难以取得预期的效果，销售业绩也上不去。

（三）保留成交余地

保留成交余地，也就是要保留一定的退让余地。在中国，任何交易的达成都必须经历讨价还价的，很少交易是按最初报价成交的，尤其是在买方市场的情况下，几乎所有的交易都是在卖方作出适当让步之后成交的。因此，销售人员在成交之前如果把所有的优惠条件都给了客户，当客户要求再做些让步才同意成交时，就没有退让的余地了。所以，为了有效地促成交易，销售人员一定要保留适当的退让余地。比如，一个电脑报价3 850元，当客户说要优惠的时候，不能直接告诉他最低的成交价格，而是在3 850元的基础上适当的降一点，还要补充一句："这是最优惠的价格了，不能再降了。"

（四）诱导客户主动成交

诱导客户主动成交，即设法使客户主动采取购买行动，这是成交的一项基本策略。如果客户主动提出购买，说明销售人员的销售工作十分奏效，也意味着客户对产品及交易条件非常满意，以致客户认为没有必要再讨价还价，因而成交非常顺利。所以，在销售过程中，销售人员应尽可能诱导客户主动购买产品，这样可以减少成交的阻力。

销售人员要努力使客户觉得成交是自己的意愿，而非强迫。通常，人都是喜欢按照自己的意愿行事。由于自我意识的作用，对于他人的意见总会下意识地产生排斥心理，尽管别人的意见是正确的，也不乐意接受，即使接受了，心里也会感到不畅快。因此，销售人员在说服客户采取购买行动时，一定要让客户觉得这个决定是他自己的主意。这样，在成交的时候，客户的心情就会十分舒畅而又轻松，甚至为自己做了一笔合算的买卖而自豪。

以稀为贵成交法

唐代诗人白居易《小岁日喜谈氏外孙女满月》诗中有"物以稀为贵，情因老更慈。"这是"物以稀为贵"最早的出处。意思是事物因稀少而觉得珍贵。

　　"二战"期间，一位印度老人拿了三幅名画去市场上卖，这三幅画均出自名画家之手。恰好被一位美国画商看中，这位美国人自以为很聪明，他认定：既然这三幅画都是珍品，必有收藏价值，假如买下这三幅画，经过一段时期的收藏肯定会大大地涨价，那时自己一定会发一笔大财。于是，他问那位印度老人："先生，你带来的画不错，如果我要买的话，你看要多少钱一幅？"

　　"你是三幅都买呢，还是只买一幅？"印度老人反问道。

　　"三幅都买怎么讲？只买一幅又怎么讲？"美国人开始算计了。他的如意算盘是先和印度老人敲定一幅画的价格，然后，按多买少算的原则，把其他两幅一同买下，那样肯定能占点儿便宜。

　　印度老人并没有直接回答他的问题，只是表情上略显难色。美国人却沉不住气了，他说："那么，你开个价，一幅要多少钱？"

　　这位印度老人是一位地地道道的商业精，他知道自己画的价值。于是装做漫不经心地样子回答说："先生，如果你真心诚意地买，我看三幅800美元吧！这够便宜的！"

　　美国画商并非商场上的庸手，他抓住多买少算的砝码，一美元他也不想多出，于是，两个人讨价还价，谈判一下陷入了僵局。

　　那位印度老人灵机一动，拿起一幅画就往外走，到了外面二话不说就把画烧了。

　　美国人很是吃惊，他从来没有遇到过这样的对手，对于烧掉的一幅画又惋惜又心痛。于是小心翼翼地问印度老人剩下的两幅画卖多少钱！想不到印度老人要价的口气更是强硬，两幅画少了800美元不卖。

　　美国画商觉得太亏了，三幅画800美元，少了一幅画，还要800美元。于是，强忍着怨气还是拒绝，只是要求再便宜点。

　　想不到，那位印度老人又怒气冲冲地拿出一幅画烧了。这回，美国画商可真是大惊失色，只好乞求印度老人不要把最后一幅画烧掉，因为自己太爱这幅画了。接着又问这最后一幅画多少钱？

　　想不到印度老人张口还是800美元。这一回画商有点儿急了，问："三幅画与一幅画怎么能一样价钱呢？你这不是存心戏弄人吗？"

　　印度老人见这位美国画商还想讨价还价，于是便说"这三幅画出自知名画家之手，本来有三幅的时候，相对来说价值小点儿。如今，只剩下一幅，可以说是稀世珍宝，它的价值已经大大超过了三幅画都在的时候。要不要，现在涨价了，这幅画800美元不卖，最低得出价1 000美元。不然，我就烧掉它！"

这下，画商真的急了，生怕印度老人将第三幅画也烧掉，便一手按着画，一边说："1 000美元，我买了！"

后来有人问印度老人，为什么要当着画商的面烧掉两幅画？老人说："物以稀为贵。美国人有个习惯，喜欢收藏古董名画，他要是看上，是不会轻易放弃的，肯定会出高价买下。并且他从美国人的眼神中看出，这个美国人已经看上了自己的画，心中就有底儿了。所以我当面烧掉两幅画，留下一幅卖高价呀！"

这个故事是典型的"物以稀为贵"的营销方式。限量销售就是物以稀为贵销售法的延伸。物以稀为贵，紧俏的东西总是容易受到消费者的追捧，所以限量版正是利用客户的这种心理。限量版的设计与后来的宣传，是一种从产品到营销的过程，说明优秀的产品其实本身也是一种营销。

在名车领域，限量版就是品牌的"身份证"，是顶级豪车的代名词，因而很容易引起人们的关注。比如在2005上海国际车展上，宾利一款价值上千万元人民币的限量版雅致728就吸引了众多参展者的眼球。

在车市中使用饥饿销售法好处多多，特别适合中国人的消费心理。通过供不应求的局面树立品牌受追捧的形象打击竞争对手。同时，通过这种销售方法可以掩盖产能不足带来的诸多问题，也能以有限的产能抢占更多的市场份额实现利润最大化。

在鞋业领域，限量版也成为商家亮牌的新创意。有一家企业曾经推出一款运动鞋，在全球范围内引起了时尚爱好者的关注，因为这种配有刺绣的运动鞋属于限量版产品，在全球仅有20双。这让人感觉到物以稀为贵，有很强的好奇心，这是在卖鞋吗？

在浙江温州，有一家走向世界的鞋业集团，它从2007年起，在全球推出数量仅限2 999双的春季女士鞋，"限量版"的首要特点是以少来显示其"尊贵"。

1. 以人为尊。这家鞋业集团察觉到现代都市女性的内心剧变：一方面，她们在挑选鞋子时，不再只看重价格与外表，更希望代表当今最前卫的时尚潮流；另一方面，都市女性在职场中承受着比男性更为沉重的压力，她们渴望以更能体现自信精神的服饰来装饰自己。

2. 因稀而贵。这家鞋业集团生产的春季女鞋只有2 999双，数量稀有，价值非凡，共有两大系列、三个款式。售价与普通女单鞋明显拉开距离。限量版女鞋系列以纪念版鞋盒包装，并配以全国统一编号，并随鞋赠送尊贵纪念卡，持有该卡无疑是一种尊贵身份的象征。

根据20/80定律，限量版就是盈利较强的那种20%的产品，同时商家推出限量版，无疑也是树立一个视点，提高品牌的知名度。限量版对于供过于求的行业会带来一种与众不同的消费，用得恰当，对提升企业品牌具有独到的作用。另外限量版的运用必须针对企业的具体情况来操作，这家鞋业集团在标志性产品上有一定的经验，其产品的品质在消费者的心目中已扎根，推出限量版女鞋也是情理之中。

好奇成交法

好奇推销技巧，是推销人员利用人的好奇心理，促使客户立即作出购买决策的方法。由于人的消费行为既是一种个人行为，又是一种社会行为，既受个人购买动机的支配，又受社会购买环境的制约，个人认识水平的有限性与社会环境的压力是从众心理产生的根本原因。因此，客户会把大多数人的行为作为自己行为的参照。好奇心理就是利用人们的这一社会心理创造出一种众人争相购买的社会风气，以减轻其购买风险心理，促使迅速作出购买决策。

一个新来的销售人员在工作的第一个月向经理解释为什么业绩不佳。他说："经理，我能把马引到水边，但是没办法让它每次都喝水。"

"让他们喝水？"销售经理急了，"让客户喝水不是你的事，你的任务是让他们觉得渴！"

在上面戏剧性的一幕中，销售经理的观点非常鲜明。销售人员的工作不是让客户购买，而是激发客户的兴趣，这样客户就会想更多了解销售人员提供的产品或服务。

成功吸引客户参与有效销售的关键，在于激发客户好奇心。怀有好奇心的客户会选择参与，反之则不然。

当某商店门口排了一条长队，路过的人也容易随之加入排队的行列。因为从众心理常表现为：既然有那么多的人在排队，就一定有利可图，不能错失良机。如此一来，排队的人会络绎不绝，队伍越来越长，而在这条队伍中，多数人可能并没有明确的购买动机，只是在相互影响，相互征服，既然客户有这种爱好，销售人员就可以营造这一氛围，让人们排起队来。当然，人们队伍不一定是有形的，还可以是心理上的无形队伍。比如，销售人员说："小姐，这是今年最流行的时装，和您年龄相仿的人都喜欢"；再如："这种热水器很畅销，您看这是一些用户订单，有东北的、华北的、有城镇的、也有乡村的。"这就是利用了客户的好奇动机，在客户心里排起了一条长长的队伍，使那滚滚的购买人流激荡在客户的心里，只有随大流，赶快购买才是唯一的机会。

利用好奇心理有利于提高销售业绩，促成大批交易。但要注意讲究职业道德，不搞拉帮结伙或用"托"来欺骗客户，否则销售人员会因此而信誉扫地。好奇心是打开销售程序大门的钥匙，相反，如果他们一点也不好奇，销售就会寸步难行。换句话说，如果能激起客户的好奇心，就有机会获得信用、建立客户关系、发现客户需求、提供解决方案、获得客户购买的反馈。激发人们的好奇心并不难，有许多方式可以激发人们的好奇心。

（一）避免开门见山

最简便的方法就是问："猜猜现在怎么样了？"差不多每一个听到这话的人都会立刻停下手边的工作说："怎么样了？"在销售中，我们希望客户感到好奇并提出问题，并从中进一步获得商家所能提供价值的更多信息。这就要求销售人员在策略上做出改变，先激起客户的兴趣，从而创造新的机会，去发现客户需求并提供价值。这个小小的问题就可以创造一个"迷你氛围"。在销售刚开始的时候，必须首先获得客户一定的注意力，这可能是与客户建立终身关系的机会。

（二）让电话留言散发魅力

许多销售人员都认为电话留言系统是自己的敌人，因为他们的留言只有很少一部分得到了回音。但是，客户却喜欢电话留言系统，因为这样既可以离开办公室，而又不会耽误接受重要信息。有些销售培训要求销售人员，一旦电话被转入留言系统，就立即挂断，而要一直打电话到对方接听为止；还有的培训讲师建议留下非常强硬的留言，让客户感到有压力而不得不回电。这样其实是错误的销售法。销售留言要让客户产生好奇心理，这要求销售人员要有一定的创造力，没有现成的讲稿可以保证每一次都成功。比如，可以这样留言："我有个问题，只有你才能回答。愿意的话，给我回电。"大多数人都喜欢提出意见，这种要求会使客户感到得意。

（三）电子邮件更有吸引力

大多数销售人员都喜欢用E-mail发送信息，这样可以轻而易举地把信息传达到忙碌的客户那里。我们可以设想一下，当客户留言E-mail时，肯定是根据发送人与主题来确定阅读的先后次序。那些看上去很紧急的邮件肯定是会先阅读的，接下来就是那些感到好奇的信息了。如果在主题中把目的告诉了客户，那客户还用得着阅读全文吗？客户的好奇心已经得到了满足。设置E-mail主题的唯一目的就是让客户感到好奇。所以发E-mail的主题应该很简单，目的是让潜在客户、客户和合作者注意到主题并感到好奇，大多数客户在收到这样的邮件时，会立刻打开看看里面究竟写了些什么。

有些销售人员花费大量的时间来满足客户的好奇心，却很少想过怎样努力激起客户的好奇心，所以就不厌其烦地向客户反复陈述公司与产品的特征以及能给客户带来的利益。引起客户好奇心的一个重要方式就是显露价值的冰山一角，因为在客户面前晃来晃去的价值就像诱饵一样，客户很想获得更多信息，如果开口询问，就达到目的了，客户就不会那么好奇了。

另外，满足客户的好奇心会大大降低进一步参与的欲望。想一想：如果拜访的客户已经掌握了想要了解的所有信息，他们还有什么理由非得见面呢？同样，如果客户对初次会面没什么好奇的，又有什么理由要听销售人员陈述呢？销售人员如果希望客户和潜在客户主动了解更多信息，那么不要一开始就把所有信息都告诉客户，一定要有所保留，这就意味着可以在以后提供更多信息，从而激起客户的好奇心。

现代推销既是一项复杂的工程技术，又是一种技巧性很高的艺术。销售人员从寻找客户开始，直至达成交易获取定单，不仅要周密计划，细致安排，而且要与客户进行重重的心理交锋。其中最有效的一种就是利用客户的好奇心。如果能让客户感到好奇，就可以发展更多的新客户，发现更多客户需求，传递更多价值，处理更多销售异议，销售业绩也会大大提高。

选择成交法

选择成交法，有时也叫作"以二择一"法。是销售人员在假定客户一定会买的基础上为客户提供一种购买选择方案，并要求客户选择一种购买方法，既先假定成交，后选择成交。

选择成交法具体方法是，在问题中提出两种选择（例如规格大小、色泽、数量、送货日期、收款方法等）让客户任意选择。当销售人员观察到客户有购买意向的时候，应立即抓住时机，用选择法与客户对话。如"这套衣服您是要白色的呢，还是黑色的？"还有"我们礼拜二发货还是礼拜三？""付款你看是通过网银，还是支付宝？"这都是选择成交法。

选择成交法适用的前提是：客户不是在买与不买之间作出选择，而是在产品属性方面作出选择，诸如产品价格、规格、性能、服务要求、订货数量、送货方式、时间、地点等，都可作为选择成交的提示内容。这种方法表面上是把成交主动权让给了客户，而实际只是把成交的选择权交给了客户，其无论怎样选择都能成交，并利用充分调动客户决策的积极性，较快地促成交易。

使用选择成交法，首先要看准客户的成交信号，针对客户的购买动机和意向找准推销要点，并把选择的范围局限在成交的范围内。

乔·吉拉德去访问一五金店的老板，目的是销售保险业务。听完乔·吉拉德的自我介绍后，两人进行了如下的对话：

"保险是很好的，只要我的储蓄期满即可投保，20万、30万是没有问题的。"其实，老板是决心未定，准备溜之大吉，他只是应付销售人员。

"您的储蓄什么时候到期？"乔·吉拉德采取迂回战术，顺藤摸瓜，紧紧抓住老板的话不放松。

"明年2月。"还有差不多1年的时间，乔·吉拉德心想，这是真的吗？

"虽然说好像还有好几个月，那也是一眨眼的工夫，很快就会到期的，我相信，到时您一定会投保的。"乔·吉拉德给五金店老板先吃定心丸。

"既然明年2月才能投保，我们不妨现在就开始准备，反正光阴似箭，很快就会过去了。"乔·吉拉德说完，就拿出投保申请书来，一边读着客户的名片，一边把客户的大名、地址一一填入。客户虽然想制止，但乔·吉拉德不停笔，还说："反正是明年的事，现在写写又何妨。"

"您的身份证可借我抄一下号码吗？反正是早晚都得办的事。"乔·吉拉德不给对方说话的机会。

"保险金您喜欢按月缴呢，还是喜欢按季度交？"乔·吉拉德利用选择法提问。

"按月交比较好。"乔·吉拉德在申请书上填好。

"那么受益人该怎样填写呢？除了您本人外，要指定公子，还是太太？"乔·吉拉德利用选择法追着问五金店老板。

"妻子。"

乔·吉拉德又试探性地问道："你方才好像讲到30万？"乔·吉拉德作出填写的样子，但这时千万要注意，没等到对方明确答复时，绝不能想当然地填写，那样就要弄巧成拙了。

"不，不，不，不能那么多，8万就行了"。五金店老板说。

"以您的财力，本可投保40万……现在只照您的意思，8万……"

"20万好了。"五金店老板说。

"3个月后我们派人到府上收第二季度的保险金。"

"喔！那不是今天就要交第一次的吗？"五金店老板说。

"是的。"

于是客户也不说明年投保的事了，当即交了保险金，乔·吉拉德开好收据，互道再见。

乔·吉拉德终于把一件没影的生意谈成了。他使用的就是半推半就的选择成交法，一步步地把客户由明年拉回到今天成交。选择成交法的要点就是使客户回避要还是不要的问题。

运用选择成交法的注意事项：销售人员所提供的选择事项应让客户从中做出一种肯定的回答，而不要给客户一种有拒绝的机会；向客户提出选择时，尽量避免向客户提出太多的方案，最好的方案就是两项，最多不要超过三项，多了会使客户举棋不定，拖延时间，降低成交几率；再次，销售人员要当好参谋，协助决策，否则就不能够达到尽快成交的目的。

选择成交法的优点可以减轻客户的心理压力，制造良好的成交气氛。从表面上看来，选择成交法似乎把成交的主动权交给了客户，而事实上就是让客户在一定的范围内进行选择，可以有效地促成交易。并且避免客户说"不"等否定词，影响沟通与交流，因为人们只要"不"字一说出口，就比较难以改变成"好"。

方法是技巧，方法是捷径，但使用方法的人必须做到熟练生巧。这就要求销售人员在日常推销过程中有意识地利用这些方法，进行现场操练，达到"条件反射"的效果。当客户疑义是什么情况时，大脑不需要思考，应对方法就脱口而出。到那时，在客户的心中才真正是除了成交，别无选择！

迂回成交法

有些话不能直言，便得拐弯抹角地去讲；有些人不易接近，就少不了逢山开道、遇水搭桥；搞不清对方葫芦里卖的什么药，就要投石问路；有时候为了使对方减轻敌意，放松警惕，便绕弯子、兜圈子。生活中不少人是"一根筋"，为人处世"碰到南墙不回头"，这样的人最该学点迂回术，让大脑多绕几个弯。

　　明代嘉庆年间，"给事官"李乐清正廉洁。有一次他发现科考舞弊，立即写奏章给皇帝，皇帝对此事不予理睬。他又面奏，结果把皇帝惹火了，以故意揭短罪，传旨把李乐的嘴巴贴上封条，并规定谁也不准去揭。封了嘴巴，不能进食，就等于给他定了死罪。这时，旁边站出一个官员，走到李乐面前，不分青红皂白，大声责骂："君前多言，罪有应得！"一边大骂，一边叭叭地打了李乐两记耳光，当即把封条打破了。由于他是帮助皇帝责骂李乐，皇帝当然不好怪罪。其实此人是李乐的学生，在这关键时刻，他"曲"意逢迎，巧妙地救下了自己的老师。如果他不顾情势，犯颜"直"谏，非但救不了老师，自己怕也难脱连累。

　　这个方法使用得真是巧妙至极，李乐不懂得人际之间"润滑当先"的道理，离自己的学生还差了一大截。在销售过程中，什么情况都可能出现，有时，双方已经很难再听进去正面道理，正面进攻已经受挫，这时，就不应再强行或硬逼着进行辩论，而应采取迂回前进的方式。

　　成功销售必须顺应客户的心理活动轨迹，审时度势，及时在"促"字上下工夫，设法加大客户"得"的砝码，不断强化其购买动机，采取积极有效的销售技术去坚定客户的购买信心，督促客户进行实质性思考，加快其决策进程。一般地可以根据客户不同情况下的心理特点，取得迂回战的胜利。

　　山东省一家乡镇企业，与辽宁某纺织厂发生了第一笔业务往来。刚开始还好，货到付款，没有发生什么不愉快的纠纷。紧接着两年多过去了，纺织行业的不景气，给他们之间的合作关系蒙上了一层越来越厚的阴影。

　　两年之中，双方的业务由不能全额付款到延期分批承付，直至货到后货款却始终不见踪影。如此明日复明日累计下来，欠款数额逐次递增，截止到供方决定停止供货全力清收货款时，欠款额已高达60多万元。为了尽快讨回这笔货款，供方孙厂长仔细研究了纺织厂的情况。组织了有力的人员，发挥团队优势，运用了车轮战术进行讨债。

第一个赴东北讨债的是营销人员小刘。小伙子急于立功，由于没有任何职务在外交场合撑场面，他便索性来个满不在乎，往供应科长办公室一坐，死缠烂打下来，你上哪儿我上哪儿，你吃饭我吃饭，你招待我，我就多喝两盅后跟你磨，你不招待我，我就买两面包坐在你对面儿，你烦，我比你还烦，而且还给你叙一遍个人困难，老婆在家卧床不起，孩子因照顾他妈上不了学，大老远的几千里路，谁愿意抛家舍业地遭这洋罪！

没办法，供销科长无可奈何给办了一张4万元汇票，并且再三申明自己单位也很困难，请他带上这4万元先回去照顾老婆。

小伙子表面不露声色，心里却很高兴，就到这里吧，再死皮赖脸地缠下去，后面的人没办法登场了。

第二个赴东北的，是销售科李科长。李科长是第一个和该纺织厂签订合同的人，而且在业务往来期间几次应邀来东北联络感情。

李科长多少有点身份，待人接物不能像小刘那样无所顾忌。在接风酒宴上，李科长只字不提讨债的事，一个劲地回顾以往相交时个人感情是多么的深厚，并且情到浓处连干三杯，虽然不说，大家却心照不宣，都明白是怎么回事。

第二天一早，一张6万元的汇票由纺织厂经营厂长亲自交到李科长手上，并解释银行账面只有这么多，请多多原谅。

李科长"哈哈"一笑，说声没关系，打道回府了。

事隔10天，孙厂长亲自出马讨债，并且给纺织厂的有关领导每人带了一瓶山东特产"阿胶"。

这回，纺织厂的领导有点醒悟了，科长走后厂长来，接着又是工会主席、党支部书记、财务科长，用不了一个月，这60多万元被人家弄回去了，而且官职越高，面子越大。

纺织厂赵厂长出面接待孙厂长。热情交谈中，赵厂长把自己的想法编排成感人泪下的实际困难，婉转地讲给了孙厂长，这就叫做先声夺人。

听话听音儿，没几句话，孙厂长便听出了赵厂长的真正意图。

孙厂长心想："我就是翻脸，也顶破天给我带走十万八万的，可是，剩下的40多万元却不知道到什么时候才能还了。多亏我留了一手，不然真的就没戏了。"

想到这里，孙厂长大度地一笑，说："贵厂的困难可以理解，我这次来只不过是走访一个老朋友，顺便拟订一个还款计划书，因为，山东那边正在清理三角债，如果订个还款计划，便不在清理范围之内，不会给贵厂带来不便的。"

赵厂长听说不要还款，心里顿时轻松了许多，至于还款计划，心想那只不过是一张废纸而已。他赶紧安排秘书办理此事，并且按照孙厂长的要求，在还款期限上写明，所欠款两个月内全部结清，如超期不还，愿承担滞纳金。条件写得很苛刻，是因为孙厂长告诉他，是为了在清理三角债上蒙混过关。

两个月很快过去了，赵厂长像没事儿人一样，把那份还款计划书忘得干干净净，当然，欠款分文未付。

这天，赵厂长正准备签批一笔款项用来购买一辆桑塔纳轿车，出纳员急匆匆地告诉他银行账户封了，80多万元冻结。

到这个时候，赵厂长才明白自己是早已上当，正所谓"聪明反被聪明误"，可是40多万元已被银行直接划走了。

商场就如战场，有时双方已经戒备森严，设防严密，正面很难突破，这时最好的进攻策略就是放弃正面作战，设法找到对方其他部位的弱点，迂回前进，一举成功。

某电子仪器厂要引进一条电子产品生产流水线。该厂经过考察后，将购买重点放到日本某公司的产品上。但日方自恃技术力量雄厚，要价偏高。双方都经过精心准备，派出公司的精英，也是各自国内的谈判能手组成销售小组展开激烈角逐。

日方在销售一开始就给人以盛气凌人的印象，高报底盘，高出中方考察人员所掌握的外汇底盘320万美元。中方与之进行了六轮销售，但日方寸步不让，声称他们的生产线是世界之冠，独一无二，宁可不成交也不降价，销售陷入了僵局。

这时，中方得到一个重要信息，日方的生产受到美国几家同类工厂产品的冲击，美国生产线目前正在与之争夺市场，日方对此深感头疼。

于是我方当即决定不向日本购买，请求日方等待我方的最后答复，给对方以我方无力支持的假象，暗地里却派专家赴美国考察，结果发现，美国产品不如日本，价格也不低。但尽管如此，中方还是向美国发出邀请。同年8月，美国代表到达中国，受到中方代表热烈的欢迎。

日方有感于中美合作的达成将严重影响打开中国市场的美好前景，而且日本人素来以竞争取胜，有时为争取市场不惜代价。日方立即主动要求恢复谈判，我方却以"暂时不需要日方产品"为由予以拖延。

日方此时犹如热锅上的蚂蚁，他们派中间商对中方进行游说，表示愿让利销售，中方这才恢复谈判。

在谈判桌上，日方代表大谈中日合作，表示愿支持中国现代化建设，愿在此项目上给予最大优惠。

中方代表不紧不慢地说："我们为贵方的表现感到高兴，我们已经注意到了贵公司在生产线价格上的转变。平等互利是国际经济交往中的基本原则，任何一方都不应当运用优势向对方索要高价。"日本代表马上应声道，"当然，当然。"中方代表话锋一转，照日方痛处一击："平等竞争与选择是商业贸易的惯例，我们愿意倾听贵方的再一次报价。"此话即暗示对方，我方已同美国方面讨论价格问题了，日方代表明白这一意图之后，在再次报盘中提出一个比较合理的价格。

在谈判桌上，当双方互不相让，正面交锋也很难使对方让步时，就要暂时避开争论主题，找其他双方感兴趣的题目，从中发现对方的弱点，然后针对其弱点，逐步展开辩论，使对方认识到自己的不足之处，对对方产生信服感，然后再层层递进，逐步把话引入主题，涉及价格条件，展开全面进攻，对方就会冷静地思考，也因而易被说服。这就是迂回成交法。

激将成交法

激将成交法，指销售人员采用一定的语言技巧刺激客户的自尊心，使客户在逆反心理作用下完成交易行为的成交技巧。俗话说："劝将不如激将。"我们在销售中也可以运用这种技巧达到推销目的。

广州曾发生这样一件事：有一对颇有名望的港商夫妇一同来到广州友谊商店选购首饰，他们对一只10万元的翡翠戒指很感兴趣，只因价格偏高而犹豫不决。这时在一旁察言观色的服务员小姐开腔了："先生，太太，看来你们是识货之人，东南亚某国总统夫人来店时也对这只戒指爱不释手，但由于价格太高而未能成交。所以不买不要紧，我们总经理说了，既是好货，总可以找到识货的客户，价是不能减的。"这对港商夫妇一听，二话没说，当即掏钱买下了这只戒指。

港商夫妇买下戒指的原因多半是因为服务员运用了激将法，在面子的驱使下买下戒指的。一般人都认为东方人要比西方人更爱面子。其实，只要是人，一样都爱面子。

激将是指用反话或刺激性的语言鼓动别人去行动的一种手段。激将成交法是在销售中常用的方法和策略。

伟大的销售人员原一平曾去拜访一位个性孤傲的客户，连续去了三次，可那位客户就是对他不理不睬的，原一平实在沉不住气，就对他说："您真是个傻瓜！"那位客户一听，急了："什么！你敢骂我？"

原一平笑着说："别生气，我只不过跟您开个玩笑罢了，千万不能当真，只是我觉得很奇怪，按理说您比某先生更有钱，可是他的身价却比您高，因为他购买了1 000万的人寿保险。"最终，这位客户被原一平的激将

261

术给激醒了，购买了2 000万的人寿保险。保险销售人员在遇到此类客户时，也可这样说："您的亲戚朋友都买了保险，以您的能力，相信肯定没问题。"或以此方法激将其看法，及时促成，此方法对促成高保额保单特别有效。

激将是将一些犹豫不定的客户用刺激的话或反面的话来鼓动他去做他本不想做不愿做的一种事，例如，"别再犹豫了，其实您根本就做不了老婆的主。"；再比如，"最近的男人好像都变得婆婆妈妈的，可是我一看，您就不是这样的人，像您这样男子汉十足的人一定英明果断，实在是让我敬佩，您装豪华的还是普通的，下定单吧。"

一位女士在挑选商品时，如果对某件商品较中意，但却犹豫不决，销售人员可适时说一句："要不征求一下您先生的意见再决定。"这位女士一般会回答："这事不用和他商量。"从而立即作出购买决定。

但是，由于激将成交法的特殊性，使得它在使用时，因时机、语言、方式的微小变化，可能导致客户的不满、愤怒，以致危及整个推销工作的进行，因此必须慎用。

其他成交技巧

销售成交是指客户接受销售人员所销售的商品或销售建议，表明成交意向并采取实际购买行动的过程。在实际销售过程中，除了之前提到的最常用成交法，还有以下几种成交技巧和方法。

（一）假定成交法

假定成交法是指假定客户已经接受了销售建议而展开实质性问话的一种成交方法。这种方法的实质是人为提高成交谈判的起点。此技巧使用得当，可起到事半功倍的效果。

甲公司销售代表与乙公司代表进行销售谈判，双方开局谈得较融洽，甲公司销售代表可以适时地提出："您看什么时候把货给您送去？"若此时乙公司代表对这句话的表情没有不愿之感，可以进一步试探性地问："您想要大包装，还是小包装？"或者直接说："这是订货单，请您在这个地方签个字。"

（二）解除疑问法

解除疑问法是指在提出成交请求后对还在犹豫不决的客户采取的一种异议排除法。一般情况下，处理成交阶段的异议不能再用销售异议的处理办法与提示语言，这时，通过异议探讨，有针对性地解除客户疑问便有了用武之地。解除疑问法的提问模式多为诱导型的。

甲乙双方已商谈成功，就在快签约时，乙方这时犹豫不决，甲方在此时不能放弃成交的良机，可以揣测乙方心理，对乙方的不确定予以答复。如："您不能做出决定是因为……吧？"一旦了解了乙方的疑虑所在，就可以进行有针对性地解答了。这种成交技巧一般来说较为奏效。解除疑问法适用于成交阶段的以下客户：

价格异议，如"如果再便宜点就好了。"

时间异议，如"我还要再考虑考虑。"

服务异议，如"万一运行中出了毛病可就惨了。"

权力异议，如"我自己做不了主，还得请示一下"等。

解除疑问法要与其他方法配合使用，即利用该法探寻与排除异议，然后利用其他方法促成交易。使用解除疑问法应正确分析客户异议，有目的地进行提问，有针对性地进行解答。

（三）避重就轻成交法

避重就轻成交法是指根据客户的心理活动规律，首先在次要问题上达成一致意见，进而促成交易的成交法。

日本丰田汽车公司想占领美国市场，与美国某汽产公司进行联营，双方在谈判中，日本一方就是采用了避重就轻成交法，在次要问题上做文章，一旦达成一致意见，再主攻重点的价格问题。

避重就轻成交法在以下几种情况非常适用：

交易量比较大或大规模的交易；

客户不愿意直接涉及的购买决策；

次要问题在整个购买决定中占有很重要作用的时候；

其他无法直接促成的交易。

使用此方法可以有效地分担成交风险，即使客户对某一细节问题提出否定看法，也不会影响整体的成交。

（四）直接发问法

直接发问法是指在适当时机直接向客户提出成交的成交法，是一种最简单、最基本的技巧。采取直接发问法可以有效地促使客户作出购买反应，达成交易；可以节省销售的时间，提高销售效率；可以充分利用各种成交机会，有效地促成交易；可以直接发挥灵活机动精神，消除客户的心理疑虑。正是其特有的优越性，使其成为用途广泛的成交方法。使用这种成交技巧，需要在不同的场合针对不同的客户，一般情况下，以下几种情况可采用此技巧：

比较熟悉的老客户；

客户通过语言或身体发出了成交信号；

客户在听完销售建议后未发表异议且无发表异议意向；

客户对销售品产生好感，已有购买意向，但不愿提议成交；

销售人员处理客户重大异议后。

直接发问法的使用也有一定的局限性：一方面，因语言过于直接外露，容易引起部分客户的反感，导致客户拒绝交易；另一方面，由于其使用条件是以销售人员的主观判断为标准的，一旦把握失控，就会使客户认为在给他施加压力，导致客户无意识地抵制交易。

（五）从众成交法

从众成交法是指利用客户的从众心理，促使客户立即购买的一种成交方法。从众心理是人固有的心理现象。长期的社会规范，有形或无形的团体压力以及人类自身的成长要求都是形成从众心理的主要原因。

女士买化妆品，大多数是看自己的好朋友买什么牌子，女士总是认为大家对某一品牌情有独钟，那它肯定是好产品。在购买某商品时，若销售人员说："对不起，这种商品现在缺货，明后天才能到货，要不，等进到货时，我先帮您留一件。"一般来说，客户听到这种话，都会对该商品产生好印象，缺货就意味着是好货，紧俏品就是好商品。

这种方法就是利用了客户之间的影响力，给客户施加无形的社会心理压力，进而促成交易。运用从众成交法时出示的有关文件、数据必须真实可信。采用的各种方式必须以事实为依据，不能凭空捏造，欺骗客户，否则，受从众效应的影响，不但不能促成成交工作，反而会影响信誉，破坏销售工作。

（六）提示成交法

提示成交法是指通过对产品的优点及购买产品后的利益进行概括汇总，促使客户作出购买决定的方法。它虽然是对销售建议的重复，但由于已进行了概括汇总，将利益集中到了客户所关心的要点之上，所以仍然是非常有效的。

化妆品销售人员可以对中年妇女的客户这样说："本公司推出的增白露不仅具备其他同类化妆品的优点，而且特别注意到了保养皮肤的功效，增白只是本产品优点的一方面。一个女人，尤其到了中年更应重视皮肤的滋润，有光泽，有弹性，这样才能更长时间的留住青春。"这样，既对销售品的优势进行了强化，又增强了客户的购买信心。

（七）机会成交法

机会成交法是通过向客户提示最后成交机会而促使客户立即购买产品的成交法。其实质是利用了客户的机会心理，向客户施加压力，增强成交的说服力与感染力。

每到"五一"或"十一"黄金周，各大商场都开始打折。某洗衣机厂抓住这一时机，在北京、上海等各大商场打折25%销售，这种销售方法促进了洗衣机的销售量，而且到10月30日，这个优惠条件就停止了，许多需要更新洗衣机的家庭抓住了这个机会，买到了质好价宜的洗衣机。洗衣机企业也抓住了这个机会，占领了北京、上海等市场，给竞争对手沉重一击。

"机不可失，时不再来"。一般情况下，客户对稀有的东西，对即将流失掉的有利条件均会情有独钟。虽然每天都有无数的机会与客户擦肩而过，但因为信息强度不够，并未引起注意，而一旦客户亲身遇到了这种机会时，便会认真考虑是否应该抓住。

（八）优惠成交法

优惠成交法是通过为客户提供优惠条件吸引客户购买产品的成交法。它是利用客户的求利达到目的的心理，是遵循留有余地的策略展开成交促进销售。

使用这种方法便于发展购销双方关系，招揽大批客户，有效地促成交易，但也应当看到，该法是建立在客户的求利心理基础之上的，长期使用必然助长客户对优惠条件的更进一步要求，从而失去方法本身的激励作用。另外，这种成交法的运用需要和经济核算紧密结合，而优惠费用则必然由企业或客户的某一方或双方承担，特别是在薄利多销难以达到预期效益的时候，易在客户心目中造成优惠成本转嫁的心理，从而也会影响方法使用的效果。

（九）试用成交法

试用成交法是把作为实体的产品留给客户试用一段时间以促成交易的成交法。这种方法是根据心理学上的这样一个原理：一般情况下，人对未有过的东西不会觉得是一种损失，但当其拥有之后，尽管认为产品不那么十全十美，然而一旦失去总会产生一种失落感，甚至缺了就不行的感觉。所以人总是希望拥有而不愿失去。产品给10个客户试用，往往有3~6个客户会购买，更何况客户试用产品后，总觉得欠一份人情，若觉得产品确实还不错，就会买下产品来还这份人情。

这种方法主要适用于客户确有需要，但疑心又较重，难以下决心的时候。此法能使客户充分感受到产品的好处与带来的利益，增强其信任感与信心，一旦购买也不会产生后悔心理，并可加强两者之间的人际关系。但试用期间要经常指导用户合理使用，加强感情沟通，使用后要讲信誉，允许客户退还且不负任何责任，如此才能让客户最后掏钱购买。

发展客户群

发展客户群的最好方法是勤勉工作，认真地去做好客户所托付的每一件事情，建立一个良好服务的口碑。信誉是抽象的东西，一定要用时间与心血累积起来，千万不要操之过急。因为，销售之道要依循"欲速则不达"。

销售人员的工作是独立与自由的。一般没有人领导监管，每天依照自己的意旨去做自己认可的事情。如果要成为一位杰出的销售人员，首先要养成一个良好的工作习惯。这个习惯便是天天去找陌生的客户或拜访现有的客户，向客户讲述新产品的特性与优点。当好习惯养成，坏习惯便自然地戒除。在这个世界上最宝贵的，莫如时间了。而最大的敌人，并非那些面目狰狞的坏人，而是那些热情的朋友，笑容满脸地说："老朋友，帮帮忙吧，我们三缺一呀！"如果这时意志薄弱，没有一个固定的工作习惯，总会因不断的应酬而染上坏的嗜好。所以，要提高工作效率与增加生意，首先要养成每天要工作的好习惯。

每天一大早，一定要去拜访对销售工作有帮助的朋友。如果约不到新的客户，也千万不要与同事聚在一起瞎聊，因为他们不可能成为客户，当然，适当的时候与同事交流销售经验也是必要的。在空闲时，不妨去拜访老客户，可以说自己刚巧在附近办点事，顺道拜访。这样的拜访，除了显示关心客户之外，又可了解客户的一些最新资料，有什么地方需要增加或改良。这些探访，表面上是无所谓的，但声誉往往会建立起来。当客户满意，通常会在最短的时间内向自己的朋友讲述。

通常情况下，一般人都是讨厌销售人员的，因为怕被销售人员缠上。在需要某种服务时，通常是向曾经采购过的朋友，探询购买的方法。如果销售人员的服务令客户非常满意，客户有可能忘记销售人员身份，往往冲口而出地说："我有位朋友是内行的人。"他们一句推荐的话，便将销售人员的讨厌形象变为一位专家或顾问了。

所以，增加销售业绩的最好方法，便是多花时间在老客户身上，关心老客户的一切，成为善于倾听的专家。甚至，能争取成为他家中的常客，能够和客户的家人成为朋友，便成功了。

客户向朋友介绍生意，是存在一定的偶然性，切勿过分地依赖，最直接增加销售业绩的方法，莫如主动地去找新的客户。怎样去找新客户呢？可利用电话，直接与客户联络，自我介绍一番；还可以到处寻找机会，而机会这扇门，一定要用力才可推开。以上这两个找客户的方法，是非常有效的，不过很辛苦，很多销售人员不愿去做。而且，当和陌生人见面，随时会受到白眼与无礼的对待。除了以上两法之外，还可以发宣传单，引起别人的兴趣，这个方法所得的结果，通常是很微弱的，但总比等待机会，来得有把握、有保障。

除了短线的"白撞"式找客户外，还可以进行长线式的投资。这些投资，通常在三、五年内未必得到任何效果，如果配合得当，不操之过急，目光远大些，一定有机会尝到甜头的。

怎样做长线的投资呢？最好的长线投资在人的身上。如果遇见一些朋友有困难，一定要尽力去帮忙。人生最幸福的事，莫如帮助别人，正如圣经说："施比受更有福。"特别是刚踏出学校的学生，他们多是悲观的，失落的，不知所措。如果能给予适当的鼓励与支持，他们便可能变得积极活跃。而鼓励的话，更会赢取友谊，这种在精神上或经济上的支持，是一种投资。试看有些员工与老板的关系，是如何地稳固。即使别的公司提供更好的条件，他们也不会转变，因为他们友谊与事业往往是一同成长的。而且，在精神上，他们同舟共济，休戚与共。

建立一个广泛的交际网的另一个方法，便是关心社会。抽出业余时间，参加社区的康乐活动。例如参加一些午餐、例会、聚会等。一方面可以增广见闻，另一方面又可结交朋友，提供日后经济上的方便。如果有机会，最好能担任一些义务的职位，以便容易接触更多的会员，又可担任讲座或研讨会的演讲者，制造专家的形象。一旦建立了好的声誉，客户便会自动找上门。这样的关系，比到处拍肩膀认识朋友来得有力。

发展客户群的方法有很多，只要销售人员善于观察与发现，其实很多机会都在身边。作为销售人员不仅要创造机会，还要把握身边的机会来发展客户。

回收货款的技巧

几乎所有的客户在不能支付货款时而找出各种各样的理由，比如没有收到产品、对产品质量不满意、资金周转不灵、产品卖不出去等。其中有一些属于正常现象，如产品确实存在问题、客户临时资金周转不灵等，这种确实存在的客观原因，我们称为善意拖欠。然而，更多的情况是客户主观地制造各种不实理由，蓄意拖欠付款，称为恶意拖欠。如果碰上客户恶意拖欠，这个时候就要采取一些措施来追回货款。不过在开始追讨货款前，销售人员要调整好自己的心态。

（一）坚定回收货款的信念

产品卖出去以后，就要把钱收回来，这是销售人员的工作，也是客户应该要做的，讨货款不理亏，给了货物就要交货款，这是天经地义的。不要觉得不好对客户开口，一定要坚定收回货款的决心。

（二）回收货款为了更好的合作

因为合作是双方面的，互惠互利的，只要帮助双方资金链正常的情况才是大家共同所求的，把货款付了有利于公司的财务正常运转，也更能保证供货正常，大家都不会受影响，对客户的发展也有利。

（三）回收货款是不可回避

销售工作的起点是找客户，终点是收回货款，所以只有把货款追回来，才算完成了销售工作，追回货款是也是业务工作，只有把这个工作做好，才算把销售工作完成。所以去追还货款是必须要做的。

销售人员调整好了自己的心态后，就可以开始货款回收工作了。以下是追账的基本方法：

（一）函电追账

销售人员通过电话、传真、信函等方式向债务人发送付款通知。函电追账方式简便、易行，销售人员独立操作，无需经过仲裁或司法程序，可以省去一定的时间和费用。但力度较小，没有实质性作用，不易引起重视。但在法律上表明了销售人员没有放弃自己的权利。

（二）上门追账

销售人员通过上门访问，直接与债务人交涉还款问题，了解拖欠原因。面访追账属于比较正规、有力的追讨方式，但耗时多、费用高，异地追账不宜采用。可以随时掌握债务人的经营和财务情况，特别是要注意那些财务恶化、濒临破产边缘的欠债户。可以设身处地地解决一些债务人拒付的商业争端。可以要求债务人出具盖有法人印章的还款计划或其他履行义务的书面承诺，为日后提起法律诉讼准备必要的法律手续。

（三）网络追账

销售人员利用电子邮件向债务人发送追讨函，或与其交流意见。网络追账速度快，费用低，可以双向交流。销售人员用电子邮件将付款通知书发给债务人，电子追账是未来追账的优先选择，销售人员一定要学会运用这一方法。

上面的方法是用来应付善意拖欠的，对一些恶意拖欠"老赖"是没有用的。所以对付"老赖"客户，不来点狠的，绝对不行，不然别指望他把货款还上。当遇到"老赖"时，用一般的方法是没有什么作用的，最好是采用"以赖制赖"来对付这些债务人比较有效。不要和这些债务人讲感情或以后的事，粘住他让他给钱才是最关键，以后的事以后再说。就算他说什么为难的话或苦衷，销售人员也不要掉进他的圈套，强调他给钱才是重要的。怎样可以让他觉得麻烦就怎么去做。

最后，如果连缠的方法都不起作用了，那么就利用法律来解决。

第十八章

做好客户管理，情感是最有力的销售武器

"看"好老客户

很多销售人员都知道回头客对提高销售额是非常重要的，但是在销售行列里，却经常听到这样的声音："进门来，销售；出门去，走向下一位客户。"显然这是做一锤子买卖的生意经。

一个美国人想拍一部中国农民生活的纪录片，于是来到中国某地农村，找到一位柿农，说要买他1 000个柿子，请他把这些柿子从树上摘下来，并演示一下贮存的过程。谈好的价钱是1 000个柿子给160元人民币，折合20美元。

271

这位柿农很高兴地同意了，照着他们要求的去做了。在一边的美国人觉得很有趣，把采摘和储藏的全过程都拍了下来，然后就准备离开了。

那位收了钱的柿农却一把拉住他们说："你们怎么不把买的柿子带走呢？"美国人说不好带，也不需要带，他买这些柿子的目的已经达到了，这些柿子还是请他自己留着。

天底下哪有这样便宜的事情呢？那位柿农心里想。于是他很生气地说："我的柿子，质量好得很，你们没理由瞧不起它们！"美国人耸耸肩，摊开双手笑了。他就让翻译耐心地跟他解释，说他丝毫没有瞧不起这些柿子的意思。

翻译解释了半天，柿农才似懂非懂地点点头，同意让他们走。但他却在背后摇摇头感叹说："没想到世界上还有这样的傻瓜！"

那位柿农不知道，在美国人眼里，他的那些柿子并不值钱，值钱的是他们的那种独特有趣的采摘、贮存柿子的生产生活方式。

故事主要是讲人与人之间观察的差别。其实对于销售人员来说，这则故事同样具有教育意义。在对待客户的问题上，尤其是对待老客户的问题上，应把眼光放长远一些，去追求更大的利益。

生活中，很多销售人员的目光非常短浅，他们无法留住客户且自己也意识不到自己思维和做法的错误。他们不但不为自己的错误反思，相反还为自己的眼前利益津津乐道。这绝对不应该是一个优秀的销售人员所应该做的。在如何对待老客户的问题上，销售人员常常会犯以下两个错误：

第一，销售不需要老客户。

第二，即使需要，老客户是熟客，关系稳定，不会有流失的危险，不需要花太多的时间在他们身上，把时间放在他们身上还不如开发几个新客户。所以绝大部分销售人员都把大部分时间和精力花费在了寻找新客户身上，而忽略了对老客户的回访跟踪。殊不知，开拓新客户固然很重要，但是如果因此而丢掉了老客户，就得不偿失了。

哈波特是一家体育器材公司的销售人员，他的销售对象是住在豪华的别墅里的那些有钱的人们。每天他都奔波在寻找新客户的路上，以至于根本没有时间去处理老客户的问题。

一些买了哈波特他公司器材的人们，总是抱怨公司的服务太差，因为他们多次反映的产品质量问题，一直都没有人来给解决。

哈波特非常勤奋，也很热情，他对每一个可能的准客户打招呼，留下自己的名片，但奇怪的是前一阵子这些有钱人还对健身器材非常热衷，而现在却似乎不再感兴趣了。准客户的冷漠反应使哈波特的销售业绩直线下降。

正当哈波特迷惑不解的时候，他遇见了自己的同事——在另一个社区卖同样器材的大卫。大卫的客户单上的名字是满的！哈波特不解：他并不比自己做的时间更久啊，怎么客户群却这么庞大？当他得知大卫每天三分之二的时间都是和老客户一起度过时，哈波特更加困惑。

他不解地问大卫："亲爱的大卫，你的大部分时间都耗费在跟过去的老客户纠缠上，而很少有时间去开辟新的市场，你怎么会有这么多客户呢？"

"老兄，"大卫微微一笑，"与老客户交流怎么能叫耗费时间呢？"

"他们买过你的器材一次，根本就不会买第二次了嘛！"

"不错，大部分人是不会再买第二套健身器材，但是他们的朋友会买第一套器材啊，当他们感到我的服务还不错的时候，他们会向亲朋好友推荐自己使用的产品，顺便也会推荐我啊。我的好多客源都是老客户推荐的呢！"

大卫的话让哈波特陷入了沉思，他想，看来自己得改改陈旧的销售观念了。

其实，生活中有很多销售人员都在犯和哈波特一样的错误，认为很多交易都是一次性的，因此只追求销售的成交，而忽视或者省略了售后的跟踪和服务。

有人说，完成交易不是销售的结束，反而是销售的开始。销售服务实际上分为售前服务、售中服务和售后服务。很多销售人员为了促成交易，因而十分重视售前和售中服务，一旦成交，就不再为客户服务了。缺少了必要的售后服务，销售人员与客户建立的关系就会大打折扣。因此，优质及时的售后服务就是留住客户的重要法宝。

对于任何产品来说——无论是易耗的日用品还是可能终身不坏的器材，其售后服务都和其售前、售中服务同样重要。因此，对于销售人员来说，销售成功并非就万事大吉了，即使客户的付款购买动作已经结束，但是，如果缺少售后配套服务和技术支持，也可能遭受退货的厄运，使销售人员的业绩得而复失。对已售出的产品不闻不问，对老客户不加理睬，是销售人员丧失有价值的客户资源的重要原因之一。

有资料显示，客户对所购产品或服务如不满意，80%的人不会向销售者抱怨，更不会向公司投诉，但是其中的99%为此不再与这位销售人员联系，而且还会把此事告诉10个以上的亲友，而这10个亲友也同样会继续告诉自己的亲朋好友。

常言道："好事不出门，坏事传千里。"传恶比传善的速度更快。口碑是销售的命脉，而优质的售后服务、必要的回访和跟踪，则是杜绝传恶的有效手段。维护老客户比发展新客户更能促进销售。

销售人员在每一次销售工作中，都不应该被眼前的蝇头小利蒙住双眼，而应该把目光放长远一点，从整个销售生涯的发展角度来规划每一次销售工作。

聪明的销售人员从来不放过任何一个"取悦"老客户的机会。因为他们知道，销售人员可以通过精彩的言辞和出众的口才，把客户拉到自己的身边，但是却不一定能长期吸引他们。除非自己能让他们满意，让他们觉得自己的钱花得物超所值，否则他们是不会再成为自己的客户的。

毫无疑问，销售人员对产品的服务尤其是售后的回访和跟踪服务，是客户能否满意的重要保证。而满意的客户就是一种永久的广告，不但他自己会再来光顾，而且会把他的朋友带来，这样就形成了一种永久的、面对面的广告，使销售人员的产品和人品被更多的人所接受和宣传。

据调查，维护老客户的费用是开发新客户的1/8。一位销售专家指出，失败的销售人员常常是用新客户来取代老客户，而成功的销售人员则更加重视保持现有客户并且扩充新客户。事实上，后一种销售人员的销售额往往越来越多，销售业绩也越来越好。

回访和跟踪客户

客户回访和跟踪是客户服务的重要内容，做好客户回访与跟踪，是提升客户满意度的重要方法。对于重复消费的产品企业来讲，通过客户回访和跟踪不仅可以得到客户的认同，还可以创造客户价值。充分利用回访和跟踪技巧，会得到意想不到的效果。

通过对各类客户群的跟踪回访，全面系统掌握产品在客户群中的使用动态，能及时准确地反映出产品的质量，还有客户在使用中遇到的一些问题。同时对客户进行回访与跟踪有利于第二次销售。要想保住老客户，做好回访和跟踪是关键。除了销售出的产品或服务质量过硬以及有良好的售后服务外，销售人员还应该定期与自己的客户保持联系，不断地沟通感情。为什么要强调客户的回访和跟踪呢？

（一）80%的销售业绩来自20%的客户

这20%的客户是销售人员长期合作的关系户。如果丧失了这20%的关系户，那么销售人员将会丧失80%的市场。当产品普及率达到50%以上的时候，更新购买和重复购买则大大超过第一次购买的数字。这些表明，销售人员若能吸引住老客户，让老客户经常光顾，其加大销售额的机会就更大。

（二）确保老客户可节省成本和时间

因为，维持关系比建立关系更容易。据美国管理学会估计，开发一个新客户的费用是保持现有客户的6倍。因为进行一次个人销售访问的费用，远远高于一般性客户服务的相对低廉的费用。维护老客户，是降低销售成本的最好方法之一。

（三）避免失去任何一个客户是销售成功的秘诀

开发新的客户群本无可厚非，但是值得注意的是，销售人员不应当把开发新的客源建立在抛弃或忘掉老客源的基础之上。对于新客户的销售只是锦上添花，如果没有老客户做稳固的基础，对新客户的销售也只能是对所失去的老客户的抵补，总的销售量不会增加。有人打了个形象的比喻：老客户可以说是销售人员今天的饭，而新客户则是销售人员明天的饭，没有今天就肯定不会有明天。

俗话说得好，"打江山难，保江山更难"，用这句话来概括销售人员开拓销售业务的过程，再恰当不过了。开发新客源难，留住老客源其实更难。如果销售人员将已经是老客户的客源丢掉了，那么他曾经付出的时间、精力都会付诸东流了，其损失很难估计。如果一个销售人员不能经常关心、联系自己的老客户，那么无疑是给竞争对手留下了一个乘虚而入的机会。因此，不让竞争对手进来的最好办法，就是要经常不断地关心自己的客户，使之只认准一个人。

美国著名销售大王乔·吉拉德每月要给他的13 000名客户每人寄去一封不同大小、格式、颜色的信件，以保持与客户的联系。正是这小小的一封信，使很多人成了乔·吉拉德的铁杆客户。

一般说来，售后的回访和跟踪可分定期拜访和不定期拜访两种。定期拜访多半适用于技术方面的维护服务，如家电业及信息产业等，公司通常会定期派专员做维修保养方面的服务。

不定期拜访也称为问候访问，指不定期的访问，这是销售人员必做的工作。这种售后的访问，通常是销售人员一面问候客户，一面询问客户产品的使用情况。

销售人员最好在事前拟定好访问计划，定期而有计划地做好回访和跟踪。销售成交后，真正的回访和跟踪也就开始了。在回访的最初阶段，聪明的销售人员一般都会采用"二四八"法则。

"二"是指在产品售出后的第二天。销售人员就应同客户及时联系并询问客户是否使用了该产品。如已经使用，则应以关怀的口吻询问，他是如何使用的，有无错误使用，这时适当的称赞和鼓励有助于提高客户的自尊心和成就感。如没有使用，则应弄清楚原因，并有针对性地消除他的疑虑，助其坚定信心。

"四"是指产品售出后的第四天。一般来说，使用产品后的四天左右，有些人已对这一产品产生了某种感觉和体验，称为适应期。这时如果销售人

276

员能打个电话给他，帮他体验和分析适应期所出现的问题并找出原因，对客户无疑是一种安慰。

"八"是指产品售出后的第八天。一般来说，使用产品后的的八天左右，销售人员应该对客户进行当面拜访，并尽可能带上另一套产品。当销售人员与客户见面时，销售人员应以兴奋、肯定的口吻称赞客户，诚恳而热情地表达客户使用该产品后的变化或感受。在这个过程中，无中生有、露骨的奉承是不可取的，而适当的、恰到好处的称赞，消费者一般都能愉快地接受。若状况较佳，销售人员则可以顺利推出带来的另一套产品。

对老客户的回访与跟踪服务，固然不会在短期内实现利润，表面看起来似乎是亏本的买卖，可是若是从长远的角度来看，销售人员在老客户身上所花费的时间和精力都不是白费的，都一定会有所回报。售后回访和跟踪服务的完美周到，能使客户产生强大的信任感，并愿意保持长期稳定和谐的关系。

当然，客户回访与跟踪过程中遇到客户抱怨是正常的，正确对待客户抱怨，不仅要平息客户的抱怨，更要了解抱怨的原因，把被动转化为主动。建议单位在服务部门设立意见搜集中心，收集更多的客户抱怨，并对抱怨进行分类，例如，抱怨来自产品质量的不满意（由于功能欠缺、功能过于复杂、包装不美观、使用不方便等），抱怨来自服务人员的不满意（不守时、服务态度差、服务能力不够等）方面。通过解决客户抱怨，不仅可以总结服务过程，提升服务能力，还可以了解并解决产品相关的问题，提高产品质量、扩大产品使用范围，更好地满足客户需求。

客户回访与跟踪是客户服务的重要一环，重视客户回访与跟踪，充分利用各种回访技巧，既可以满足客户，同时又创造价值。

销售人员可以通过各种方式与客户建立联系，进行回访和跟踪工作。

（一）电话联系

电话是销售人员与客户沟通的最简捷的途径，只需几分钟就可以建立起与客户的联系。在进行回访和跟踪服务时，电话也是一种应用最广泛的工具。销售人员通过电话可以将所要说的事直接告诉客户并立即得到客户的答复，这样不但可以节省销售人员的时间，也可以节省客户的时间，达到快速沟通的目的。

（二）书信回访

书信也是一种重要的联系方式，虽然它比电话慢得多，但是作为售后回访和跟踪服务的一种方式，它的优点在于书信可长可短，灵活自如。另外，书信的信息容量大。销售人员可以在信中长短句并用，语言可以更丰富多彩。销售人员对客户进行售后服务，使用书信不受限制。书信最能表达人与人之间的真诚，最能巧妙地拨动客户的心弦。

（三）登门拜访

销售人员进行回访时，定期的拜访是不可忽视的。登门拜访可以和客户面对面交谈，交流自己与客户的各种想法，并可以随时变换话题，找到客户兴趣所在。它的好处是灵活性较大，可以发挥销售人员随机应变的能力。

（四）约会

销售人员对客户进行回访和跟踪时，也可以采用约会的形式。即将客户约出来在某一个地方见面，询问客户一些产品的使用情况。约会基本上与登门拜访相类似，但其地点的选择较之登门拜访有很大的灵活性。当然，销售人员要想通过与客户约会的形式，来进行售后的回访和跟踪服务，还需要注意几个问题。

首先要预约。销售人员首先要预约其客户。预约可以给客户以选择时间的自由。让他自己选择时间，这样可以调动客户的积极性，主动配合。预约也可以让客户有一个充分的思想准备。客户有了思想准备，加上销售人员的准备，这样一个有准备的会谈一定会取得好的结果。

其次要会面。即要守约，在约定的时间到达约定的地点。如果销售人员守约，客户会感觉到他是一个很守信用的人，从而对他产生信任感，并乐于与之打交道、做生意，会谈也就易于成功。

最后，要选择一个好的约会地点，一般来说这个地点应该选择比较舒适、轻松的地方，在必要的情况下，可以让客户自己去选择。

建立客户档案

建立客户档案，是有计划地完成售后服务的有效手段之一。销售人员要把购买自己产品的客户进行整理、归类，建立客户资料库。可以利用"个人消费者卡片"对客户进行登记，然后把所登记的卡片进行整理，形成资料库，了解客户的意见和要求，以便及时采取对策和加强服务。

只是拼命地寻找新客户，多半会事倍功半。只有在与客户进行联系的基础之上，充分了解客户资料，然后建立客户档案，就可以为以后的销售打下良好的基础。那么怎样才能建立客户档案呢？

（一）客户档案的内容

通常，客户资料卡中应包括基础资料、客户特征、业务状况、交易现状等四个方面的内容。

基础资料：指客户的最基本的原始资料，主要包括客户的名称、地址、电话、所有者、经营管理者、法人代表及他们个人的性格、爱好、家庭、学历、年龄、创业时间、与本公司的起始交易时间、企业组织形式、业种、资产等。

客户特征：主要包括服务区域、销售能力、发展潜力、经营观念、经营方向、经营政策、企业规模、经营特点等。

业务状况：主要包括销售实绩、经营管理者和销售人员的素质、与其他竞争对手之间的关系、与本公司的业务关系及合作态度等。

交易现状：主要包括客户的销售活动现状、存在的问题、保持的优势、未来的对策、企业形象、声誉、信用状况、交易条件以及出现的信用问题等方面。

一般的情况下，我们把客户档案分成个体客户和团体客户。

1. 个体客户档案的内容。

个体客户一般是指消费者个人而言。对于个体客户而言，要搜集和研究的资料有以下方面。

基本资料。包括姓名、性别、年龄；籍贯、民族、学历；职业及其社会经历；家庭状况及社会关系；性格特征、爱好兴趣及休闲方式等；

经济状况。包括客户个人经济收入、家庭总的经济收入及人均收入水平等；

对销售品的需求情况。包括是急需还是非急需，需要量多还是少，需要什么品种及规格等；购买决策情况。即客户有无购买决策权，是否要和配偶或家庭其他成员商议等；

作息时间。即客户什么时候上下班，什么时候休假。弄清作息时间以便销售人员登门拜访；

工作单位名称、地址及电话号码、邮政编码；家庭住址、住宅电话号码及邮政编码；

目前有哪些问题、需要和愿望等。

2. 团体客户档案的内容。

团体客户是指企事业单位而言。所要搜集和研究的资料有以下方面：

企业名称及性质。企业性质是指企业是国有的、集体的，还是私营的或三资企业。

企业法人代表及注册资金或固定资产。

企业规模、经营范围及经营发展规划。

经营状况。对于工矿企业，包括生产、销售、服务方面。例如，生产设备、技术工艺、能源及原材料消耗、产品产量和质量、产品成本、销售价格、产品市场占有率、月销售量、服务质量、公关及广告宣传活动等。对于商业企业，则包括月商品购进量和销售量、月商品批发额和零售额、商品批发和零售价格、商品库存积压情况、服务质量、企业公众形象等。

对销售品的需求状况。包括现有需求和潜在需求、需求程度及需求量等。

财务及信用状况。包括资金周转情况、销售收入和利润、有无拖欠货款及赤字等现象，商业信用如何等。对于团体客户而言，其信用状况十分重要，销售人员一定要了解清楚。如果调查有困难，可以聘请信用咨询公司帮助调查。

购买程序及货源情况。比如企业购买原材料、零配件、机电设备等产品需要经过哪些部门负责审批；企业有哪些固定的货源，即供货单位，其价格和服务情况如何等。

关键人物及其个人情况。关键人物是指团体客户中对购买事宜有决策权的人，或对购买决策有重大影响的人。比如企业的正副厂长、经理、商品部主任、柜长、采购科长、主管设备的工程技术人员等。搞清楚谁是关键人物，在访问时就不会找错对象，以至于白费口舌，浪费时间。

关键人物的个人情况和个人客户资料中列举的内容相似。例如姓名、性别、年龄、籍贯、出生地、学历、家庭背景及社会关系、性格爱好、亲朋好友、家庭住址等。

有哪些问题、要求和愿望。

组织机构及人员情况。

团体客户单位有哪些组织机构，它们分别管理哪些方面的事务；企业员工有多少，工人多少，技术人员多少，高级工程师、经济师、会计师有多少，员工总体素质如何等。

谁是客户的主要竞争对手。

客户单位的地址、电话号码及邮政编码等。

（二）客户档案的填写和管理

第一次拜访客户后即开始整理并填写"客户资料卡"，随着时间的推移，应注意对其进行完善和修订。

填写的"客户资料卡"应适当保存，并在开展业务过程中充分加以利用。"客户资料卡"的建档管理应注意下列事项：是否在访问客户后立即填写此卡；卡上的各项资料是否填写完整；是否充分利用客户资料并保持其准确性；每次访问客户前，先查看该客户的资料卡（因卡内注明了该客户进货日期、进货数量、进货种类、库存数量等资料）。

（三）建立客户档案的用途

可用来区别现有客户与潜在客户；便于寄发广告信函；可以安排收款、付款的顺序与计划；了解每家客户的销售状况，并了解每家客户的交易习惯；临时有事走不开时，接替者可以很容易地继续为该客户服务；利用客户资料卡可以订立比较节省时间的、有效率的、具体的访问计划；可以彻底了解客户的情况与交易结果，进而取得其合作；可以为今后与该客户交往的本公司人员提供有价值的资料；根据客户资料卡，对信用度低的客户缩小交易额，对信用度高的客户增大交易额，从而便于制定具体的销售政策。

做好客户管理

客户管理是指对与已经有业务往来的客户进行系统的辅导与激励，从而创造新的业绩。要想加强服务与促销，必须对产品使用者（包括中间商和最终消费者）加以有效管理，仅仅是提升客户的满意度并不够，还要做到提升他们的忠诚度，这样才能增加销售机会，提高经营绩效。建立了客户档案，我们就可以对客户进行有效的管理。

（一）划分最佳、最差客户

最佳客户分析。最佳客户是指对销售人员微笑，喜欢销售人员的产品或服务，使销售人员有生意可做的那些客户。他们是销售人员希望的回头客。好的客户会这样做：让销售人员做自己擅长的事；认为销售人员做的事情有价值并愿意买；通过向销售人员提出新的要求，来提高技术或技能，扩大知识，充分合理利用资源；带销售人员走向与战略和计划一致的新方向。

最差客户分析。最差的客户正好相反，他们会这样做：让销售人员做那些做不好或做不了的事情；分散销售人员的注意力，使销售人员改变方向，与销售人员的战略和计划脱离；只买很少一部分产品，使销售人员消耗的成本远远超过他们可能带来的收入；要求很多的服务和特别的注意，以至于销售人员无法把精力放在更有价值且有利可图的客户上；尽管销售人员已尽了最大努力，但他们还是不满意。

（二）管理方式上按质量和数量区分

质量：区分为上午或下午，视行业不同而选择"精华时间"拜访，重要客户要先去拜访。

数量：采取"重点主义"，依客户重要性而设法延长拜访的时间。

一级客户：是其他品牌渗透的最佳攻击目标，而且他们接触其他品牌的机会也很多，如果联系较少，或者他们的需求有改变了，销售人员不了解，他们就可能转向其他品牌了。所以应加强拜访，且采取两人一组，避免因人事异动而失去客户。为加强巡回拜访的效率，有必要规定拜访顺序。在拜访前，应该先制作行销地图，根据地理状况来编制客户路线图，方便销售人员拜访计划运用。再根据战术运用，决定当日的拜访顺序。

在利用"客户资料卡"进行客户管理时，应注意把握以下原则。

（一）动态管理

客户档案建立后不能置之不理，否则就会失去其价值。因为客户的情况总是会不断地发生一些变化的，所以客户的资料也应随时进行调整。通过调整剔除陈旧的或已经变化的资料，及时补充新的资料，在档案上对客户的变化进行追踪，使客户管理保持动态性。

（二）抓住重点

应从众多的客户资料中找出重点客户。重点客户不仅要包括现有客户，而且包括未来客户和潜在客户。这样可以为选择新客户、开拓新市场提供资料，为市场的发展创造良机。

（三）灵活运用

客户资料搜集管理的目的是为了在销售过程中加以运用。所以，不能将建立好的"客户资料卡"束之高阁，要能进行更详细的分析，使死资料变成活材料，从而提高客户管理的效率。